数字金融理论与实践创新

葛 青 著

吉林科学技术出版社

图书在版编目（CIP）数据

数字金融理论与实践创新 / 葛青著. -- 长春 ：吉
林科学技术出版社，2024.3
ISBN 978-7-5744-1250-7

Ⅰ. ①数… Ⅱ. ①葛… Ⅲ. ①数字技术－应用－金融
业－研究 Ⅳ. ①F83-39

中国国家版本馆CIP数据核字（2024）第069010号

数字金融理论与实践创新

主　　编　葛　青
出 版 人　宛　霞
责任编辑　王运哲
封面设计　树人教育
制　　版　树人教育
幅面尺寸　185mm×260mm
开　　本　16
字　　数　290千字
印　　张　13.125
印　　数　1~1500册
版　　次　2024年3月第1版
印　　次　2024年12月第1次印刷

出　　版　吉林科学技术出版社
发　　行　吉林科学技术出版社
地　　址　长春市福祉大路5788号出版大厦A座
邮　　编　130118
发行部电话/传真　0431-81629529 81629530 81629531
　　　　　　　　　81629532 81629533 81629534
储运部电话　0431-86059116
编辑部电话　0431-81629510
印　　刷　廊坊市印艺阁数字科技有限公司

书　　号　ISBN 978-7-5744-1250-7
定　　价　80.00元

前　言

数字科技方兴未艾，趋势之下，数据和数字化能力的重要性不断凸显。金融是数据沉淀最充分的行业之一，也是数字科技先行试水的领域。在数字科技企业与传统金融体系交融的过程中，业务的开展开始从完全依赖于强金融属性变量向借力于大数据转变。同时，数字化也架起物理世界与数字世界的桥梁，打通了线上与线下边界，数字科技企业与金融机构依照各自不同禀赋和能力，共同建立了"无界金融"的新生态。

在互联网、移动通信、大数据、云计算、人工智能、生物科技、供应链、区块链等数字科技的推进和各国经济政策的引导下，数字经济与金融业务加速融合，从而形成了数字金融，并且日益融入全球经济社会发展的全过程之中，有效地推动了金融业服务理念的实质性转变。金融服务理念逐步转化为凸显普惠性、线上化、智能化和个性化的服务理念，为社会各方提供了优质的、定制的、可达的、智慧化的和多功能的服务产品，使金融服务功能变得更加高效、便捷、廉价。

数字金融不仅逐步满足了居民日益增长的物质、文化、精神层面的消费需求，而且同时也成为助推国民经济高质量发展的重要生产要素。因此，数字金融正在演变成为重组要素资源、重塑经济结构、改变市场格局的关键力量。

目录

第一章　互联网时代的金融发展

第一节　认识数字金融

一、数字金融的产生背景

数字金融的发展主要是经济发展、居民收入水平提升、金融抑制、科技进步、政府等因素推动下的产物。

首先，数字金融是经济发展的必然产物。伴随着世界各国经济快速发展，国民收入不断攀升，产业链关系日趋密切，居民消费水平不断提升，各国居民有了日益丰富多元的个性化金融需求。传统金融服务与经济发展的各项资金需求之间的矛盾日益突出，社会各方也迫切需要更加完备而且能够满足个性化金融需求的金融服务形式。尤其在中国高质量经济发展阶段，需要借助高质量的金融服务促进经济稳步增长、生态日益改善，乡村不断振兴，来实现中华民族的伟大复兴。然而，中国又处在经济由高速发展向高质量发展的转型期，金融体系尚不健全，服务体系还存在不足，无法满足社会各方对金融更加旺盛的需求。尤其是城乡居民除了单纯的存储之外，更希望改善支付方式、增加理财渠道、提升自身财富的保值增值功能，改善金融服务基础设施，获得丰富多元、个性化的金融服务。小微企业、新创企业也迫切希望能够有效解决融资难、融资贵问题。因此需要在传统的金融服务方式中引入一些新元素和新模式，还可以建立起相互促进、优势互补、协同共进的新兴金融架构。

其次，数字金融是金融排斥发展的结果。伴随着经济发展，国民收入持续增加，居民的金融需求欲望不断高涨，个性化金融需求不断增强。但是在长期中，由于受金融投资成本、技术进步、金融基础设施等发展瓶颈限制，传统金融机构的运营理念秉承高净值客户的关系金融服务营销，应该着重注重线下物理场点的服务质量，也非常重视金融风险的过程控制，从而导致中小微弱客户主体被排斥在金融服务体系之外，难以获得相应的资金，从而产生一方面传统金融服务不堪重负，另一方面长尾化客户存在难以获得资金保障的不对称金融服务关系的局面。因此，金融服务产生的高净值客户和长尾化客户的两极分化，不利于经济平衡发展，还可能加剧贫富差距，所以普惠金融日益受到各国重视。但是普惠金融又面临着金融功能的可持续性与普惠性的平衡问题。而数字金融能够有效解决传统金融机构针对普惠金融的基础设施不足、线下服务成本高、风险控制难的问题，呈现低成本、高效便捷的优势，尤其是通过大数据征信，克服了传统金融针对长尾化客户征信难的问题，因此也受到社会广泛接受。

再次，数字金融是技术进步的必然。得益于互联网技术、大数据、云空间、移动技术、物联网等金融科技的进步，互联网的功能由简单的通信数据传输演化为电子商务、电子政务、物联网、区块链、大数据信息采集、人像识别、指纹解锁、数字生物化等应用，由此不断被金融机构吸纳引入，产生了网上银行、网络证券、及时保险、数字货币等新型金融服务方式。与此同时，这些数字技术也通过互联网平台和科技公司推进到金融领域，形成了第三方支付、移动支付、手机银行、众筹、智能投顾、消费金融公司、大数据金融、供应链金融、数字保险、数字信托等新兴业态。这些新兴业态向金融市场有效整合了金融服务功能，深化了金融功能的服务效率，向社会各方提供了全功能、全流程的服务，有效拓展了普惠金融的服务领域，促进了金融资源的合理配置，提升了金融市场中金融资源的使用效率，极大地降低了金融交易成本，也节省了交易时间，扩大了金融服务范围，提升了服务效率。但与此同时，这些新兴金融业态超出了传统监管框架，也潜伏着各类风险，存在着资本的无序扩张冲动，对金融市场产生了一定的干扰，需要在政府引导下不断完善与改进，准确定位自己的服务坐标。

最后，数字金融是政府互联网产业发展战略的结果。在我国"互联网+"政策引导下，中国互联网和金融服务实现了有效融合，最终产生了一些新的业态形式。2014年3月第十二届全国人民代表大会第二次会议，互联网金融被首次写入政府工作报告。2015年3月，政府工作报告《协调推动经济稳定增长和结构优化》提出了"互联网+"移动计划，以推动移动互联网、云计算、大数据、物联网与现代制造业的结合，同时促进了电子商务、工业互联网，及数字金融的健康发展，以及引导互联网企业拓展国际市场。把互联网的创新成果与经济社会各领域深度融合，推动技术进步、效率提升和组织变革，提升实体经济创新力和生产力，形成了以互联网为基础设施和创新要素更为广泛的经济社会发展形态。我国在互联网技术、产业、应用以及跨界融合等方面取得了积极进展。其中，提到了"互联网+"普惠金融。要求促进数字金融健康发展，全面提升数字金融服务能力和普惠水平，鼓励互联网与银行、证券、保险、基金的融合创新，为大众提供丰富、安全、便捷的金融产品和服务，能够更好满足不同层次实体经济的投融资需求，还可以培育一批具有行业影响力的数字金融创新型企业。这些政策为数字金融的健康发展奠定了基础。2015年3月5日，第十二届全国人民代表大会第三次会议政府工作报告第三部分提出"开展股权众筹融资试点"。2015年7月，国务院发布《国务院关于积极推进"互联网+"行动的指导意见》将"互联网+"普惠金融列为11项重点行动之一。

2019 年 8 月，中国人民银行印发《金融科技（FinTeeh）发展规划（2019—2021 年）》（银发〔2019〕209 号），更加确定了加强金融科技战略部署、强化金融科技合理应用、赋能金融服务提质增效、增强金融风险技防能力、强化金融科技监管、夯实金融科技基础支撑等六方面重点任务。

因此，数字金融的发展是由于金融科技进步、国家政策推进、人民金融需求高涨的背景下，金融改革的产物。

二、数字金融的内涵

（一）数字金融的定义

发达国家没有专门的"数字金融"这一概念，与之对应的是"电子金融"或"电子银行"、在线银行、网络银行等概念。其中，电子金融概念较为宽泛且被广泛接受，一般是指利用电子通信技术和计算机技术来进行金融活动，认为是电子金融是对金融功能的在具体业务领域拓展或衍生，但并未有改变固有的金融功能。强调运用电子技术处理所有与商业、金融和银行业务相关的产品和服务的购买、销售和支付过程中所涉及的信息收集、数据处理、检索和传输等环节。

联合国贸易和发展会议在 2001 年将 E-Finance 定义为"通过互联网传送的金融服务，包括零售与批发、前台与后台、信息与交易等若干要素。"阿兰将 E-Finance 定义为"通过电子信息交互计算系统，提供金融服务和金融市场"，E-Finance 活动包括在互联网空间发生的所有类型金融活动，如网上银行、电子证券交易、各种金融产品、服务的提供和传输。费特将 E-Finance 定义为"通过电子途径所进行的所有与金融活动有关的信息的收集、处理、检索、传输以及产品与服务的传送、买卖。"格威和格兰德提出了 E-Finance 的"CCMP 模型"，使 E-Finance 的框架突破了技术视角而变得更具综合性，该模型由四个要素组成：电子财富的创造、积累、管理和保护。

我国早期将数字金融称之为网络金融，主要是在传统金融机构开展的网上支付结算业务和转账功能，账户管理、投资理财等金融功能。1998 年，美国 PayPal 开通了电子邮件支付，由此开启新的电子支付方式。2003 年中国支付宝账户体系上线，开启中国数字金融，2003 年严重急性呼吸综合征（SARS）疫情推进了中国线上支付迅速发展，直到 2013 年，余额宝上线之后数字金融获得快速发展。

国内外数字金融的发展，也引起国内学者关注，其中，谢平等人于 2012 年提出互联网金融概念，他们将互联网金融定义为基于互联网"开放、平等、协作、分享"精神，依托数字支付、云计算、社交网络以及搜索引擎等互联网科技工具，实现融资、支付、交易和信息中介等业务的一种新兴金融模式，是具有普惠金融、平台金融、信息金融和碎片金融等相异于传统金融的金融模式。谢平等（2014）进一步认为，互联网金融是具备互联网精神的金融业态系统，所有涉足互联网领域的金融业务都应被纳入，既包括传统金融产品的销售，也包括对传统金融业态改造的部分。王念等（2014）则认为互联网技术只是金融改革的助推器，但金融六大核心功能从未被互联网技术所改变，即互联网并没有派生出新的金融功能。也有学者认为互联网金融是一种能够大幅提高金融运行效率的新的金融模式和运行结构，是金融服务形式的升级。吴晓求等（2015）认为互联网金融是金融功能与互联网信息技术结合产生的创新金融模式，应只包括纯粹的互联网金融平台，其中包括互联网对金融的融资、支付、金融机构等进行再造而产生的金融新业态。还有一些学者认为数字金融只是一种技术手段和辅助性的技术平台或工具。

最初的数字金融主要是指在互联网平台上开展各类金融业务的数字化行为，也称之为网络金融或网上金融（王月霞，1999；戴建兵，2000；狄卫平、梁洪泽，2000），但是伴随着金融机构的互联网业务被纳入这一范畴，数字金融就包括了广义和狭义两个层面。广义的数字金融是一个谱系概念，包括了传统金融数字化和互联网公司的金融化，是金融中介和市场、无金融中介或市场情形之间的所有金融交易和组织形式。而狭义数字金融仅指"互联网公司＋金融"，即许多学者认为的互联网金融。2015年中国人民银行等十部委发布了经党中央、国务院批准的《关于促进互联网金融健康发展的指导意见》中定义互联网金融为：涵盖资金融通、支付、投资和信息中介的新型金融业务和业态。

还有学者从技术进步出发，将数字金融称之为金融科技，而金融科技主要包括大数据、密码技术、云计算、区块链、人工智能、5G通信、数据挖掘等促进金融数字化的各项技术，所以侧重于数字金融的技术属性。也有学者提出了科技金融概念，但是科技金融主要是指促进科技进步的各种金融服务以及金融与技术之间的相关互动关系。

目前数字金融的概念仍然存在较大争议。主要原因在于：①数字金融还处于发展过程之中，学术界还没有完全厘清技术工具改进和金融产业革命的区别，对传统金融的互联网化与互联网平台金融化边界与相互关系有待于进一步澄清；②没有完全理清数字金融对金融产业内部稳定结构的动摇以及优胜劣汰、去旧存新的作用，以及传统金融与数字金融之间的竞合关系，也没有完全理顺数字金融与传统金融在业务领域，比如许多发达国家将数字金融视为传统金融的一部分，是对原有金融服务功能的长臂化；我国近期也逐渐将数字金融定位于小额、区域性线上金融服务业态形式，以技术优势补充完善传统金融服务功能。但是，我国也确立了数字金融中数字信息作为生产要素的地位；③数字金融的创新浪潮尽管还未出现对传统金融工具、金融市场或金融功能的显著创新，但是已然在技术创新、服务升级的层面引入新的元素组合，尤其是有些业态已解决了信息不对称的问题，还强化了大众理财的普惠性。

相对于其他金融形式，数字金融主要体现了较强的数字、信息、数据、普惠性等方面的优势，由此通过数字技术提升了信息的捕获、处理功能，有效降低了信息不对称问题。信息不对称是理财功能的最核心要素，理财功能是财富积累和利润的源泉，信息不对称问题的有效解决由此促进了金融的交换功能，进而优化了金融资源的合理配置，而且还提升了金融的服务效率，促进了金融服务的服务对象普惠性。

金融功能的最终目的在于通过提高金融服务的效率，促进金融资源合理配置，进而提高经济发展质量。尽管数字金融并没有改变现有的金融功能，但是借助科技创新，数字金融已经改变了传统金融服务的方式、手段、路径和服务对象，根本性地提升了金融服务效率，深化了金融服务功能。因此，数字金融改变了金融服务效率，尤其是在一定程度上解决了传统金融服务长期无法解决的"普惠金融悖论"问题，即金融服务的需求方希望以低成本获得金融服务，而金融服务的供给方则希望以高收益提供金融服务。不仅如此，数字金融还解决了传统金融机构高成本、低效率等问题，而且有效提升了投融资的信息对称性，所以是一种颠覆性的金融服务模式创新。《关于促进互联网金融健康发展的指导意见》也指出，互联网金融已是我国金融业发展中的一种新业态，是不同于银行、证券、保险的一种"新型金融业务模式"。所以数字金融又是一个承前启后、继往开来的新型金融模式。

数字金融外延丰富，任何涉及广义金融的互联网和数字技术应用，都应该被称为数字金融，包括但是不限于第三方支付、互联网信贷、众筹、数字货币、网络保险、智慧银行、数字化保险、数字化信托等模式。同时，数字金融又是一个连续变化的概念，会随着金融科技进步、经济制度变迁，不断改进、完善和发展。

综上所述，可以将数字金融定义为：是金融机构和数字经济平台依据金融与金融科技的相关理论指导，遵守国家相关制度的有效监管，借助金融科技，利用互联网展开各类金融服务，进行资金支付、结算、投资理财、处理信息、金融风险控制、技术支持的新型金融业务模式和业态的总称。所以数字金融应该包括：数字金融理论、市场及工具、金融科技、监管制度。数字金融具有数字化、信息化、普惠性、智能化等特征。有学者也会基于数字金融的普惠性，提出数字普惠金融的概念，这实际上是进一步凸显数字金融特征的数字金融概念。

（二）数字金融的意义

1. 强化了金融功能

鲍第尔和莫顿等人认为金融功能包括：支付清算、融资、资源配置、风险管理、价格发现、处理信息不对称等方面。数字金融并未改变金融功能的基本作用，未产生新的金融工具、金融市场或金融功能，但会改变金融交易方式和组织形式，对金融功能恢复作用起到了杠杆和强化作用，也即对金融功能产生了货币创造、货币加速和乘数效应。

2. 是一场颠覆性的金融产业革命

数字金融不仅降低了交易成本降低，而且还优化了运营网络、缩短了资金融通中的链条、降低了信息不对称程度，使金融交易可能性集合获得拓展，实现了交易去中介化，让银行、证券和保险的边界逐步模糊，逐步融合了金融和非金融因素。不仅如此，数字金融还在创造机会、改善公平、消除贫困和缩小收入差距等方面发挥了传统金融难以替代的作用。

3. 加大了金融风险

互联网本身就是一个开放、虚拟、跨界的平台，一点接入全网皆通，风险扩散快、波及面广。所以数字金融既有金融业固有的风险，也有与新技术伴生的安全隐患。这种风险既有来自互联网内部的风险，也产生于互联网外部，也会对数字金融自身造成威胁，也有可能传导给传统金融体系，有确定性风险，也有不确定性风险，存在系统性风险，也存在非系统性风险。

（三）数字金融的类型

数字金融依据不同的划分标准可以划分为不同的类型。

（1）根据组织结构，数字金融包括传统金融的数字化与互联网平台金融化。其中数字经济平台金融包括：第三方支付平台、众筹、P2P借贷、金融科技支持。传统金融数字化包括：网上银行、互联信贷、互联网证券、数字保险、互联网信托、互联网融资租赁等业务形式。

（2）依据平台和机构的经营方式，数字金融则包括 PC 网上金融（个人网银、企业网银、现金管理）、移动银行（个人移动网银、企业移动网银）、异度支付、自助银行、智能银行，金融科技公司等业务类型。

（3）根据金融产品，数字金融包括支付类产品（PC 支付、移动端支付、二维码支付、NFC 支付、人脸识别支付、电话号码支付、电视支付）、融资类产品、理财类产品、生活缴费类产品、交通旅游类产品、门禁卡类产品、消费卡类产品等。

（4）根据服务方案，数字金融还包括账户、支付、融资、结算、收款、理财、智能投顾等业务。

三、数字金融的发展

（一）中国金融体系的发展

1. 第一阶段（1890—1948 年）：现代金融体系初始阶段。

在这一阶段，我国开始现代金融体系的建立始于清末民初，先后建立了现代银行、邮政储蓄、保险、证券交易、信用合作社等金融体系。

（1）建立银行体系。

①清政府的银行体系。

1897 年 5 月 27 日，清政府参照汇丰银行模式，在上海成立了中国通商银行，开启了我国商业银行的历史先河。1905年又在北京设立户部银行，建立起中国最早的官办国家银行，1908年户部银行又改为大清银行，确立了国家银行职能。

1908年大清邮传部设立交通银行，办理轮、路、电、邮款项收支，经办股票、债券。

②民国时期的银行体系。

1912年在中华民国成立之后，经过大清银行商股股东联合会申请，民国政府批准成立中国银行，继续担负中央银行职责。1914年，颁布了《国币条例》，规定以银圆为货币单位，建立两、元并存的双重币制，1933年国民政府财政部颁布《废两改元》，但是由于银圆铸造数量有限，始终无法用银圆统一中国货币，再加上美国白银政策对中国经济造成极大破坏，1935年11月3日国民政府财政部发布《实施法币公告》，标志着近代中国货币流通市场的形成，促进了金融市场发展，但是也由于官僚资本的垄断，为日后中国出现恶性通货膨胀埋下隐患，随后逐渐成立了以南三行（上海商业储蓄、浙江兴业、浙江实业）北四行（盐业银行、金城银行、大陆银行、中南银行）为代表的商业银行。

1928年11月1日，国民政府的中央银行在上海成立，成为国民政府财政的重要支撑。另外，1931年国民政府开启邮政储蓄业务，在原有邮政局（1898年由清政府创办）基础上成立了邮政储金汇业局。1935年国民政府设立中央信托局（1946年该机构从国民政府中央银行独立）。1935年国民政府设立中国农民银行。最终建立四行两局的货币金融体系。

③中国共产党的金融体系。

1921年中国共产党成立之后，在不同历史时期成立了自己的银行。1926年在湖南省衡山县柴山州特区发行票币。1927年在湖南浏阳正式成立浏东平民银行，随后在各根据地建立了人民银行。直到1932年中华苏维埃共和国国家银行成立，行使代理国库、统一货币等国家银行职能。1932年7月7日苏维埃国家银行开始发行中华苏维埃共和国国家银行银币券，又称"苏维埃国币"。1937年6月苏维埃国家银行改名为陕甘宁边区银行，主要是经营光华商店，停止发行苏维埃国币。1948年1月陕甘宁边区银行与西北农民银行合并，称为西北农民银行。抗战时期，根据地根据实际又成立了华北银行、北海银行。1948年12月1日中共中央决定将华北银行、北海银行和西北农民银行合并，组成中国人民银行，发行钞券作为华北、东北、西北地区的统一货币，同时又发行了人民币。

农村信用合作社历史也比较悠久。自1872年第一个世界信用合作社在德国莱茵区成立之后，逐渐传播到了全世界，为世界各国发展信用合作社提供了借鉴。中国于1923年6月中国华洋义赈救灾总会在河北省香河县就成了国内第一个信用合作社，有效解决了当地农民的生活困难，开创了全国农村信用社的先河。到中华人民共和国成立前夕，农村信用合作社已经发展到800多个。但由于通货膨胀等原因，多数信用合作社陷于停顿。

（2）建立证券交易所。

1920 年 7 月 1 日，上海物品交易所正式开业，标志着中国证券进入交易所时代。随后上海华商证券交易所、上海杂粮油饼交易所和上海华商棉业交易所相继成立。当时中国的工业化水平不高，交易所在一定程度上推进了我国实业发展，但是，也引发了各种投机行为，结果上海涌现交易所 136 家，信托公司 12 家。

2. 第二阶段（1949—1978 年）：大一统金融体系阶段

新中国成立至 1978 年，中国主要执行大一统银行体系。所有业务都统一于中国人民银行，而中国人民银行则集央行职能与商业银行职能于一身。

1948 年 12 月 1 日，中国人民银行在石家庄成立，并开始发行第一套人民币，当时被称为新币，1949 年中国人民银行总部迁到北京。为了加强农村金融工作，1951 年 8 月我国成立农业合作银行，属于中国人民银行领导下的专业银行，在 1952 年之后与中国人民银行合并，1955 年又以中国农业银行名称建立。1954 年中国建设银行成立，隶属于财政部，负责基本建设预算拨款和企业自筹资金拨付。1957 年年末，我国基本形成了大一统银行体制，由中国人民银行统一管理信贷，取消商业信用，集中货币管理，统一利率管理。

1951 年，中国人民银行提出"积极发展信用合作社"，大力发展农村信用合作社，使之最终成为中国社会主义金融体系的组成部分，但在该历史时期，又先后经历下放基层（1959—1979 年）、中国农业银行管理（1959—1976 年）等阶段。

3. 第三阶段（1978—1998 年）：金融体制转向市场化和商业化

1983 年国务院下发《关于中国人民银行行使中央银行职能的决定》，由此中华人民共和国建立了中央银行制度。把货币创造、货币控制宏观职能与金融市场的微观职能在体制上做了划分。在这一时期，我国逐渐理顺外汇市场，建立了国际结算关系。

为了适应我国经济的发展要求，中国开始金融机构改革，分设了专业银行和其他金融机构。1979 年，中国农业银行正式恢复，再次成立中国银行。1983 年中国建设银行由事业单位改为独立核算的全国性金融机构。1984 年中国工商银行成立，中国人民银行开始专门行使中央银行职能，标志着我国中央银行制度成立。

1993 年中共十三届四中全会提出建立政策性银行，国务院发布了《关于金融体制改革的决定》（国发〔1993〕91 号）提出政策性金融与商业性金融分离。正式决定成立国际开发银行、中国进出口银行和中国农业发展银行，实现政策性信贷与商业信贷分离。

20 世纪 80 年代，我国也开始进行股份制银行的改革，于 1986 年重新组建了第一家股份制银行——交通银行，后续又组建招商银行、中信银行、中国光大银行、民生银行、深圳发展银行，与此同时城市商业银行也获得发展，先后经历了机制的蜕变，逐渐赢得了自身的发展空间。1995 年 3 月 18 日第八届全国人民代表大会第三次会议通过《中华人民共和国中国人民银行法》将中国人民银行作为中央银行以法律形式确定下来。与此同时1996年国务院下发《国务院关于农村金融体制改革的决定》（国发〔1996〕33号），中国信用合作社进入中国人民银行托管阶段。

4. 第四阶段（1997—2012年）：银行职能多元化

我国逐步建立起独立执行货币政策的机构（人行）、专业政策业务银行（国开、进出口、农发）、商业银行、资产管理公司（信达、华融、长城、东方）。

但产权不明晰，改革成效不显著。2001年，我国提出按照多元化模式进行产权制度改革，农村信用合作向农商行转型，部分农商行进一步转型为城市商业银行。在此时期银行卡业务在国内开始推广，银行系统的互联网化开始起步。

尽管我国金融业进行了重大进化，但是相对于西方发达国家金融体系，长期积累的问题仍然很多，必然存在新生金融生物冲击的高概率可能性。为此，伴随着计算机技术、网络技术、智能手机等新技术、新工具的出现，就出现了数字金融。

5. 第五阶段（2012年至今）

我国金融市场化步伐加快，数字经济、普惠金融获得国家支持，金融发展进入传统金融与数字金融协同发展阶段。尤其是主权数字货币的发展，逐渐从传统货币的替代性产品转变为政策工具。

（二）世界数字金融的发展

数字金融的诞生得益于计算机互联网技术的系列创新。互联网最早起源于1969年美国的"阿帕网"。随着计算机技术特别是互联网技术的不断开发利用，人们对这种新型技术的创新性和实用性有了更多的思考和更深层次的构想，并开始将这种想法开始逐步付诸实践，1987年商业化互联网产生。1989年诞生了万维网。1991年计算机网络的互联真正开始进入全球模式。1993年，第一个能够支持图形的Web浏览器诞生。随着大数据、云空间、数字密码技术、人工智能技术的不断涌现，最终催生了数字金融的诞生。

早期的"数字金融"发展形式主要是网上银行和移动金融这两类。随着金融科技的迅速发展，逐步衍生出众多的数字金融形式。在欧美国家陆续诞生了诸如第三方支付、众筹、P2P、数字货币、智能投顾等数字金融形式。

21世纪初，数字金融各业态逐步传入中国，陆续出现第三方支付、众筹、P2P形式、供应链金融、智能投顾、消费金融公司等形式。

（三）数字金融在中国的发展背景

1. 数字金融发展的动力

（1）传统金融市场不发达。伴随着中国经济发展，社会各界对金融服务的需求急剧增长，然而，与经济高速增长相伴，社会经济和金融体系结构也显现出一些问题，尤其是传统金融远不能满足社会对金融服务的各类需求。

首先，传统金融机构的基础设施基本集中于经济发达地区、县级以上的中心城市、县市城镇，而在县域以下的农村地区、经济欠发达地区、少数民族地区和边疆地区，金融服务基础设施则相对薄弱，甚至在一些地区的乡镇还出现传统金融服务降级、收缩等现象。

其次，传统金融服务存在一定不足。传统金融体制的逐利属性、风险管制、典型的非对称信息特征，由此产生的逆向选择和道德风险两类激励问题使得"信贷配给"发生，即银行无法或不愿提高利率，而是采取一些非利率的贷款条件（比如：有形资产抵押、担保和健全完善的财务报表等），使传统金融机构集中服务于"高净值"客户，无法满足长尾化客户的金融需求，还会出现产品供给稀缺性，从而造成金融服务供给的严重失调，进而导致我国金融市场化程度不够、开放性较低、风险与收益不匹配、信息不对称情况普遍、资源效率低等问题。这些问题严重抑制和压抑了社会各界对金融服务刚性需求，尤其是一直未能有效服务小微企业和"三农"金融需求。

另外，传统金融机构拓展业务的需求。证券、基金、保险等的产品销售受制于银行渠道，有动力拓展网上销售渠道。为了提升我国金融服务与经济发展的效率，中国逐步加大了对金融业的改革，尤其在利率市场化、汇率市场化和金融管制放松等改革举措成为举世瞩目的大事。但是这些改革在改善金融服务效率的同时，也不断增加了传统金融机构的金融风险，尤其是商业银行的风险承担成本，令传统金融机构在政策性金融服务之外的普惠金融服务欠佳。

最后，解决中小企业与科创企业融资难问题。中小企业和科创企业"融资难、融资贵"问题一直是我国金融服务长期存在的一个难点。传统金融服务没能有效解决这一问题，但是互联网平台利用其技术优势，能够有效提升金融服务的效率、降低金融服务的门槛、节省客户各种金融交易成本和边际成本，克服传统金融基础设施薄弱环节，而且金融受到的时空约束较少，在短时间内就可以实现创新和巨大发展，所以，在传统金融接触不到的地方，可以迅速发展起来。比如，在当前的广大农村地区，利用支付宝和微信支付已经是一种十分普遍的现象。但是资金转移的便利性也加剧了经济发达地区对贫困与经济欠发达地区的资金虹吸效应。

（2）互联网技术促进产业融合。数字金融的发展，得益于科技金融的发展。

首先，互联网、大数据、云计算、密码技术、区块链技术、人工智能、搜索引擎、移动技术满足了产品对客户的个性化设计以及量化服务的需求。越来越多的互联网初创企业将云服务作为首选的IT基础设施，政府部门也在探索利用云服务开展电子政务建设。以大数据都作为关键要素，美国提出了工业互联网、德国提出工业4.0。其次，移动支付技术、手机定位技术以及二维码技术的广泛应用，极大地方便了用户购物、消费。互联网技术与金融业业务的融合，开创了一个金融服务的新领域，有效解决了各种传统金融无法突破的瓶颈。2012年全球移动互联网用户首次超过固定上网用户，2013年智能手机出货量首次超过功能手机。这些技术在中国生根发芽后，也迅速促进了中国数字金融的发展。

（3）多方需求拉动数字金融发展。首先，传统金融机构有需求。经过多年金融改革，我国传统金融机构服务质量、金融服务效率有了显著提升。但是仍然面临着降低信息处理成本、解决信息不对称的需求；需要提升资源配置效率，转变银行柜台交易，实现了网络直接交易和智能银行服务，也存在节省交易时空成本的需求。互联网作为广泛性、通用性、开放性的基础设施，并与金融相融合，促使传统金融机构金融业务开始向数字金融领域转化。与此同时，传统金融也将面临着互联网平台金融的激烈竞争，业务服务范围和产品因不断受到互联网平台的冲击，出现业务收缩、收益下降等问题。为此部分银行开始发展电子商务，如中行"云购物"、工行的融E行和融E购、建行的"善融商务"、交行"交博汇"；部分银行上线了余额宝业务；部分银行还发展P2P网络贷款业务，如招商银行的小企业E家以及国开行背景的开鑫贷和金开贷等。

其次，非金融机构的需求。非金融机构包括，传统的非金融机构（如金融公司、理财公司、小额信贷公司）、互联网平台企业、通信商、金融科技公司等。传统的非金融机构面临较大的竞争压力，希望可以借助数字技术来改善自身生存环境以提升经营业绩，而互联网平台在早期则主要通过衍生金融服务的某些功能（比如支付），改善平台的交易，或者能够通过自融资解决融资难融资贵问题，随后逐步发展为重要的数字金融平台。

最后，实现第三方支付的需求。如何在交易中将现金支付、银行卡支付和银行存款支付集结于同一时空点，一直是互联网平台和客户面临的刚性需求。传统的存折、银行卡、POS等技术均存在一定的流动性问题，所以无法全面实现时空一致性交易的问题。网络支付有效解决了B2C（企业与个人之间的交易）、C2C（个人之间的交易）小额交易的便利性与时空成本问题。PayPal开创性地利用邮件支付，开启了第三方支付之门，也极大满足了客户支付的便利性需求。这种理念随后在全球范围内扩散，最终也影响中国的第三方支付创新，诞生了支付宝、财付通、云闪付等各种支付系统。

（4）新型金融业态弥补了传统金融的不足。首先，众筹解决了传统金融的普惠性问题。众筹来源于Crowd Funding一词，即大众筹资或群众筹资，香港译作"群众集资"，台湾译作"群众募资"。众筹的模式主要分为：回报型众筹、筹资型众筹、债务型众筹、股票型众筹、募捐型众筹等。其中最常见的是回报型众筹，又称"奖励型众筹"。众筹模式并非一种理念创新。最原始的众筹理念始于佛祖释迦牟尼，他通过众筹方式最终实现了自我修行和广播信念，创造了东方文明最著名的宗教。在中国古代历史上，各地大小庙宇无不是民众齐心协力、捐钱捐物的众人之功，大家不图金钱回报，而遇到天灾或者饥荒，寺庙道观也成为民众避难之所。在抗日战争时期，以陈嘉庚为代表的爱国华侨也是通过众筹模式，有力地支援了国内抗战。这些原始而朴素的众筹思想无疑对互联网众筹产生了深远的影响。等到互联网众筹融资模式产生后，有效满足促进了普惠金融，帮助个人和集体实现了救济、创业、推销和小微企业融资的问题。

其次，数字金融著名品牌层出不穷。自数字金融出现以来，各种数字金融品牌不断涌现。覆盖了数字支付、移动支付、众筹等业态。以数字支付为例，就包括PC网络支付、手机支付、预付卡支付、POS机收单等支付形式的品牌。其中，PC网络支付领域又包括账户支付与网关支付两种类型，在账户支付领域有V.me、PayPass、PayPal、支付宝、银联在线支付等，网关支付包括PayPal、Cyber Source、Worldpay等，在移动支付领域中包括通信账户支付、远程支付、类Squre支付、近场支付（NFC）支付等类型的品牌。其中，通信账户支付包括ZONG、boku、Payone等，远程支付有PayPal、iZettle、PRIZM、快钱、盒子支付等，NFC支付包括苹果pay、Visa-PayWave、万事达PayPass、银联Quick闪付pass等，预付卡如：中国移动、中国联通的预付卡，POS机收单有VeriFone、银联商务、杉德、通联支付，以及POS机的代理机构拉卡拉。

第三，第三方支付发展加速。随着互联网技术的迅速崛起，支付方式正在从物基支付转向权基支付，最终转变为新型的第三方支付方式。第三方支付狭义上是指具备一定实力和信誉保障的非银行机构，借助通信、计算机和信息安全技术，采用与各大银行签约方式，在用户与银行支付结算系统间建立连接的电子支付模式。从平台发展与用户积累途径看，目前第三方支付的运营模式可以分为两大类：①独立第三方支付模式，立身于B（企业）端。指第三方支付平台完全独立于电子商务网站，不负有担保功能。例如：快钱、易宝支付、汇付天下等；②以支付宝、财付通为首的依托于自由B2Cλ C2C电子商务网站提供担保功能的第三方支付模式，立身于C（个人消费者）端。

这两种支付模式的区别主要在于前者通过服务于企业客户间接覆盖客户的用户群，而后者则凭借用户资源的优势渗入行业。但是他们都是通过收取交易手续费、行业用户资金借贷利息及服务费收入和沉淀资金利息来作为其主要。

第三方支付的兴起，不可避免地给银行带来挑战。未来当第三方支付机构能够将金融监管进一步放开，那么带给银行的将是全方位的行业竞争。

第三方支付也加剧了金融风险，主要包括：①行业分化加剧。2015年中国第三方移动支付市场交易总规模达9.31万亿元，而支付宝和财付通两家占据了第三方移动支付90%以上的市场份额，但是其他平台比例较低，2021年，这种状况有所下降，但是两个平台的垄断局面仍没有被打破；②支付区域分布分化加剧；③存在沉淀资金风险。由于第三方支付结算都存在支付的时滞性，造成大量沉淀资金产生，而且由第三方自主管理，从而造成了巨大信用风险；④存在信用卡套现交易。通过虚假交易套现。如英国就有AIDL超时，在购物刷卡时，可以在POS上提取一定比例的现金。

第四，数字货币已经开始逐渐主权化。数字货币是经由开放性网络移转资金，达到支付清算目的，具有移转性、匿名性与相对性的交易媒介。根据发行主体，又分为主权数字货币和非主权数字货币。

根据狭义的货币供给定义，货币是指央行发行的现钞与银行存款，而支票、信用卡、借记卡只是支付工具，最终仍须经由封闭性的银行网络移转存款作清算，因此货币并不等于电子支付清算，数字货币也不等于新型的电子支付工具。数字货币依据存在的场所，可分为 IC 卡型数字货币与网络型数字货币两种基本类型。IC 卡型数字货币按照交易完毕后，是否回流到发行单位，可以再分为开放循环型与封闭循环型。等到开放循环型数字货币在交易完毕后，不必回流到发行单位，可继续不断使用。这些电子币为我国推进数字货币奠定了一定的技术基础。

数字货币的概念最早可追溯到数字货币之父大卫·乔姆。他在 1983 年对"盲签名"技术如何应用于支付网络并实现匿名化支付进行了探讨。加密数字货币最具代表性的就是比特币，最初是由中本聪于 2009 年提出。比特币依据区块链技术，并使用密码学的设计来确保货币流通各个环节安全性。点对点的去中心化特性与算法本身可以确保无法通过大量制造比特币来人为操控币值。基于密码学的设计可以使比特币只能被真实的拥有者转移或支付。这同样也确保了货币所有权与流通交易的匿名性。比特币可以用来兑现，可以兑换成大多数国家的货币。使用者可以用比特币购买一些虚拟物品，比如网络游戏当中的衣服、帽子、装备等，只要有人接受，也可以使用比特币购买现实生活当中的物品。比特币具有去中心化、全世界流通、专属所有权、低交易费用、无隐藏成本、跨平台挖掘等特征。在以太币产生之后，以太坊、泰达币、Libra、狗币等数字货币如同雨后春笋般涌现。

但是比特币缺乏国家信用支撑，总数量非常有限，被永久限制在 2100 万个，在长期中具有通缩性质，容易造成新的垄断，尽管之后有其他虚拟币扩大了发行量，弥补了这一不足，但是通缩性问题还是依然存在。比特币等数字货币也是游离于现有的金融体系之外的数字货币，给货币当局的调节、监管带来较大挑战。所以，多国政府对比特币鼓励非法活动和扰乱金融秩序的现状予以重视并采取行动限制数字货币交易货币。我国目前不承认比特币的货币地位，除数字人民币外，禁止以任何形式的虚拟币交易。但与此同时，比特币的区块链技术却被广泛接受，一些国家开始利用区块链技术打造主权数字货币，于是主权数字货币逐渐登上历史舞台。中国人民银行也早在 2017 年着手成立数字货币研究所。2018 年，中国人民银行数字货币研究所开发的 PBCTFP 贸易融资平台问世，2020 年，数字人民币在深圳、苏州、成都、雄安新区等地进行试点。

我国数字金融发展，除了上述因素之外，中国数字金融的发展主要是监管套利造成的。原因在于：一方面数字金融公司没有资本的要求，也不需要接受央行的监管，这是本质原因；另一方面从技术角度来说，数字金融虽然具有自身优势，但是必须要考虑合规和风险管理的问题。

另外，在互联网发展也发挥了助推作用。这种促进作用表现为：（1）摩尔定律揭示，若价格不变，微处理器的性能每隔 18 个月提高一倍；（2）贝尔定律认为，微处理器的价格和体积每 18 个月减少一半，意味着同等价位的微处理器的速度会越变越快，而同等速度的微处理器价格则会越来越便宜；（3）梅特卡夫定律认为，互联网价值等于网络节点数的平方，与互联网的用户数的平方成正比；（4）吉尔德定律认为，主干网络带宽将每 6 个月增加 1 倍，比处理器的增长速度快得多；（5）颠覆定律认为：社会、政治和经济体系的变革是渐进的，而科技的发展是指数式的。科技发展不仅造就了巨大的变革可能性，而且意外、激进、无计划的转型发生的可能性也随之激增。

2. 数字金融在中国的发展历程

中国数字金融大致可以分为三个发展阶段：

第一个阶段是在 1990—1999 年左右的传统金融行业互联网化阶段。数字金融主要体现在为金融机构提供网络技术服务。银行业开始建立网上银行。1997 年招商银行率先推出了中国第一家网上银行，此后，各家银行相继推出了自己的网上银行，我国数字金融的发展由此开启。1999 年，阿里巴巴集团成立，开启了电子商务时代。为了解决电子商务中支付形式单一、买卖双方不信任的问题，2003 年和 2004 年阿里巴巴推出淘宝网和支付宝。

第二个阶段是 2005—2012 年的第三方支付蓬勃发展阶段。数字金融逐渐从技术领域深入到业务领域，第三方支付、网贷平台、众筹等互联网的新兴形态相继出现。传统金融机构在利用不断发展的互联网技术发展自己的在线业务。如 2000 年 2 月、8 月，中国工商银行分别开通了企业网上银行与个人网上银行；2000 年 7 月，中信银行作为国内首家通过中国金融认证中心认证的银行，开通网上银行服务。目前我国主流的几家电子商务企业大多成立于 2000 年前后，包括：阿里巴巴、京东、卓越亚马逊、当当网等。2007 年数字金融的一个标志性业务形态——P2P 网贷诞生，中国第一家 P2P 网络借贷平台"拍拍贷"成立。2011 年 5 月 18 日人民银行正式发放第三方支付牌照，2011 年央行向 27 家第三方支付公司发放支付牌照，正式标志着互联网与金融结合的开始。同时，众筹也于此时从国外引入到国内，并经过不断地与我国经济情况与法律相结合，而被人们所接受。2012 年，平安陆金所推出 P2P 网贷业务，网贷平台迅速发展，数字金融进入一个新的发展阶段。

第三个阶段是 2012—2015 年数字化实质性金融业务高速发展阶段。2013 年被称为"互联网金融元年"。由于数字金融有着低于传统金融机构的门槛，所以一时间大量企业涌入数字金融领域。在数字金融发展的过程中，国内数字金融呈现出多种多样的业务模式和运行机制。第三方支付发展逐渐成熟、P2P 网贷平台爆发式增长、众筹平台逐渐被运用到不同领域中去，首家数字保险、首家互联网银行相继获批成立；同时，信托、券商、基金等金融机构也开始布局数字金融，为客户提供更便捷的一站式金融服务。随着互联网技术的进步，移动支付智能终端的普及，金融理财意识在大众中的传播。阿里巴巴支付宝联手天弘基金，在 2013 年顺势推出了"余额宝"，其高速的发展瞬间让数字金融家喻户晓。随即移动支付、第三方支付、P2P、众筹平台、大数据金融等数字金融市场逐步崛起。随后 12306 网站正式支持支付宝购票，全国各家便利店也开始支持支付宝条形码支付。以宝宝类理财为起点，P2P、第三方支付、众筹、消费金融等各类数字金融业态均实现跨越式的发展。2013 年 9 月，由蚂蚁金服、腾讯、中国平安等企业发起设立了国内首家数字保险公司"众安保险"，在这一年中，互联网平台纷纷借势推出互联网理财业务：7 月新浪发布"微银行"涉足理财市场，8 月微信推出微信支付，10月百度金融理财平台上线，12 月京东推出"京保贝"快速融资业务，网易的"网易理财"正式上线。

2014 年仍延续了上一年的风口之势，互联网金融首次登上了政府工作报告，报告中提到了"促进互联网金融健康发展，完善金融监管协调机制"，政府鼓励数字金融发展的意图十分明显。2014 年 1 月，微信理财通公开测试，随后推出微信红包业务；4 月百度钱包上线，并同步推出国内首个互联网数据指数"百发 100 指数"；9 月，小米投资积木盒子，正式进军 P2P 领域；12 月中国首家互联网银行"微众银行"经监管机构批准开业，总部位于深圳。2014 年也是众筹的发展元年，在 11 月主持召开的国务院常务会议上，首次提出"要建立资本市场小额再融资快速机制，开展股权众筹融资试点"，为众筹行业的发展提供了政策内生支持。

在 2015 年的政府工作报告提出的"大众创业、万众创新"的号召下，数字金融创新步伐加速。2015 年 1 月，中国人民银行印发《关于做好个人征信业务准备工作的通知》，互联网平台纷纷抢滩个人征信市场，芝麻信用、腾讯征信、前海征信、鹏元征信、拉卡拉信用等八家民营征信机构正式成为央行"开闸"后首批获准开展个人征信业务的机构。

第四阶段是 2015 至今的发展、风险与监管并存阶段。在这一阶段，在数字金融快速发展的同时，要明白风险也在不断地聚集，相对于业务的发展而言，政府对数字金融的监管也相对滞后。2015 年也是数字金融名副其实的"政策年"数字金融监管进入密集期。2015 年 7 月 18 日，《关于促进互联网金融健康发展的指导意见》（银行〔2015〕221 号）发布，官方首次定义了互联网金融的概念，确立了数字支付、网络借贷、股权众筹融资、互联网基金销售、数字保险、互联网信托和互联网消费金融等数字金融主要业态的监管职责分工，落实了监管责任，明确了业务边界，正式将数字金融纳入监管框架，明确了数字金融要遵守"依法监管、适度监管、分类监管、协同监管、创新监管"的原则，数字金融逐渐进入规范期。

2016 年，国务院牵头多部门开展了数字金融风险专项整治工作，相关政策密集出台，行业进入规范整治期。2016 年 4 月，教育部办公厅和中国银监会办公厅联合发布《关于加强校园不良网络借贷风险防范和教育引导工作的通知》（教思政厅函〔2016〕15 号），不仅要求加强不良网络借贷监管，而且还要求加强学生消费观教育，加强金融、网络安全知识普及，加强学生资助信贷服务。7 月国家工商行政管理总局公布了《互联网广告管理暂行办法》，这是首部全面规范互联网广告行为的部门规章，具有重大意义。8月中国银监会、工信部、公安部、网信办联合发布《网络借贷信息中介机构业务活动暂行办法》，以及存管指引等配套政策的实施，象征着数字金融行业的监管框架基本已定，数字金融被定位于小额分散的普惠金融。2016年10月是数字金融监管文件出台最密集的月份，人民银行、银监会、证监会、保监会联合其他部门各自印发数字金融的监管整治方案。10月13日，国务院办公厅印发《互联网金融风险专项整治工作实施方案》（国办发〔2016〕21号），对网贷、股权众筹、数字保险、第三方支付、互联网资产管理及跨界从事金融业务等领域进行大范围排查，旨在促使数字金融行业快速出清，淘汰不规范的平台，以保障数字金融行业长期稳定、健康和可持续发展。同日，银监会等五部委联合发布了《P2P网络借贷风险专项整治工作实施方案》（银监发〔2016〕U号），专项整治工作于2017年1月底前完成。同日，中国人民银行等17个部门联合印发了《通过互联网开展资产管理及跨界从事金融业务风险专项整治工作实施方案》（银发〔2016〕113号），结合从业机构的持牌状况和主营业务特征，明确了整治工作职责分工。同年11月，中国银监会、教育部、人力资源社会保障部联合发布《关于进一步加强校园网贷整治工作的通知》（银监发〔2016〕47号）。中国银监会办公厅、工信部办公厅、工商总局办公厅印发《网络借贷信息中介备案登记管理指引》（银监办发〔2016〕160号），监管政策全面落地推进，表示数字金融监管整治工作正式进入规范化。

在2017年初，《网络借贷资金存管业务指引》出台，对网络借贷资金存管业务的各方职责义务、业务操作规则等做出了明确的规定。3月，银监会连续发布7份文件，剑指资金嵌套、空转及衍生出的高杠杆问题。4月，监管层先后发文要求持续推进网络借贷平台（P2P）风险专项整治，专项清理整顿"校园贷""现金贷"等互金业务及相关金融机构。9月伊始，七部门联合发布公告，叫停各类代币发行融资活动，彻底封杀了比特币在国内的交易市场。10月下发资管新规征求意见书，让包括互联网资管在内的整个资管行业生存业态发生了深刻变化。监管层又针对互联网小贷和现金贷业务进行专项整治，并给出了排查重点和整治时间表。2018年国务院办公厅印发《互联网金融风险专项整治工作实施方案》（国办发〔2016〕21号）要求重点整治的P2P网贷、股权众筹、互联网资产管理、第三方支付等领域，3月，互联网金融风险专项整治工作领导小组办公室下发《关于加大通过互联网开展资产管理业务整治力度及开展验收工作的通知》（整治办函〔2018〕29号）对互联网资产管理业务的验收标准、验收流程及分类处置作了具体说明，这对互联网资管进行了前所未有的大洗白。另有4月资管新规正式落地，在非标准化债权类资产投资、产品净值化管理、消除多层嵌套、统一杠杆水平、合理设置过渡期等方面进行了规定和完善。

从陆续出台的互联网业务的监管政策来看，可以明确对于数字金融采取"穿透性"监管，能够贯彻"行为监管""功能监管"原则，并对资质、牌照、经营和风控进行了严格要求。

2019 年 9 月，互联网金融风险专项整治小组、网络借贷风险专项整治工作领导小组联合发布《关于加强 P2P 网贷领域征信体系建设的通知》，要求征信数据链必须完善，能有效提高数据真实性、全面性和征信效率，降低违约率。

2020 年 2 月 21 日，人民银行召开金融市场工作电视电话会议，提出彻底化解互联网金融风险。2020 我国对 P2P 平台进行清退，到 2020 年 11 月底，我国 P2P 平台全部清零。

2021 年 3 月 17 日，中国银保监会等五部委联合发布《关于进一步规范大学生互联网消费贷款监督管理工作的通知》进一步发出了通知禁止网贷平台向大学生放贷，其他金融机构必须获得金融监管机构批准之后才能给大学生放贷，防止大学生借助贷款超前消费行为。

再经过国家相关制度的引导，数字金融发展更加规范，服务定位更加准确，服务效能大幅提升，市场金融秩序也能更加稳定。

四、数字金融的特征

数字金融具有以下特征：

（一）优化资源配置的功能

在数字金融模式下，任何企业或个人的信息都会与其他主体发生联系。交易双方借助互联网搜索能够比较全面了解彼此的财力和信用情况，也可以降低交易双方的信息不对称程度。

（二）改善支付清算功能

数字金融让各类市场主体之间的支付更加便捷，尤其是消费者与厂商之间的支付实现了直接支付，也大大降低了消费者与厂商的搜索成本、时间成本、空间成本。

（三）推动财富管理功能的拓展

理财功能主要是在于解决金融服务的信息不对称问题。数字金融有效提升了投资者与融资者之间的信息对称性问题，使双方捕获对方信息的效率极大提升。

（四）推动提供价格信息功能的改善

数字金融也使各项金融产品的价格信息更加透明，能够压缩中间环节的各类成本，以及信息不对称带来的选择成本，各类金融交易产品价格信息更加公开透明。就意味着互联网具备比传统金融交易模式更大程度实现市场参与者之间信息对称的能力。

（五）服务具有经济、高效、快捷性

数字金融打破了传统金融机构以物理网点为依托的主流服务模式，实现了金融服务互联网服务，有效解决了传统金融服务的"排队问题"，降低了人工服务成本，而且可以实现全天候的服务，也体现了金融服务的经济、高效、快捷的优势。

（六）扩大了金融服务的包容度

数字金融大大降低了服务门槛和交易费用，使个体的个性化、碎片化的金融需求得以充分地释放和满足，从而拓展了服务对象，也逐渐改善了传统金融仅高净值客服展开服务的模式，实现了金融服务对象的普惠性。

（七）提高了金融服务的普惠性

巴莱多定律（二八定律）由意大利经济学家巴莱多（Pareto）于 19 世纪末发现，它是指任何一组东西中，最有价值的只占总体的一小部分，约 20%，其余的约 80% 尽管占到绝大多数，但是在价值体现上却是次要的。

传统金融由于基础设施、工作人员短板，往往着力于发展和开拓"20%"的高价值客户，漠视长尾市场的客户，造成客户参与面狭窄，从而出现中小企业贷款难，小微企业直接融资难，民营企业平等交易难。但是数字金融降低了参与门槛，解决了参与金融的长尾化问题，也极大地提升了金融服务的包容度和普惠性。

（八）发展得益于宽松的监管政策

《关于促进互联网金融健康发展的指导意见》认为，数字金融是新生事物和新兴业态，要制定适度宽松的监管政策，为数字金融创新留有余地和空间。会明确支持互联网企业依法合规设立数字支付机构、网络借贷平台、股权众筹融资平台、网络金融产品销售平台，建立服务实体经济的多层次金融服务体系，更好地满足中小微企业和个人投融资需求，进一步拓展普惠金融的广度和深度，鼓励电子商务企业在符合金融法律法规规定的条件下自建和完善线上金融服务体系，有效拓展电商供应链业务。随后经过一系列相关政策的出台，规范了各类数字金融形式，也为促进数字金融发展指明了发展方向。

（九）降低了交易成本

数字化科技进步实现了交易点的直接接触，机器学习能够使数字金融交易双方得到了自我进化性大幅提升，大大降低了传统中介的环节的成本、打破了金融交易的垄断利润。大数据征信，提升了金融风险的防范水平。

（十）经营风险高、扩张具有盲目性，产品同质化严重

数字金融没有改变金融风险隐蔽性、传染性、广泛性和突发性的特点。因此，依然需要防范风险。但是，由于在前期监管不到位，金融门槛低，也造成不同类型的数字金融平台涌现，产生了盲目扩张、鱼目混珠、重复建设问题，加剧了整个数字金融体系的各类风险。

第二节　数字金融的风险与监管

一、数字金融的风险

数字金融的风险特征并不是数字金融所独有，但却被新的金融运转模式所放大。

（一）制度风险

数字金融还是一个新生事物，有关政策尚不够健全，相关法律法规体系也不够完善，现行法律法规并不能充分适应数字金融这一新生业态的需求，政府有关法规中对于网上交易权利与义务的规定也大多不清晰，缺乏相应的管理及试行条例，缺乏法律规范调整，而且有些数字金融业态与传统法律存在冲突，一旦发生纠纷时，由于缺少相关的法律，必然会产生制度风险。

（二）流动性风险

流动性风险是指由于资金周转出现问题而导致破产的可能。许多数字金融平台用自有资金给客户进行借贷，这就要求数字金融企业资金充足，并且具有良好的周转期。数字金融与传统金融相比具有快速聚集资金的能力，但同时也具有更大的流动性风险，一些数字货币的出现还可能会加剧了货币创造功能，扩大了货币乘数和倍数效应，但脱离了中央金融机构的监控，在一定程度上加剧了整个金融体系的系统性风险。

（三）信用风险

由于数字金融对客户信息了解并不全面，数字金融贷款公司无法像商业银行一样获取所有人的征信，所以存在较大信用风险。这种风险又包括三种：

首先，数字金融服务方式的虚拟性使交易、支付的双方互不见面，只是通过网络发生联系，这使对交易者的身份、交易的真实性验证的难度加大，增大了交易者之间在身份确认、信用评价方面的信息不对称，而且中国目前的征信体系建设非常不完善，从而也增大了信用风险。

其次，网络平台上发售的基金，具有较高的预期收益，在全球经济增长低迷、中国经济潜在增速下降、影子银行体系风险逐渐显现的背景下，一旦经济出现大幅下滑、房地产泡沫破灭，那么必将导致信用违约的发生。

最后，金融素养风险。金融素养一般指个体关于金融概念的理解和金融知识的掌握。美国金融素养与教育委员会指出，金融素养是个体为谋求其一生的金融福祉而具备的有效地管理金融资源的知识和能力。比尔和德尔帕奇特拉认为，较高的金融素养有利于个体做出明智的金融决策，提高投资的安全。①金融素养水平较低的家庭发生错误投资的概率比较高。数字金融消费主体多为无经验投资者，所以更容易引发道德风险或信用风险。

（四）技术风险

互联网技术本身还存在诸多缺陷，容易受到技术瓶颈，也容易遭受黑客攻击、遭受计算机病毒感染等威胁。数字金融的业务及大量风险控制工作均是由电脑程序和软件系统完成，所以电子信息系统的技术性和管理性安全就成为了数字金融运行的最为重要的技术风险。

（五）系统性金融风险

首先，数字金融与实体经济之间存在密不可分的关系，而且还会产生相互作用。国民经济发展使市场主体通过数字金融进行融资时得到的收益受到影响，数字金融的发展，能对实体经济产生强大的作用力，从而促进经济顺周期性波动。其次，数字金融市场上存在信息不对称性、投资情绪等因素，容易出现跟风而引发过度羊群效应，增强系统性风险。第三，数字金融市场存在泡沫风险。数字金融参与主体往往可能会存在较大的非理性，因此会助长盲目投机行为，这就会带来较大的市场泡沫，进而演变为系统性风险。

（六）金融错配风险

金融错配，也称为金融配置的非理性，是指在金融资源未能按照效率原则配置到实体经济的有效产出之中，反而配置到低效率部门和高风险行业，由此可能会导致金融资源配置的错配。使得金融资源从实体经济逆循环到金融体系有了更快捷和成本更低的渠道，也导致了实体经济"失血"速度加快，金融资源的"体内循环"与"脱实入虚"现象愈发严重。数字金融引致金融错配风险一般包括：①实体经济通过数字金融实现金融资源的"脱实入虚"；②金融业自身通过数字金融渠道实现金融资源的"体内循环"。

（七）风险容忍风险

风险容忍与投资决策也存在一定的关系。风险容忍是指个体面临金融决策时所愿意接受的不确定性的最大程度。根据前景理论，在人们面临收益时，会倾向于风险规避，此时的风险容忍水平较低；在面临损失时，则倾向于风险喜好，此时的风险容忍水平较高。个体的风险容忍对投资决策有显著的正向影响。

（八）风险感知风险

风险感知是用来描述人们对风险的态度和直觉判断的一个概念。在金融领域，投资者的风险行为表现为对风险感知水平非常的敏感。个体的风险感知与积极的投资决策之间呈现负相关关系。

（九）业务操作风险

由于操作者对数字技术不熟悉，很容易在支付操作上存在失误，从而造成了支付端资金流动性不足的问题。也会因为数字金融平台的程序设计不当而造成交易安全而无法得到保障，从而出现问题。这种风险有来自平台的，也有来自客户自身的。

（十）信息泄露风险

数字金融发展至今最大的一个问题就在于用户信息安全问题，由于数字金融平台上需要获取用户的一系列个人信息，以及央行的实名制规定等，在如今互联网充斥着整个社会生活的状态下，几乎人人的信息都会进入网络信息系统，但是由于监管体系不健全，许多人的个人隐私信息可能会被一些机构打包出售，难有隐私可言。所以目前数字金融行业发展面临的最大的挑战就是个人信息安全如何保障的问题。

二、数字金融的监管

随着数字金融的逐渐发展，其风险逐渐暴露，因此对数字金融进行监管的呼声越来越高，给数字金融的监管带来一定挑战。对数字金融的监管既要考虑微观企业的金融创新，又要考虑宏观金融体系的稳定。对于数字金融监管政策目标包括：安全与稳健、竞争、消费者和投资者保护以及全球公共政策。2014年到2018年，数字金融相关内容连续五年被写入我国政府工作报告，从2014年首次提到"促进数字金融发展"到2016年的"规范发展"，再到2017年的"高度警惕数字金融风险"，直到2018年的"健全数字金融监管"。

根据《银行业监督管理法》《商业银行法》《证券法》以及《保险法》，我国目前金融业监管模式采取的是分业的机构性监管。目前，我国监管机构也主要以央行、银保监会为主。随着金融创新不断推动，数字技术与金融业高度融合后，金融业混业趋势愈加明显，加剧了当前监管与市场运营不适应的程度，引发了强烈的监管协调性的问题而，分业的机构性监管与金融业的运营状况出现不适应的现象。为此，我国正在着手健全对数字金融的监管制度。

（一）奠定监管制度基础

针对我国数字金融的发展实际，我国相关部门先后出台了一系列相关制度。中国人民银行制定了《非金融机构支付服务管理办法》（中国人民银行令〔2010〕2号）；中国银监会、中国人民银行发布了《关于加强商业银行与第三方支付机构合作业务管理的通知》（银监发〔2014〕10号）；中国人民银行、工信部、中国银监会、证监会、保监会日前联合印发《关于防范比特币风险工作的通知》（银发〔2013〕289号），根据该通知，各银行和第三方支付机构关闭了15家境内比特币平台的所有交易账户；中国人民银行等十部委发布《关于促进互联网金融健康发展的指导意见》（银发〔2015〕221号）；国务院办公厅发布《互联网金融风险专项整治工作实施方案》（国办发〔2016〕21号）；证监会发布《关于对通过互联网开展股权融资活动的机构进行专项检查的通知》（证监发〔2015〕44号）；证监会等15部门印发《股权众筹风险专项整治工作实施方案》（证监发〔2016〕29号）；中国银监会、工信部、公安部、网信办联合制定了《网络借贷信息中介机构业务活动管理暂行办法》（〔2016〕1号）；中国银监会办公厅印发了《网络借贷资金存管业务指引》（银监办发〔2017〕21号）。这些规章制度在一定程度上奠定了我国数字金融监管的制度基础。法律体系建设是数字金融正常运行的终极保障，今后互联网监管还应从立法、执法和司法等方面加大建设。2020年市场监管总局起草了《关于平台经济领域的反垄断指南（征求意见稿）》明确指出了数字经济平台反垄断和无序竞争的要求。

2021年3月，政府工作报告强调支持平台企业创新发展、增强国际竞争力，同时要依法规范发展。一系列政策加强了对数字金融的风险监管，也促进了我国数字金融的健康发展。

（二）建立社会征信体系

社会征信体系建设是数字金融正常运行的根基。通过建立社会信用体系有利于数字金融主体形成约束，有效防范诈骗的工具，还可以组成数字金融诚信交易信用关系。

（三）监管特点

我国监管特点表现为：

（1）机构性监管向功能性监管转变。功能性监管意指根据金融体系基本功能而设计的监管，其关注金融产品所实现的基本功能，并能够以此确定相应的监管机构和监管规则，而能够有效解决混业经营趋势下金融产品的监管归属问题。数字金融产品的创新较之目前将呈现出更普遍的跨市场、跨机构现象，但产品最终所实现的基本功能却具有较强的稳定性，因此依照功能性监管具有较强的适应性。

（2）制度化监管向技术化监管转变。数字金融的核心竞争力在于科技创新，使金融服务实现跨领域、跨时空的交易，金融监管的单一化监管的有效性进一步降低，将实现从制度化向技术化转变。

（3）单一中心监管向多中心监管转变。目前我国"一行两会"的金融监管格局呈现出高度的行政性和单一性，即监管职权主要掌握在代表公权力的政府部门，这样的制度安排保证了金融监管的权威性。然而，随着金融创新以及数字金融的发展，单一中心监管格局已经很难适应市场发展。需要更加协调、高效、多中心的监管格局。

第三节　我国数字金融发展趋势

随着数字金融平台逐渐合规化，遵循国家监管准则和相关政策，审慎经营，能够逐步建立完备的风控体系，引导资金脱虚向实，专注于服务实体经济，助推企业转型。伴随着我国数字金融的快速发展，无论是在模式创新上，还是在技术革新方面，将大有引领全球之势。

总之，数字金融行业生态圈将会形成并向多元化应用场景拓展，随着技术手段不断创新，科技与数字金融行业将会融合。但是，目前数字金融行业尚定位于传统金融体系的补充，有鉴于创新与变革是逐步建立并发挥作用的，所以这一补充作用的角色与定位仍将会持续较长的时间。

一、金融基础设施不断完善

（一）金融科技迅速发展

金融的本质是在不确定和风险的前提下，能够解决资源的有效、合理、快速分配问题。金融科技则有效地解决了数字金融的诸多问题

（1）云计算大幅度提高了金融机构生成、存储、管理和使用数据的能力，并伴随着低成本和灵活性。但目前金融机构还没有完全重视这一点，随着需求的逐渐增强，金融机构必将开始自建或建造混合云平台并把一些新业务移植到云端。

（2）人工智能技术可以辅助或者代替人们完成诸如问题解决、决策、语音识别、视觉感知和语言翻译等多种复杂任务。目前，人工智能技术已经有多种应用技术运用在金融领域，例如智能投顾服务、交易验证等。机器学习属于人工智能。机器学习能够通过"学习"大量的数据，在不需要人为编程的情况下，生成以及识别特定的对象，比如人脸。机器学习是一类关注从数据中找到模式并根据这些模式进行预测的研究和算法。在机器学习当中，数据科学家使用训练数据"教育"计算机，然后让计算机执行任务。常见的机器学习算法包括决策树、支持向量机、逻辑回归、朴素贝叶斯分类、隐马尔科夫模型、随机森林、递归神经网络、长短期记忆、卷积神经网络等方法。机器学习不仅提升了数字金融的便利性和效率，而且还提高了金融服务质量。

（3）网络安全和加密技术是金融科技发展的关键技术之一。数字金融的安全性和数据加密的重要作用是显而易见的。数字金融的安全性包括：有效性、机密性、完整性等。加强对现有加密算法的更新改善以及对新算法的研究开发是今后数字金融安全研究中的重要方向之一。在其中，量子计算将是数字金融最重要的技术。

（4）生物特征识别技术主要可以捕获客户的可识别生物特征，包括语音、签名、脸部和虹膜等，其主要作用可以为安全鉴别金融交易中的客户提供便利性。

（5）由于数据呈爆炸性增长，传统数据分析技术已不适用于海量的多元结构化和非结构化数据。大数据分析技术可以采用机器学习或者其他数据科学方法，能够从海量数据中挖掘潜在模式，相关性和趋势，获知用户偏好等。

（二）法律基础将不断完善

目前我国数字金融正处于发展阶段，配套法律法规不够完善，数字金融监管的法律环境是以各种《办法》《通知》《意见》形式的法律法规为主要组成部分，存在一定的法律空白区域。与此同时，我国数字金融行业自我规范也有所欠缺。另外，部分业态还与我国相关法律存在冲突。如：《商业银行法》指出，只有商业银行可以经营证券、信托与保险等行业的服务项目，且上述三个领域需分行经营管理。在第三方支付出现后，其业务涉及了证券、信托与保险，这与《商业银行法》相悖。同时，在"一行两会"管理模式下，第三方支付存在缺少行业标准与准入机制等问题，也会影响数字金融交易的安全。《担保法》涉及的担保方式包括买卖、货物运输等传统形式，虽然融资理财也属于网络买卖服务，但《担保法》中并未提及服务双方的担保责任与义务，易引发融资风险。《证券法》涉及的证券包括债券、股票、投资基金等类型。数字金融的发展，出现了并未纳入《证券法》中的众筹资金，也可能极易引发非法集资案件。

因此，我国现有的法律法规不能有效地、及时地对新的数字金融产品和业务进行归类然后对其进行监管，数字金融的法律仍然在不断完善之中。具体举措主要包括：①整合政策法规；②营造健康的数字金融环境；③加大风险监控力度；④加强对消费者合法权益的保护，如强制信息披露、隐私保障责任等；⑤促进执法部门的协作。所有相关法律制度将会不断完善。

（三）会计基础不断完善

在数字金融发展背景下，传统金融会计获得了全新的发展和进步，使得会计核算实现实时在线管理，在一定程度上提升了企业会计核算的效率。不仅避免了由于财务信息的不及时，而且提升了会计核算的综合程度，增强了各部门、企业、政府以及银行等各个单位的协同性。但存在互联网企业财务信息匮乏及不真实，数字金融专业财会人才缺乏、相关财务法律环境滞后等问题。使数字金融会计存在一定的风险。具体包括：①市场风险。由于数字金融会计可以吸收并且存放更多的存贷，加之与更多的客户交易，这样就会存在很大的风险性；②技术风险。互联网的技术风险导致会计的操作风险和安全风险；③监管风险。相比于传统金融会计，数字金融会计的交易不受时间和地点限制，一旦产生风险，则风险传播速度快、波及范围广、针对风险的取证难，风险追究难度也比较大。

为此数字金融会计，需要：①加强市场风险进行预测；②尽快建立和健全互联网会计准则和核算体系；③及时请专业技术人员检查和更新运行系统；④提高数字金融企业会计核算及税收管理意识；⑤培养专业的数字金融会计人才；⑥提高数字金融企业财务信息的完整性及真实性。

二、移动互联网与金融加速结合

移动互联网与金融业的加速结合，有效改变了金融业的服务渠道，大幅提升了金融服务的快捷程度和服务效率。

我国移动金融创新大致经历了四个阶段：在第一阶段，第三方支付业务逐渐兴起，金融服务会慢慢向移动端转移，传统金融机构在市场竞争压力下被动进行渠道拓展。在第二阶段，移动金融的创新开始由渠道创新转向产品创新和服务内容创新；在第三阶段，移动金融加速向线下拓展，营建 020 服务模式，可以移动金融应用场景全面铺开，金融与消费深入融合。在第四阶段，移动终服务的大数据时代到来，涌现大量个性化、定制化产品。

移动互联网与金融产生的优势包括：①满足了金融移动性要求，加速了金融服务的流动性，使金融服务更加高效便捷。②为客户提供了更加精细化的信息；③使金融服务具备鲜明的移动社交属性，扩大了金融服务面，拓展了普惠金融服务功能；④具备强大的整合与渗透功能；在未来中，移动互联网与金融的加速结合主要表现为：金融与移动技术有机结合，比如金融与云计算、大数据有机结合，实现跨时空的快速交易；能够进一步完善金融行业的金融功能，深化金融服务功能。进一步拓展金融服务的社交化、平台化和产业化。

但同时也存在：市场风险、技术风险、制度风险、信用风险、流动性风险等各类风险。产品同质化问题严重，银行创新动力明显不足，金融机构与数字经济平台还没有形成有效的协同机制，在未来还需进一步加强这些问题的探索。

三、大数据技术挺进金融行业

伴随着大数据技术进步以及对经济社会的广泛应用，以及大数据价值发现理论、协同自组织理论、产权界定理论、资本要素理论、维基创新理论、管理决策理论、多源异构数据集成挖掘、个性化价值测度理论的推动，大数据在金融领域获得广泛推广和应用。

大数据既包括数字化数据，也包括非数字化数据；既包括人类社会活动留下的所有痕迹，也包括自然界所有现象的痕迹。同时，它不仅包括已发生事件的历史数据，而且还包括正在发生事件的先期数据和将会发生事件的未来数据。大数据的技术主要包括：

云计算、机器学习、物联网、区块链等。大数据在各行各业广泛运用的背景是互联网扩张。互联网扩张的直接后果产生了以互联网为平台、以大数据为基本要素、以云计算和机器学习等人工智能为手段的数字经济。就金融大数据而论，它主要由金融机构、厂商、个人和政府当局在投资、储蓄、利率、股票、期货、债券、资金拆借、货币发行量、期票贴现和再贴现等构成。大数据技术可以充分利用市场数据解决客户面临的各种服务需求，解决服务中存在的各类问题，来提升服务的效率。

金融大数据具有极大量、多维度和完备性等特征，有利于加强金融风险控制、金融服务精细化管理和金融业务的创新。大数据金融业有益于推进小微企业信贷、精准营销、网络融资等。

大数据将与社交网络融合，可以促进金融信息流和金融流的融合，来实现智慧金融服务，基于大数据的征信范式，也有利完善金融信用体系。

大数据金融面临的主要难题就是如何挖掘、加工和处理金融大数据，如何划分大数据的适用范围，界定隐私数据和商业数据额的界限。

但是大数据金融也不可避免存在各类风险，需要加大相关监管。具体而言，主要包括了技术监管、制度监管、市场监管、行业监管等措施。

第二章 数字金融的理论基础

第一节 金融的基本功能

一、金融功能理论

（一）金融功能理论

金融功能理论重点研究金融为经济发展提供哪些功能，并运用交易成本等来解释为什么具备这些功能。一般认为金融功能主要分为：支付结算、资源配置、信息传递、风险控制和经济调节功能。

（二）莫顿金融功能恒定定理

罗伯特·莫顿认为，尽管金融外在的表现形式会改变，但是放眼漫长的金融演变历史，金融机构扮演的金融功能没有发生改变。该理论被称为金融功能平恒定律。

（三）金融功能认识

总体而言，金融功能应包括：充当信用中介、金融契约、充当支付中介、创造信用流通、提供价格信息、处理信息不对称、激励问题提供金融服务、分割股权、筹集大规模资金。依托这些功能生存的金融机构都会在金融创新面前受到冲击。当金融服务无法满足金融消费者的需求时，消费者就会主动或被动通过市场手段反制金融服务提供者。但是，越是完善的金融体系，受到金融创新的冲击力就越低，改革相应地是一个渐进过程。越是不完备的金融体系，受到金融创新的冲击就越强烈。发达国家金融体系比较完备，自我市场调节能力强，所以改革是渐进式的。我国金融体系不完备，市场化程度低，所以受金融创新的冲击较大。因此，中国的金融创新将基于数字化展开，就可以实现对西方发达国家的弯道超车。

（四）莫顿和博迪的金融功能观

罗伯特·莫顿和博迪提出现代金融体系的主要功能有：结算和清算功能、集聚和分割股票、金融资源的时空转移和配置、风险管理、提供信息、处理激励。这一功能划分随后被许多经济学家所接受并成为了金融功能的参照标准。

二、传统金融运营基础理论

（一）银行业的基础理论

建立银行的稳定性保障功能，旨在解决存款保险、银行挤兑及流动性创造，是当前银行发展的核心功能，维持金融业稳定的三大支柱包括：存款保险、机构监管和中央银行。Diamond-Dybvig 模型则是其中最著名的理论分析之一。

戴蒙德和迪布维格发表于 1983 年第 6 期《政治经济学期刊》上，题为《银行挤兑、存款保险和流动性》论文建立了 Diamond-Dybvig 模型（简称 D-D 模型）。Diamond-Dybvig 模型论证了三个重要的观点。第一，银行可以通过吸收活期存款，为那些需要在不同随机时间消费的人们提供更好的风险分担职责，并以此来提高市场竞争力。第二，活期存款合约具备一种不受欢迎的均衡—银行挤兑：所有的存款人恐慌，可以快速提款，甚至包括那些如果未关注到银行破产就宁愿将存款留在银行的人们。第三，银行挤兑确实引发一些经济问题，因为即使是健康的银行也会破产，所以能够导致贷款的撤销和生产性投资的中断。①除此以外，模型提供了传统上应用于停止或阻止银行挤兑方法的分析框架，即存款变现的暂停和活期存款的保险（与中央银行的最后贷款人性质相似）。

Diamond-Dybvig 模型的核心功能是流动性转换和受托监督借款人。该模型包括三个时期（T=0，1，2，）和单一的产品，并将存款人分成两种类型（类型 1 和类型 2）。在时期 0 投入 1 个单位，则在时期 2 的产出 R 满足 R>1；如果生产在时期 1 被中断，残值正好是最初的投入 1。模型假设：①存款人在 t=0 时期都是一样的，每个人都不知道其在 t=1 时期和 t=2 时期的流动性需要；②类型 1 存款人只关注时期 1 的流动性需要，类型 2 的存款人则只关注时期 2 的流动性需要；③在时期 0 给每个存款人一个单位的财富。

随后 Wallace、Cooper Russell、Green、Diamond、Cooper Russell 对该模型做了进一步完善与改进。

（二）证券市场的基础理论

1.Markowtiz 资产组合理论

美国经济学家哈里·马科威茨首次将风险和收益进行了量化、建立了均值方差模型，奠定了证券组合理论的基础。

基于这一理论，随后经济学家们逐步研究了资本资产定价、期权定价、鞅定价、行为定价模型。

2.市场有效性假说

市场有效性假说是由尤金·法玛于 1970 年深化并提出的。在市场上有效市场假说一般有三种形态：

（1）弱式有效市场假说。这种形态的有效市场假说，主要是认为在弱式有效的情况之下，市场价格已经能够充分反映出所有的过去历史证券价格相关信息，这个信息主要包括股票的成交价、成交量、卖空金额、融资金额等。

（2）半强式有效市场假说。这种假说认为价格已经充分反映出所有已公开的有关公司营运前景相关信息，这些相关信息有成交量、盈利资料、盈利预测值、公司管理相关状况、公开披露过的财务信息等，对于这些信息投资者如果掌握的话，就可以对股价迅速地做出反应。

（3）强式有效市场假说。这个假设认为价格已充分地反映出所有关于公司营运的信息，这些信息包括公开的、内部未公开的信息。

上述的三种假说，我们一般认为其强式有效假说成立时，半强式有效必须成立，半强式有效成立时，弱式有效亦必须成立。所以，一般先检验弱式有效是否成立，若成立，再检验半强式有效，若再成立，最后检验强式有效是否成立。

这个顺序是不可颠倒的。

（三）保险业的基础理论

大数定理是保险业的理论基础。大数定理是相对于小数定理的理论。小数定律是说，如果统计数据很少，那么事件就表现为各种极端情况，而这些情况都是偶然事件，跟它的期望值一点关系都没有。但如果统计数据是大数，这就有了大数定理。大数定律又称大数法则、大数率，是指在一个随机事件中，随着试验次数的增加，事件发生的频率就会趋于一个稳定值；同时，在对物理量的测量实践中，大量测定值的算术平均也具有稳定性。大数定理一般又包括辛钦大数定理、伯努利大数定理、车比雪夫大数定理等。

大数定理说明有大量的随机现象由于偶然性相互抵消而呈现出某种必然规律。比如，在正常的平衡状态中，可观察到的行为完全相同，博弈双方相互合作，不玩欺骗。但其背后的行为规则却可能大不相同，可以是由于双方都信奉仁厚的恕道主义，也可能是因为双方都是理性经济人。这些行为规则上的区别，在正常的平衡状态中，是看不出来的，只有在非正常情况下，或在与外人的交往中，才会表现出来。

大数定理被广泛应用于制定保费、降低被保险人平均危险值等领域。

三、金融规制理论

金融规制理论由著名经济学家斯蒂格勒提出。他从供求角度出发，利用新古典经济学供求理论分析了金融规制，认为金融规制是一种生产行为，具有供求关系，金融规制在本质上是促使财富在不同的利益集团间发生转移。

金融规制的目标一般包括：（1）有效控制和管理货币供给，实现货币供求均衡，可以为经济发展创造一个良好的货币金融环境；（2）确保负债性商业金融机构的稳定性和安全，能够提高商业银行的生存能力，增强金融市场的内在稳定性；（3）保护债权人、存款人的利益，约束债务人行为，维持金融市场稳定和秩序；（4）改善金融市场的资源配置效率，实现有效配置和社会公平。但在不同国家，金融规制各有偏重。

四、稳健式金融监管理论

金融监管是一个市场自发行为，最初源于亚当·斯密的"看不见的手"，推崇市场准则。金融监管理论始于"货币发行管理"和"最后贷款人制度"等问题的争论。

世界各国在1819世纪经历了多次贷款危机之后，银行集体萎缩，与古典经济学和新古典经济学的"货币中性"产生冲突。各国中央银行开始承担商业银行信用保险职能，从而建立了最后贷款人制度，为金融监管奠定了基础。

20世纪二三十年代爆发的世界性经济危机引致经济萧条，进而导致了金融危机，使"看不见的手"神话破灭，随之产生凯恩斯主义，政府加大对金融监管，金融监管理论开始形成。主要聚焦于市场的不完全性和金融的脆弱性。市场的不完全性论者前者以市场失灵和福利经济学为基础，侧重于负外部性、信息不对称、不完全竞争问题、金融效率与公平等问题的探讨。在20世纪60年代，经济问题和金融问题相伴而生，金融脆弱性问题凸显，由此产生金融脆弱性监管理论，先后提出金融不稳定假说、银行计提理论（也称为D-D模型），金融不稳定假说由哈曼·明斯基提出，他认为金融体系内部不稳定引发金融风险，政府干预可以有效降低金融不稳定性。银行计提理论由戴蒙德和杜宾提出，他们基于理性人和信息不对称假设，提出信息不对称是银行计提的原因，为此构建出了D-D模型解决金融信息不对称问题。

20世纪70年代，经济出现"滞涨"问题，发展中国家出现资金紧张问题，凯恩斯的"看得见的手"开始遭受质疑，金融自由化成为关注的重点，注重效用的监管成为研究焦点。具体包括了集团利益理论、政府利益理论、特殊利益论和利益多元论等。

在此基础上，还产生了金融监管失灵理论，具体又包括：管制供求、管制寻租、管制俘获、社会选择等理论。

20世纪90年代，金融理论开始进入规则引导的监管时期，这一时期的研究注重金融监管的实践性问题，致力于金融监管的理念与方法的探讨。如莫顿的金融功能监管理论、德沃特里庞和梯诺尔激励监管理论（最优相机监管模型）、资本监管理论、市场约束监管理论、金融宏观审慎监管理论。

从金融监管理论的整体发展看，金融监管理论经历了由开始自律型金融监管理论到管制型金融监管理论，再到效率型金融监管理论以及21世纪90年代以来的稳健型金融监管理论。另外法国经济学家拉丰和悌若尔把激励理论引入监管分析，将监管问题当作一个最优机制设计问题，寻找监管中的本源问题。

五、监管沙盒

由于数字金融迅速发展，快速改变着传统金融行业的生态格局，但是依托金融科技的数字金融业务模型和应用模式都十分多样而复杂，监管机制用现有的监管机制来管控金融科技，存在平衡风险防控和促进创新之间的难题。所以，监管沙盒应运而生。

监管沙盒的概念由英国政府于2015年3月提出。按照英国金融行为监管局的定义，"监管沙盒"是一个"安全空间"，在这个安全空间内，监管规定有所放宽，在保护消费者或投资者权益、严防风险外溢的前提下，金融科技企业可以测试其创新的金融产品、服务、商业模式和营销方式，而不用在相关活动碰到问题时立即受到监管规则的约束。依据这一理念，监管者在保护消费者、投资者权益、严防风险外溢的前提下，通过主动合理地放宽监管规定，来减少金融科技创新的规则障碍，鼓励更多的创新方案积极主动地由想法变成现实，在此过程中，能够实现金融科技创新与有效管控风险的双赢局面。这一设计本质上是一种金融创新产品的测试与激励机制，同时也能保护广大消费者权益。

目前英国、新加坡、澳大利亚、美国等国家推出了关于沙盒监管的相关文件。2017年5月23日，我国在贵阳启动了区块链金融沙盒计划，这是我国首个由政府主导的沙盒计划。

第二节　数字金融的理论解释

一、数字金融概念的讨论

（1）国外学者的讨论

国外学者一般称数字金融为"电子金融"或网络金融。但不同的学者从不同角度做出相应解释，观点依然纷呈，其中：

联合国贸易和发展会议在2001年将E-Finance定义为通过互联网传送的金融服务，包括零售与批发、前台与后台、信息与交易等若干要素。

阿兰将E-Finance定义为通过电子信息交互计算系统，提供了金融服务和金融市场，E-Finance活动包括在互联网空间发生的所有类型金融活动，如网上银行、电子证券交易、各种金融产品、服务的提供和传输。

范特（Fight，2002）将E-Finance定义为通过电子途径所进行的所有与金融活动有关信息的收集、处理、检索、传输以及产品与服务的传送、买卖。

格威和葛兰德提出了 E-Finance 的 CCMP 模型，使 E-Finance 的框架突破了技术视角而变得更具综合性，该模型由四个要素组成：电子财富的创造、积累、管理和保护。

上述电子金融概念，主要是围绕交易终端的电子化而进行的金融交易模式，缺乏对数据信息的主动应用，对大数据、云计算、人工智能在金融中的应用创新关注不够，相较于数字金融还有较大差异。

（二）国内学者的认识

在 2012 年之前，学者一般将金融服务的网络化应用称为"网络金融"或"网上金融"；直到 2012 年，谢平等人正式提出了"互联网金融"概念，主要是指互联网平台的各种新型金融业态，互联网金融概念逐渐被许多学者所接受，但是至今仍有争议。部分研究将"互联网金融"界定为一种"新金融模式"，部分研究认为其仅是金融服务形式的升级。第一种观点并未厘清技术工具改进和金融产业革命的区别，也人为地排除了传统金融的互联网化；第二种观点轻视了互联网金融对金融产业内部稳定结构的动摇以及优胜劣汰、去旧存新的作用。正在达成的共识是：互联网金融的创新浪潮尽管还未产生新的金融工具、金融市场或金融功能，但是已然超越了技术创新、服务升级的层面，引入新的要素组合，还与传统金融存在优势互补，能够进一步完善我国金融服务体系，但是互联网金融也存在产生新的金融风险，需要政府加强监管和引导，规范健康发展。伴随着我国提出数字经济战略，以及商业银行、保险、信托等金融机构加速业务互联网和智能化建设，原有的互联网金融已经不足以覆盖新业态的发展，所以在近些年，学者们又提出了数字金融概念。这一概念围绕数字信息，包括了各种金融形式的新业态、新技术。

（三）几个概念的讨论

近些年国内学者针对金融与信息科技、数字化有机结合的等内容先后提出了网络金融、数字金融、金融数字、金融科技、科技金融等概念。这些概念从不同视角解释了金融新兴业态的具体属性，有共同的特点，但在内涵与外延上仍然有所区别。

1. 网络金融

也叫电子金融（e-finance），这一概念产生于金融电子化初期，是伴随着 PC 电脑和有线网络、电话日益普及，部分传统金融业务开始通过电子化技术完成所产生的金融服务的网络化，如网络银行、网络证券、网络保险、电话银行、银行卡银联等，这些业务主要是围绕网络电子化技术开展各项金融业务，但对数据的主动应用较弱，个性化服务尚不突出。

2. 互联网金融

伴随着互联网技术、大数据、移动通信技术、人工智能技术的发展，一部分互联网平台开始开展金融辅助性业务，产生了新型业态，具体又包括第三方支付、众筹、P2P网贷、金融服务科技等。也有人认为，应该包括传统金融的互联网化，但是存在一定争议，一般认为是互联网平台的金融化。

3. 数字金融

这一概念是指在一国政府部门的有效监管之下，能够围绕数字信息，还能实施普惠性和个性化的金融服务、金融科技和金融制度的总称，包括传统金融机构的互联网化和智能化服务、数字经济平台的金融化服务、金融科技对金融服务的支持，以及监管制度。所以，数字金融包括数字金融的理论基础、市场工具、支持技术和监管制度。

4. 金融数字

主要是指金融服务过程中产生的数据信息。伴随着大数据和云计算、人工智能技术在我国经济和金融领域的广泛应用。数据信息已具有较高的经济价值，而且也成为掌握我国居民经济活动的主要数据库，同时也关乎着我国经济、主权安全、政治安全，所以在党的十九届四中全会上，已经明确了"数据"的生产要素地位，成为推进我国未来经济的关键一环，而金融数据又是金融业的重要生产要素，所以，金融数字关乎我国金融高质量发展。但同时，金融数字也是国家重要战略资源，关系到国家安全、网络安全、民生安全，所以我国高度重视对数据信息的监管，既保护消费者隐私，又保障了国家安全。因此，在未来中，各金融运营平台、机构既要利用金融数据创造新的收益，但同时也要遵守国家关于数据监管的相关制度。

5. 金融科技

主要是服务于金融的互联网、移动通信、大数据、人工智能、密码、区块链等等技术。

6. 科技金融

这一概念由我国学者提出，主要是指能够支持科技发展的各种金融服务以及金融与科技之间的互动关系。

关于金融科技和科技金融概念的讨论，将进一步在金融科技的相关内容中做详细分析和介绍。

二、数字金融的创新性判断

数字金融究竟是否是创新，目前在学术界尚未达成共识。但是基于不同的理论分析，可以从中判断和分析数字金融究竟是否存在创新，在哪些领域产生了创新。

（一）创新的内因

1. 金融创新理论

金融创新理论有狭义和广义之分。狭义金融创新理论是指某种产品或技术的问世能使整个金融市场的创新程度和创新能力达到质变的程度，进而使金融体系的功能发生根本性变化。广义金融创新理论包括：金融业务创新、金融组织创新、金融组织机构创新、金融制度创新。

霍兰德将金融创新分为：①为了规避监管的规避型创新；②与管制无关的先验性创新。在规避型创新研究的基础上，凯恩针对美国和英国银行业市场的研究，提出并通过了"斗争模型"的描述，而且阐释了金融创新和金融监管的辩证关系。与此同时，西伯尔提出约束诱导型金融创新理论。该理论认为金融创新是追求利润最大化的微观金融组织为了消除或减轻外部对其产生的金融压制而采取的"自卫"行为。金融企业通过进行各种方式的金融创新，比如交易方式、金融工具、新的金融产品等，从而躲避了内部管制的束缚。

2. 交易成本理论

交易成本理论是用比较制度分析方法研究经济组织制度的理论，该理论是英国经济学家科斯于1937年在其重要论文"论企业的性质"中提出，由科尔和肖恩、本斯顿和史密斯等人进一步完善。交易成本存在问题就在于：①信息不对称；②交易成本。

但是科斯认为，交易成本是获得准确市场信息所需要的费用，以及谈判和经常性契约的费用，威廉姆森将交易成本分为搜寻成本、信息成本、议价成本、决策成本、监督交易进行的成本、违约成本，后来威廉姆森又进一步分为事前的交易成本与事后的交易成本。在金融领域，希克斯和尼汉斯提出交易成本创新理论，该理论认为金融企业要想提高自身利润，就必须要降低交易成本，所以交易成本是金融创新的重要支配因素。

但是数字金融也存在交易成本问题：①尽管互联网在一定程度上降低了金融活动事前的交易成本（搜寻、谈判、签约成本），但由某一个体将大数据加工成知识仍需较高成本。②事后的交易成本（监督、违约、救济的成本）或许会因数字金融消费者保护机制的欠缺而可能有所提高。

3. 信息不对称理论

信息不对称理论是由约瑟夫·斯蒂格利茨、乔治·阿克尔洛夫和迈克尔·斯彭斯提出的。他们分别从商品交易、劳动力和金融市场三个不同领域研究了信息不对称问题。信息不对称理论是指在市场经济活动中，各类人员对有关信息的了解是有差异的；掌握信息比较充分的人员，往往处于比较有利的地位，而信息贫乏的人员，则处于比较不利的地位。其中，斯蒂格利茨将信息不对称应用到保险市场。

他指出，由于被保险人与保险公司间信息的不对称，会在客观上造成一般车主在买过车险后疏于保养，使得保险公司赔不胜赔。

伴随着互联网的发展，信息成为了金融行业最重要的资源，改变了产业价值链。数字金融凭借信息处理优势正在探索一种解决借贷前后两大信息不对称问题的全新路径。将隐性的软信息转变为显性的硬信息，提高了信用水平甄别的精确度。以至于"数字金融脱媒论"一度流行。

但是数字金融体系目前仍然难以克服以下问题：①互联网不能彻底消除私有信息或隐藏信息，且即便缓解了过往信息的不对称，未来信息的不对称却永远存在；②互联网仅披露了可依法律法规、商业惯例、信息相关人授权而披露的、名义信息，实际信息尚不透明；③互联网在提高了信息交换的数量、频率和密度的同时带来了信息爆炸，而且还拉远了经济活动个体之间的距离，降低了虚假信息制造成本，这都使得调查和鉴别的难度更大，数字金融消费者并不完全具备处理和解读信息的能力，只有依靠金融中介才能筛选出有经济价值的信息、或根据需要将信息转变为知识。

4.金融进化理论

弗里德曼和法码认为，市场或自然选择，最终导致有效市场，金融史是制度变迁和自然选择的结果……金融组织就像是有机物，相互竞争，夺取自己所需要的各种资源。某些时候和某些地点，某些金融物种会成为金融主宰者。但金融物种的创新，或是全新物种的突然出现，都不会让任何制度成为永恒。

数字金融平台不是收割金融用户的渠道，也不是亘古不变的生存法则，不是万能的解药，之所以存在数字金融相对于传统金融的创新，数字金融的乱象不断，是因为我们依然没有理顺金融与科技的关系，尚没有找到互联网之外的替代技术。这就需要金融进化，来产生更多的新内涵，要明确金融与科技各自的角色和定位，既要规划好各自的定位，又要厘清二者相关关系。

5.金融抑制理论

格利和爱德华·肖恩认为经济的发展是金融发展的前提和基础，而金融的发展是经济发展的动力和手段。罗纳德·麦金农提出金融抑制理论。政府通过对金融活动和金融体系的过多干预抑制了金融体系的发展，而金融体系的发展滞后又阻碍了经济的发展，从而造成了金融抑制和经济落后的恶性循环。这些手段包括政府所采取的使金融价格发生扭曲的利率、汇率等在内的金融政策和金融工具。金融抑制的现象，一般包括了行业壁垒与垄断、地下金融与民间金融兴盛所引发的金融市场分割等。

因为政府的过多干预使得经济的发展受限，传统金融业务受到了挑战，数字金融则是在这样的一个背景下应运而生，不仅充分发挥了市场的自我调节作用，而且满足了因为金融抑制而无法获得金融服务的客户的需求，有效弥补了传统金融业务的不足。

6.传统金融业务弊端论

但是学者们认为，传统金融业务存在以下业务弊端：产品缺乏差异性定位；运营方式和品牌管理缺乏互联网思维；组织架构不适应扁平化的互联网时代；注重总量扩张，忽略金融结构优化；注重市场广度，忽略市场深度；注重金融竞争，忽略金融效率；注重金融硬实力（金融资产规模、机构数量、市场份额），忽视软实力（金融创新、综合竞争力、公司治理、金融发展环境、金融文化建设）。这些业务弊端必将会降低整体金融服务效率，产生金融需求压抑，导致金融供需失衡，进而为金融创新提供突破口，从而导致了投融资者需要通过新途径获得高额回报和高效率融资。

7. 利润最大化的追逐

厂商理论一般坚持认为市场是逐利的，而金融创新的根本在于：获取利润和规避政府管制。约束诱导理论提出，金融业回避或摆脱其内部或外部约束是金融创新的根本动力。该理论认为，政府管制的根本动力主要是在于通过各种隐含手段，以实现税收最大化，但是政府管制阻碍了金融机构获利的机会。当金融创新危及金融稳定和货币政策时，金融当局就会加强管制。数字金融平台的产生就是为了摆脱因支付等方式对平台发展造成约束，以及因有效克服信息不对称等问题造成的交易成本和机会成本，来实现利润最大化而做出的创新尝试。但是，数字金融平台的发展对传统金融业务造成了一定冲击，也产生了一定程度的金融风险。同时伴随着部分数字经济平台迅速发展，形成市场垄断，并利用垄断地位展开无序竞争，这些给金融市场带来的不确定性，给市场监管带来一定挑战。所以需要政府采取必要的市场监管和引导措施。

（二）创新的外因

1. 技术进步

数字金融的外部原因主要就是技术进步。互联网技术以大数据、社交网络、搜索引擎以及云计算等为代表，主要体现了四个重要趋势：①信息的数字化。随着传感设备逐步普及，人类活动逐渐转到互联网上（购物、消费、阅读、3D 打印，）智能化的大数据分析工具和 IT 解决方案，逐渐变成信息处理引擎。②计算能力不断提升。集成电路领域，摩尔定律至今仍有效，而云计算、量子计算和生物计算等帮助集成电路性能突破了相应的物理边界。③通信技术发展。互联网、移动通信网络、有线电话网络和广播电视网络等逐渐融合，高速 Wi-Fi 的覆盖面越来越广。④大数据的驱动是数字金融发展的核心动力。

这四大趋势都显著影响到金融业态，不仅改善了原有的金融体系，而且还提升了金融服务效率，降低了金融交易成本，但同时也给原有的金融体系引入了新的不确定性问题，潜伏新的金融风险。

2. 宽松的政策引导

数字金融的发展离不开各国对数字金融包容与积极推进。数字金融发展较快的英国、美国、中国等国家，一般都有各国政府的大力支持和推进，但是互联网无序增长产生的金融风险在各国也同样存在，所以各国也是十分关注数字金融带来的金融风险，积极采取措施加以引导。尤其在中国，先后推出科技创新、"互联网＋"、数字经济等战略，并且将数据界定为生产要素。这些政策充分表明我国对数字金融十分重视，但是伴随着部分互联网业态的野蛮增长和无序发展，也给我国金融市场造成一定的混乱，所以我国开始陆续出台相关政策规范和引导互联网健康发展。

第三节　数字金融的价值分析

一、与传统金融的比较优势

与传统金融的比较，数字金融的比较优势在于金融服务的安全性、普惠性、低交易成本性，能够解决信息不对称的有效性。

二、数字金融的价值创造

（一）一般均衡分析

均衡最早是一个物理学概念。在物理学中，均衡表示同一物体同时受到几个方向不同的外力作用而合力为零时，该物体处于止或匀速运动的状态。英国经济学家马歇尔把这一概念引入经济学中，主要是指经济各种变量的作用恰好互相抵消，使经济暂时处于一种力量相当、相对静止、不再变动的平衡状态。均衡分析可分为局部均衡分析和一般均衡分析。局部均衡分析是假定在其他条件不变的情况下来分析某一时间、某一市场的某种经济现象达到均衡时的决定要素。一般均衡，由瓦尔拉斯提出，分析在某种经济现象确定时，在所有要素相互影响在同时达到均衡状态时，某一经济现象是如何被决定的，也被称为瓦尔拉斯均衡。

根据一般均衡分析，数字金融是一个从传统银行、证券、保险、交易所等金融中介和市场，到瓦尔拉斯一般均衡对应的无金融中介或市场情形之间的所有金融交易和组织形式。随着互联网发展，金融系统将逐渐逼向瓦尔拉斯一般均衡对应的无金融中介或市场情形。

（二）数字金融中的规模经济与范围经济

（1）规模经济。即供方规模经济、需方规模经济。分别指同一供方内部成本随规模扩大而下降，需方所获价值随规模扩大上升。

（2）范围经济。同一供方内部品种越多，成本越低。

（3）供方规模经济与数字技术的对接，使信息、知识、技术等要素超越传统经济中居于首位的资本与劳动力要素，打破了边际成本递增、边际收益递减的传统经济学规律。随着其投入的增多，产出越多，供方成本与收益分别呈现出递减与递增态势。

（4）需方规模经济。需方规模经济存在于市场主体的外部。主要体现为梅卡洛夫法则，即网络价值以用户数平方的速度增长。当网络客户数量达到临界值后，该类金融服务的规模也迎来爆发式增长，价值的增长速度变得非常惊人。

数字金融可以借助互联网技术、大数据、云空间、人工智能等技术，借助摩尔定律效应，有效实现了规模经济和范围经济，使供方成本与收益分别呈现出递减与递增态势，最终提升金融资源的有效配置，获得比传统金融机构更快、更高的收益，以在短期内不断扩大经营规模，对传统金融相关业务造成一定冲击，但是伴随着传统金融的数字化改革，在政府的合理引导下，金融资源能够获得重新分配，各种金融业态又将达到新的均衡状态。

（三）网络外部性

外部性又称为溢出效应、外部影响、外差效应或外部效应、外部经济，是指一个人或一群人的行动和决策使另一个人或一群人受损或受益的情况。经济外部性是经济主体（包括厂商或个人）的经济活动对他人和社会造成的非市场化的影响。经济外部性分为正外部性和负外部性。正外部性是某个经济行为使他人或社会因此受益而无须花费成本，负外部性是某个经济行为使他人或社会受损而承担一定的代价。

互联网双边市场的常见效应主要包括交叉网络外部性和自网络外部性。交叉网络外部性使双边平台的一方客户的效用随着另一方客户人数的变化而变化。自网络外部性是指因同一方存在集聚效应和竞争关系而分别带来的正负两面性的影响。

（四）锚定效应

锚定效应是指客户往往不愿在不同供方之间转换。因此在传统金融领域常出现"强者愈强""赢家通吃"的局面。而互联网的外部性可以导致锚定效应。但是数字信贷市场的激烈竞争迫使数字金融企业维持较低的服务费率、积极推出差异化产品、在细微处改善服务，满足需方不断提高的要求，需方的选择极端丰富，而且转换成本低廉、手续便捷，因此客户迁移极易发生，锚定效应被明显弱化。

（五）长尾理论

长尾理论由克里斯·安德森提出，他认为非主流的共同市场份额总量可能等于或超过主流产品的市场份额。所以可以利用成本优势打开大量利基市场，核心是"多款少量"个性化服务。

长尾理论主要适用于描述某些传统经济学未能充分解释的数字金融现象。数字金融对长尾的开拓打破了短缺经济学的假设，成本优势是其延伸长尾的基础。其中，安德森就认为只要存储成本和信息成本足够低，庞大的具有个性的消费者数量足够大，销量不大的利基产品一样可以和品种有限的主流产品所占据的市场份额相匹敌甚至更大。这个理论颠覆了"巴莱多定律"即20%产品带来80%利润的原则，认为数字金融的发展就是抓住了这个被忽视的长尾中的80%。

（六）搜寻理论

搜寻理论认为，搜寻行为之所以存在，是因为信息不对称所导致的搜索前置。狭义原因是价格离散，即信息在交易双方之间的非均衡分布所引发的同地区、同质量产品的价格差异。搜寻成本影响着定价和价格离散程度，搜寻成本越高，价格竞争越弱，离散程度愈高，搜寻所获收益就越大。随着互联网信息技术不断进步，传统金融信息被动获取方式已转变为主动搜索方式，但信息噪声也相应增多。

中国学者韩民春、陈小珞也逐渐证明了互联网使信息在市场中呈现均衡分布，成本与价格的透明度被提高，从而使网上商品价格趋于收敛。与传统金融市场相比，若数字金融市场搜寻成本的降幅不大，就会失去发展后劲。

大数据技术支持下的信息过滤技术、推荐技术，为数字金融消费者提供了"刻画需求"和"推荐喜好"等新的信息搜寻手段，不仅实现了"信息的定制化供给"，而且还进一步降低了搜寻成本。所谓刻画需求，就是指客户对金融产品构成因素进行自由选择与组合，数字金融产品信息集散平台根据其具体要求反馈信息。所谓推荐喜好，就是指凭借大数据，分析每一位客户对金融产品的喜好和接受金融服务的习惯，抛弃了覆盖面大但成本高昂的渠道，使用狭小但定位准确的互联网渠道向客户推送针对性的内容。

（七）声誉机制

声誉是显示经济主体行为倾向或内在特质，甄别其类型的一种可传递的信号。连续的声誉信息形成了声誉信息流，市场能自发产生短期声誉信息流，而经第三方组织协调能产生具有较高可信度的长期声誉信息流。声誉机制是促进博弈双方合作的重要机制。相关研究被纳入两个框架：（1）冷酷战略。一旦背叛合作，声誉就会消失。（2）KM-RM标准声誉模型。可以依靠声誉机制能够解决囚徒困境。若信息传播机制完善，声誉的形成和维持除了自我实施机制，还可通过社会实施机制来实现，因此交易者有足够的积极性保持良好声誉。

数字信息技术的发展极大地提高了声誉信息的采集与传播效率，降低了声誉约束成本，并将声誉机制的作用范围拓展到全球。为此大量学者分析了声誉机制在借贷市场上发挥的作用。尤其在数字金融市场中，数字借贷的声誉机制受到关注。一般认为在数字借贷市场，借款人的借款记录和还款记录是其声誉的主要构成因素。现实中存在借款人凭借小额借款建立好声誉后再行诈骗，一旦留下失信记录后伪造身份信息重新入场的现象。数字借贷市场借款人的声誉机制要想真正生效，必须要满足两个基本条件：（1）信息高效率、低成本的传播，确保借款人不良声誉被及时披露和识别，促成集体惩罚；（2）信息真实、完整，通过建立网络借贷信用信息共享系统，接入征信系统，使来自各个数字借贷的借款人信息互相补充和校验，构建网上网下统一联防机制，从而最大限度地提高信息造假的成本、降低信息甄别的难度，还切实保障数字借贷贷款人的合法权益。

（八）金融中介理论

金融中介理论认为，在市场经济中，储蓄投资转化过程是围绕金融中介来展开的，这使金融中介成了经济增长的中心。金融中介是从消费者（储蓄人）手中获得资金并将它借给需要资金进行投资的企业。从根本上来说，金融中介是储蓄投资转化过程的基础性的制度安排。金融中介理论主要分为基于信息经济学的不对称信息论和基于交易成本经济学的交易成本论两大流派。依据金融中介理论，数字金融能够很好地承担了支付中介和信用中介的作用，从而削弱了商业银行固有的提供这两类中介服务的作用。

（九）平台经济理论

平台的内涵比较丰富，一般包括：（1）施展才能的舞台；（2）工作台；（3）某项工作环境或条件，如数字平台；（4）物理高出和凸出某特定区域的露天台榭；如阳台、观景台、屋顶平台、晾晒平台、控台外机安置平台等。

数字平台目前尚无一个确切的定义，一般是指通过计算机、互联网、大数据、云计算、现代通信技术为各种科技、经济、社会活动提供的运行环境和条件。根据服务内容，数字平台包括：数字科技平台、数字经济平台和数字社会平台，其中，数字经济平台又包含数字金融平台。根据服务功能，数字平台又包括：数字平台科技、数字平台经济、数字平台社会等领域。

数字平台经济是一种基于数字技术，由数据驱动、平台支撑、互联网络协同服务，进行价值经济创造、转化与实现的过程，是基于数字平台的各种经济关系的总称。数字平台经济是一种经济行为虚拟或真实的交易场所，数字平台本身不生产产品，但可以促成双方或多方供求之间的交易，收取恰当的费用或赚取差价而获得收益。

学者们一般都认为数字金融这种基于大数据分析的云平台的模式，是一个很好的平台经济理论的运用，认为金融科技将地球变成了一座特大城市，不仅改变了人们的信息交流方式，而且还实现了信息资源共享，文明同步进化。数字货币、第三方支付、数字银行、智能投顾等新型金融平台，完善了金融基础设施，拓展了融资渠道，满足了长尾化客户的金融需求，为市场提供了个性化的金融服务，提升了金融资源配置效率，激发了金融市场的活力。

（十）普惠金融

普惠金融的概念最早由联合国于 2005 年在宣传国际小额信贷年时提出，倡导建立为社会各个阶层的所有成员提供公平、便捷、安全、低成本服务的金融体系。普惠金融的实质就是将需要金融服务的所有人纳入金融服务范围，让所有人得到适当的与其需求相匹配的金融服务。

由于商业规则和运行平台的约束，传统金融难以实现普惠性理念。数字金融则十分有效地弥补了传统金融的内在缺陷。它是以互联网为平台，以信息整合和云数据计算为基础，开创了一个开放、共享、交易成本低、服务效率高、注重大众客户群体的新的金融运行结构。显然它是对普惠金融理念的践行，而这也正是数字金融具有强大生命力的源泉。

（十一）产业融合

产业融合指的是由于技术进步和放松管制，发生在产业边界和交叉处的技术融合，改变了原有产业产品的特征和市场需求，从而导致产业界限的模糊化，甚至需要重新划定产业界限。数字金融作为信息化时代的技术代表，在各行各业都表现出强大的适应性和渗透力，数字金融就是信息化技术变革下产业融合的典范，所以以数字金融与传统金融之间存在较大的协同空间，因此在未来中，必然会存在不同层次、不同业务领域的深度产业融合。

（十二）"二次脱媒"理论

脱媒一般是指在进行交易时跳过所有中介而直接在供需双方间进行。金融脱媒是在接受金融管制前提下，资金供求双方绕开商业银行这一金融中介，而直接进行投融资的行为。第一次金融脱媒主要是指保险、证券、信托、企业理财等功能，伴随着金融市场化改革，从商业银行脱离，形成直接投资的资本市场。

一般认为，信息不对称、市场不确定性以及由此引发新的风险管理之需求，是金融中介存在的重要原因，也是金融中介理论形成的基础。然而，数字金融所具有的特点正在改变着金融中介赖以存在的基础，从而使金融中介正在经历金融历史演变中自资本市场"脱媒"以来的第二次"脱媒"。

数字金融提供了数字信贷、众筹、第三方支付、数字货币等模式，其发展使得投融资活动变得更加简单易行，逐步淡化了金融中介的作用，还加快了金融"脱媒"的进程。在当前的数字金融领域，存在如下几类新型数字金融中介：（1）支付中介。其作为数字金融发展最早也最成熟的分支，提供货币流通所需的技术性服务，如网银支付、移动支付等；（2）信息中介，其只承担信息生产功能，主要从事互联网投资和信息咨询两类业务。前者包括众筹平台、P2P平台；后者包括挖掘、汇总信息，帮助客户更快捷地从海量信息中"消除噪声""过滤杂质"，有的还提供定制咨询服务，如金融科技咨询公司；（3）信用中介。主要指互联网微贷和金融科技公司，其不同程度地介入借贷关系，实现资金融通，分配"管理风险"；（4）综合中介。指涵盖上述多项中介业务的服务平台，是金融混业趋势在互联网上的综合表现，如消费金融公司。

第四节　数字金融的信用创造

随着数字金融的快速发展，学术界开始对数字金融特定主体的信用创造机制进行了有益探索。屈庆等人（2013）分析了数字金融对货币流通速度、货币乘数以及货币供应量的影响。肖大勇、胡晓鹏（2014）一致认为数字金融业是影子银行系统的一部分，提出了数字金融体系信用创造的两个关键：一是拉长信用链条；二是多次证券化。认为数字金融信用创造的内在机理与影子银行的基本类似，不同之处是网贷平台取代了商业银行成为信贷资产提供者。通过上述研究表明，数字金融正在改变原有信用创造过程与效果。

假设在数字金融平台上，核心企业从数字金融平台获取的授信额度被转换为等额的金融产品，都依托于核心企业信用的创新金融产品具备了相应的货币功能，成为电子支付工具用于偿还各级供应商货款。

一级供应商取得与其应收债权相等的来自核心企业的金融产品后，从中支出与其应付账务等额的金融产品给其上游供应商（二级供应商）；

二级供应商同样根据其债权、债务收入与支出相应金融产品；金融产品在此流转过程中不断被拆分，直至延伸到产业链末端。等到信用期满，金融机构以收到的核心企业货款对各级供应商进行资金清分，各级供应商取得与所持金融产品等额的资金。

假设核心企业以初始额度为 10000 元的金融产品向一级供应商支付货款，则在核心企业这一环节实现了 10000 元的债务清偿，用于清偿债务的金融产品发挥了货币的支付功能；换言之，金融产品每经过一次流转支付相当于创造了等的广义货币。

一级供应商收到 10000 元的金融产品后，选择一部分留存，其余部分用于支付货款，为讨论方便，假设各级供应商的金融产品留存比例为 20%。则一级供应商将 8000 元的金融产品用于支付，留下 20%（即 2000 元），此时，一级供应商金融产品支付与留存状况如下。

8000 元的金融产品流转到二级供应商，按照同样的考虑，二级供应商留下 20%（即1600 元），其余 6400 元的金融产品用于支付货款。

依次类推，从核心企业开始至一级供应商、二级供应商、……几级供应商，金融产品经过了 n 次流转。

假设核心企业初始金融产品为 $\triangle M$ 元，每个留存环节的留存比为 r，0 < r < 1，因此通过一次周转可以创造规模为 M（1-r）信用，一次流转的留存资金为 M·r，在金融产品多级流转过程中，所有的环节都在创造信用。

上述推导是在核心企业等比例预留准备金额的情况下提出的，但是企业预留资金与商业银行的法定准备金率不完全相同，可以自由设定预留金额比例。这主要取决于企业的主观意愿。

第五节 金融科技理论

20世纪80年代，在迈克尔·波特提出价值链概念后，经过不断衍化拓展，最终形成了金融科技理论。我国于2015年9月正式印发《促进大数据发展行动纲要》，标志着大数据发展正式上升为国家战略，成为提升国家治理能力的新途径。金融科技也日成为了我国重要的发展领域面对大数据时代的到来，诸多学者和实务工作者从不同角度阐述了金融科技对金融带来的影响、挑战和应对方法，也提出了相关理论。

一、大数据价值发现理论

米勒和彼得从大数据生存周期提出大数据价值链框架，都认为大数据价值源于数据发现、集成和探索三大过程。戴立亚提出了价值链视角下的大数据生态系统框架和增值过程轮形图，揭示信息价值链反映大数据作为一种数据科学方法论从数据到知识的处理过程中带来有用价值。

二、自组织理论

自组织理论是关于在没有外部指令条件下，系统内部各子系统之间能自行按照某种规则形成一定的结构或功能自动地由无序走向有序，由低级有序走向高级有序的自组织现象的一种理论。具体包括：耗散结构论、协同论、协同动力论、演化路径论、混沌论等。大数据具有自组织的特征，所以，有学者运用自组织理论揭示了金融科技在金融发展中演化。

三、产权理论

产权界定理论是由新制度经济学家科斯提出，德姆塞茨、波斯纳、巴泽尔、诺思等对产权界定的形式、发生机理、原则、属性及国家界定产权的目的、优势和存在的问题等做了进一步的研究。

科斯认为，"如果定价制度的运行毫无成本，最终的结果（指产值最大化）是不受法律状况影响的"（科斯第一定律）；一旦考虑到进行市场交易的成本，……合法权利的初始界定会对经济制度运行的效率产生影响（科斯第二定律）。德姆塞茨把产权定义为一个人或其他人受益或受损的权利，认为产权界定有公有制和私有制两种极端形式，完全私有制的意思是很含糊的，所以产权界定具有不完全性和相对性，国家可以对私人所有权施加限制，新的产权的形成和界定是相互作用的人们对新的收益——成本的可能进行调整的回应。

美国法律经济学家理查德·A·波斯纳 1973 出版《法律的经济分析》一书中提出，如果市场交易成本过高而抑制交易，那么权利应赋予那些最珍视它们的人。这一结论被人称之为"波斯纳定理，波斯纳定理的推理进一步认为，事故责任应归咎于能以最低成本避免事故而没有这样做的人。

约拉姆·巴泽尔在 1989 年出版的《产权的经济分析》一书提出，产权界定具有相对性，产权界定中就必然会存在"公共领域"。

道格拉斯·诺思认为，国家也是"经济人"，是追求福利和效用的最大化的，由国家进行产权的界定和保护具有比较优势，但国家进行产权界定存在的问题。所以国家具有双重目标：（1）通过向不同的经济实体提供不同的产权，来获取租金的最大化；（2）肩负降低交易费用以推动社会产出最大化，从而获取国家税收增加的责任。但是国家的这两个目标经常会产生冲突。所以国家可能会一方面促进经济持续快速增长，保护各经济主体的产权，但另一方面又会对不同的利益集团采取歧视性的政策，从而会容忍低效率经济结构长期存在。因此"国家既是经济增长的关键，又是经济衰退的根源，这就是著名的"诺思悖论"。

这些产权理论也被用于解释金融科技的价值问题。但是产权理论认为，金融科技具有一定产权价值，满足科斯定律、也需要国家的控制、具有波斯纳定理特征，但也存在诺思悖论。

四、资本要素理论

有学者基于厂商理论和经济增长模型分析金融科技在微观和宏观经济中的作用，认为金融科技也属于资本的要素之一，在宏微观经济体系中发挥着重要的作用。目前我国已经承认了金融科技中数据信息的生产要素作用，数字作为金融科技重要的标志，将数字等同于劳动、资本、科技等生产要素。所以数字经济平台作为我国金融科技的重要形式，也是数字金融的重要表现形式，必然是资本要素之一。

五、维基创新理论

维基百科是由吉米·威尔斯和拉里·桑格在 2000 年推出，他们提出由用户撰写、编辑和维护信息仓库为所有人免费提供百科全书的理念。这种非营利性众包方式相当于把善用群众智慧的传统延展到了一个无边界的状态。许多平台模式开始效仿和借鉴这一理念，从而诞生了各种免费的大众化服务，在中国，比如 360 软件就采用这种模式，就已获得可观的商业价值。

六、管理决策理论

决策理论首先由卢瑟·古立克于 20 世纪 30 年代提出。决策理论是把系统理论、运筹学、计算机科学等综合运用于管理决策问题，形成有关决策过程、准则、类型及方法的较完整的理论体系。决策理论强调人的判断对决策的影响，突出决策在管理中的地位，提出了用"满意原则"来代替传统决策理论的"最优原则"，强调了决策者的作用。

七、多源异构数据集成挖掘

但是伴随大数据的深入研究，人们也开始投入更大的精力研究如何发现、管理和挖掘装备数据的利用价值。多源异构数据集成是通过数据集成平台对多个数据来源进行统一处理，屏蔽数据之间物理和逻辑层面的差异，有利于实现统一的表示、存储和管理，将多源异构数据集成为相互理解、相互关联的有机整体，解决数据的来源广泛、结构异构问题，使系统可以对其进行共同的分析处理，从而充分发挥装备数据的应用价值。所谓多源，是指数据的产生来源于多个数据源，包括不同的数据库和数据集，其数据存储的平台和方式是不同的，导致了装备数据"多源"的特征。所谓异构，是指数据类型复杂、数据结构不一致，导致了数据"异构"的特征。

数据集成的难点主要可以归结为异构性问题、分布性问题和自治性问题。异构性问题主要是指各数据源的管理环境、数据模型、数据表达方式和数据语义的问题。分布性问题主要是指数据源是不是集中管理的，需要解决数据的通信和传输问题。自治性问题是指数据源由自身的数据管理系统来进行维护，这种管理的独立性为数据集成提出了挑战。

目前主流的数据集成方法是基于中间件的数据集成方法。典型的基于复制的数据集成方法是基于数据仓库的集成。目前，我国银行系统、通信运营商、电子科技公司都在使用这种方法。但这些方法也存在组织管理、结构异构、语义异构等问题。为了解决这些问题，就必须要发展大数据技术，建立起面向大数据的数据集成。这一发展将有效解决商业异构信息系统的商业数据的集成问题。但是大数据的条件下的信息化集成需要更加复杂多变的海量数据。这使得多源异构数据集成所面临的挑战愈发严峻。

八、个性化价值测度理论

金融科技刺激了各种个性化消费和需求，为此关于数字金融服务的个性化价值的测度成为一个研究的热点。个性化价值源于消费者的个性化追求。基于企业竞争理论，一般都会认为企业竞争先后经历产品竞争、价格竞争和服务竞争三个阶段。在早期的市场中，产品技术掌握在手术厂商手中，相关企业可以通过产品品质优势获得较高市场份额，伴随着生产技术进步，新技术的普遍采用和越来越频繁的人才流动，企业间产品的含金量已相差无几，企业竞争进入价格竞争阶段。随着经济快速发展，居民收入水平不断提升，消费者对需求欲望日益多元化和个性化，多数注重产品的内在质量和性价比，企业竞争进入服务质量和效率竞争时代，尤其是社会进入互联网和数字化时代，企业竞争更加注重个性化的服务。当企业竞争进入服务个性化阶段，个性化服务与传统的标准化、规范化服务截然不同，因此企业必须在制度设计上进行彻底的改造。其中，个性化价值将成为企业高度关注的要素。

价值意识既可以表现为具有社会形式的社会的价值观及其体系，也可以表现为反映个人的价值取向的个性化的价值意识，二者之间有着密切的联系。揭示社会价值有助于厂商充分了解市场发展趋势和主流，还揭示个人个性化的价值意识的特点有助帮助厂商认识价值观的本质、个人的发展规律与个性发展的社会地位。

相对于金融服务，个性化的价值评估，有助于相关金融服务机构充分了解客户的需求，能够提供精准服务。所以个性化的价值评估成为近些年来，相关金融服务机构关注的内容。个性化的价值一般包括了金融服务运营的投入成本、服务的便捷性、产品的个性化程度、客户使用成本和服务收益。运营成本一般包括基础设施建设成本、人力资源成本、服务费用等；服务便捷性包括服务效果、手续简化程度、交易时间、使用的便利性、智能化水平等。客户使用成本包括客户时间成本、机会成本、空间成本、搜索成本等；服务收益包括直接收益和间接收益等。

第三章　金融与数字化的相互融合

数字金融的发展主要得益于商业信息化的发展。随着现代商业迅速发展，以及互联网技术的进步，厂商和居民都期望解决产业链和供应链的信息不对称性问题，所以互联化首先在商业领域获得广泛推广。在其中，有效提升支付等金融服务功能也相伴而生。金融作为商业贸易的纽带，有效促进了产品流通、资金融通，加速了产业的快速发展，推进了产品交易效率，也是产业链和供应链关键要素。所以伴随着科技金融的技术进步、供给侧和需求侧的金融服务要求下，金融与互联网也开始逐渐融合。但是这个融合过程并非一帆风顺，整个过程存在不可避免的问题，从而造成了传统金融与数字金融的冲突和替代，也由此引起新的金融风险和问题，不过总体趋势应该是，实现金融与数字化的有机结合，传统金融与数字金融的优势互补、趋向协同，逐渐形成服务边界明晰，职能互促的市场形态。

第一节　商业数字化的演变

一、商业信息化的发展

数字金融的发展一方面得益于金融科技的进步，更主要的是经济发展的需求，尤其是商业信息化发展的需求。所以商业信息化也是推进数字金融发展的主要因素。从商业信息化的发展历程来看，主要经历了以下几个阶段：

第一阶段：信息互联网（PC互联网、移动联网）。在该阶段，商业领域借助互联网主要处理了信息不对称问题，使信息不再被区隔，把那些通过特别渠道取得信息并投机的中介机构筛选掉了，同时也增强了商业领域的信息交流，有效降低了产业链的成本，疏通了产业链信息渠道，使交易发生在生产领域内部。

在这一阶段，信息化建设对企业产生的价值有限，处于这个阶段的企业对信息化建设的规律认识不深，并不能真正理解信息化建设的目的，或者仅仅把信息化当成是形象工程看待。

第二阶段：物体互联网（物联网、人工智能）。在该阶段，商业领域借助互联网处理了物体不连接的问题，使生产与流通领域的物体由静止不动，变成能和人类互动。通过人工智能物体与人力资源的有效互动，极大地释放了企业信息的产业价值，也实现了产品的型号和规划由一刀切变成了定制化、个性化服务。第二阶段主要衔接了生产领域与流通领域和商业领域的有效沟通。在这一阶段，大多数企业认识到信息化为企业带来价值的主要在于应用系统，并把主要的资源投入到应用系统建设以及相关的服务上，企业逐渐接受了外部咨询服务，引入外部力量帮助其进行信息化建设。

第三阶段：价值互联网（区块链）。在该阶段，商业领域借助互联网处理了价值不对等问题，使分配不再依托职位、年薪、奖金等，而是每个人创造的价值都能得到精确记载并随时完成，使原有的数据价值获得充分挖掘，商业对消费者的服务水平极大提升。在这一阶段。企业在基础设施和应用系统建设的基础上，全面关注信息化建设，更多关注信息化对企业发展的战略支持，开始把IT作为企业核心竞争力的一个重要组成部分，关注企业信息化建设的组织、流程和人力资源等，把信息化建设运维作为企业内部一个重要职能看待，而不仅仅是一个项目或者一个阶段的事情。

二、数字化时代的企业市场定位

企业的核心目标是为了市场各种需求提供有效供给来实现经营目标的最大化。但是不同经营属性、组织结构的企业具有不同的经营目标，其根本在于企业总目标需要在满足企业不同利益群体的效用最大化的同时，必须兼顾企业内部不同利于群体之间、企业与市场、企业与政府部门、企业与社会之间的均衡关系。所以企业经营目标又是多元化的。有效连接这些盘根错节利益链目标的关键又在于解决相互之间的信息不对称性问题。先进的技术、科学的管理有利于协调各种企业目标，提高企业核心目标实现的可能性。数字化技术能够有效解决企业内外部的信息不对称性，而且能够降低管理成本，所以有利于优化企业目标。

在数字化时代，伴随着经济社会发展，不同企业的市场供求变化，市场定位也在不断发生调整和变化，但是总体而言，企业市场定位有以下四种类型：

（1）负责国计民生的资源型企业。这类企业属于国民经济发展的支柱型产业，关乎着国家经济发展命脉，国家经济安全、民生基础需求，肩负国家发展的重大使命。如中国的国企和央企。这类企业规模较大，经营结构复杂，需要建立广泛的互联网机构，相应包括系统内部网络和对外运营网络，网络经营偏好又各不相同。如在中国电力企业中，有水电、煤电、风电等发电企业，又有用户电表计量部门，还有国家电网电能输送和营销企业。前两者主要是内部互联网络，后者则主要包括内部管理和社会营销网络。

（2）负责商品流通的平台型企业，这类企业主要负责企业和消费者之间的流通，是商品流通和服务转化的中介，也是提升产品流通和服务质量的主要渠道，如中国腾讯、阿里巴巴、百度、京东、拼多多、美团、抖音、国美、滴滴打车等平台。他们的优势在于部分平台完全依赖互联网经营，部分企业从事线上线下相结合（O2O）的经营模式，极大地方便了居民生活与消费。一部分企业通过快速发展，数字经济平台体量也逐渐增大，经营生态圈改善，抗风险能力提高，他们对经济的贡献也比较大，但是可能存在垄断和无序竞争，会受到监管部门重点关注。

（3）在各种细分领域里有独特产品或深度服务的小公司和价值主体。它们是国民经济的有益补充，也是大众创业的主要平台，还是国家解决就业问题的主要领域。对整体国民经济发挥有益的辅助作用。尤其是一些小而美、独具特色的科技小微企业和新创企业，将属于本类型的主要业态形式。这类企业借助数字化技术为消费者提供一些特色产品和服务，满足消费者的个性化需求。

（4）依托互联网、人工智能、大数据、高端通信、机器生物合成等技术，建立起跨界经营、运营生态圈健全比较完美、线上线下结合的综合科技型经营平台。这一部分企业技术先进，关系到国家发展的技术未来，但初期投资风险高、建成周期长、风险承担能力弱，存在融资难融资贵的问题，还需要相关政策的扶持。如与"中国芯"等相关的企业。

三、数字化消费金融

（一）影响消费的金融因素

心理账户理论是众多影响消费者购买决策的因素之一，最早是由著名行为经济学家理查·德塞勒提出。所谓的心理账户，就是人们在心里无意识地把财富划归不同的账户进行管理，不同的心理账户有不同的记账方式和心理运算规则。这种心理记账方式经常会以非预期的方式影响着决策，使个体的决策违背最简单的理性经济法则。

受到了"心理账户"的影响，居民在消费时会比较随意，并不会慎重去考虑消费后果，主要表现为三大心理效应，包括沉没成本效应、非替代效应和交易效用效应。对于消费者来说，现金支付钱财损失是非常直观的，但银行卡支付、数字支付具有较强的隐秘性，在心理账户影响下，居民消费则更加活跃。

影响消费者购买决策的因素十分繁杂。其中，支付是消费过程中的最重要的一环。早在1979年，赫希曼等通过对某连锁超市调查问卷的研究就发现支付领域的变革会改变人们的消费习惯，不同支付方式对消费者购买意愿的影响存在明显差异。后续学者们的研究也慢慢验证了这一点，并对此进一步拓展和深化。国内外学者关于支付方式对消费购买行为影响的研究结论可分为两大类：一类是发现支付方式对消费额度产生一定的影响，另一类得出支付方式会影响消费者产品偏好的结论。

首先，支付方式会影响消费额度。从流动性角度来看，消费信贷可以缓流动性约束，促进当期消费的增加。其中，范伯格通过实验研究发现，使用信用卡支付的消费者其购买决策速度和购买金额明显得到提高，为此还提出了"信用卡效应"。黄兴海运用协整理论建立误差修正模型，实证检验了银行卡使用可以缓解流动性约束，提升消费倾向进而拉动我国经济增长。李广子、王健运用信用卡信用额度调整数据对消费信贷与消费行为之间的关系进行研究，结果表明信用卡消费信贷在促进消费和调整消费结构等方面发挥重要作用。从消费者心理角度看，张奎认为使用银行卡支付更容易造成冲动消费，并得出假定其他因素不变情况下银行卡渗透率每上升 0.1，边际消费倾向将增加 0.005。

其次，支付方式还会对消费产品偏好产生影响。瑞格汉和斯里西斯塔瓦对购物卡和现金这两种支付方式进行比较发现，人们更愿意用购物卡消费奢侈品，用现金消费日常生活用品。查特吉等研究发现不同支付方式下消费者对产品感知不同。在刷卡支付下，消费者更关注产品收益，在现金支付下，消费者更关注产品成本。不同的支付方式会对消费习惯及消费偏好产生不同影响已被证实。和发达国家市场相比，中国大部分消费者在消费时却并没有养成随身携带信用卡的习惯，而是跨越式地形成了使用移动支付的消费习惯。

目前的支付方式主要包括了现金支付、信用卡支付和数字支付。在现金支付方式下，消费者被要求"先付款后消费"，消费与支付之间的时间间隔较短，且花费的钱以实体形态消失于自己的钱包，因而消费者所承受的支付疼痛感较强，往往会体现出支付的负效用大于消费的正效用。而以信用卡为代表的"先消费后付款"，消费与支付之间的时间间隔较长，因此信用卡支付比现金支付的支付疼痛感要小。数字支付作为一种新型的支付方式，具有信用卡类似的特征，可以实现延期支付。人们在使用数字支付购买商品及服务时感受到的支付痛苦随时间推移而下降。因而，人们的非计划购买和负债将会增加。比如，移动支付通过扫码、刷脸支付手段的支出仅仅以数字形式消失于电子账户中，也可以免去信用卡支付输入密码和账单签字环节，消费者所承受的支付疼痛感进一步减弱。

此外，支付情境有可能会影响支付感受，例如，相较于信用卡而言，移动支付人们更不容易联想到现金，支付意愿会增强，因而消费意愿被满足的概率会得到提高，进而刺激消费。

（二）消费金融的理论基础

消费金融有两层含义：①满足消费者金融产品和服务需求的各类金融业务；②满足消费者各类消费需求的资金信贷服务。2014 年我国出台《消费金融公司试点管理办法》规定。互联网消费金融是指银监会批准，在中华人民共和国境内设立，不吸收公众存款，以小额、分散为原则，为中国境内居民个人提供以消费为目的的贷款的非银行金融机构，还包括个人耐用品贷款及一般用途个人消费贷款。

国外学术界称之为家庭金融，主要是指家庭根据当前整体收入现状和未来收入预期，通过借助金融工具和平台的作用来实现自己消费预期目标的融资行为。因此消费金融包含了与消费者相关的多种金融活动。

根据金融消费的用途，可以将其分为：消费支付结算、消费借贷、消费存储、消费保险、消费投资。总体呈现小额、快捷、便利、个性化服务，主要用于居民消费等特征，可以实现消费的现期和跨期的金融平滑。

依据科斯的交易成本理论，交易过程需要当事人投入时间、精力及其他开支，而达成交易所付出的以上代价就是交易成本。无论是传统支付方式还是移动支付在完成交易过程中均存在交易成本，但不同的支付方式其交易成本存在差异。消费者会对不同交易成本根据成本收益法则进行核算，需要做出购买决策，最终产生的消费者剩余也会不同。对现金、信用卡和移动支付这三种支付方式比较发现，移动支付相比于传统支付方式具有一定的交易成本优势，会大大降低时间成本、搜寻成本及支付成本，进而还会增加消费者剩余。

基于流动性约束和心理账户理论。在金融市场不完善的情况下，当面临当期低收入情况时，消费者往往无法通过借贷或抵押以平滑消费。此时，消费者会减少消费，增加储蓄，最终导致消费者消费水平大打折扣。数字金融能缓解消费者面临的短期流动性约束，促进消费。数字金融的消费金融公司降低了借贷准入门槛，即便是无收入无抵押物的消费者也可以享受其消费信贷服务此类消费信贷服务无论是使用范围还是使用便捷度都大大优于传统信用卡，促进消费信贷向普惠化方向发展。借款者只需要花几秒钟简单填写一下资料，所借资金便可立即到账。所借资金不受消费场所的限制，既可以线上消费也可以线下消费，消费者还能自主选择分几期还款。在提高支付效率的同时，而且还大大增加了消费者效用水平。

在传统支付方式下，消费者需要先到达指定场所，接着在购买和支付过程中免不了排队等候耗费时间。而移动支付是采用互联网技术通过移动终端（通常为手机）经数字流转完成支付的方式。无论是近场支付，还是远程支付都更为便捷、高效。一方面，移动支付的近场支付大大减少了排队等候结账以及现金找零所耗费的时间，同时也免去了银行卡刷卡过程的烦琐程序；另一方面，远程支付还省去了出门赶赴特定消费场所的时间。

在传统支付方式下，人们为了找到合乎心意的商品需要付出大量的搜寻成本。而移动支付方式则具有得天独厚的信息优势，可大大减少消费者为搜寻商品信息所花费的时间和精力。消费者为购买到满意的商品在搜寻过程中会同时对商品属性及价格等信息进行比较。在传统支付方式下，消费者需要周转于各大商场及购物点进行询价比价及讨价还价。在移动支付方式下，各类商品的属性及价格等信息只需一键搜索便一目了然，既省时又省力。此外，移动支付方式作为支付体系创新的核心已经与线上线下各大商铺实现无缝衔接，消费者海量的交易数据经过互联网技术的处理能够精确匹配消费者的偏好，系统筛选出消费者欲购的商品，还大大降低了搜寻成本。

在现金支付方式下，买卖双方经过一番讨价还价后一旦确认最终成交价，支付成本就一锤定音，无法改变。在信用卡支付方式下，消费者享有折扣优惠。而移动支付方式下，消费者不仅仅会享有店铺的折扣优惠，还会在成交价基础上享受第三方平台提供的随机立减和鼓励金优惠。从优惠范围来看，信用卡优惠仅仅局限于那些与银行合作的店家，并且要求使用指定银行的信用卡在特定时间才能享有优惠。而移动支付不受时间空间限制，线上随时随地都可以领取第三方平台发放的通用红包。就优惠力度而言，微信、支付宝等移动支付竞争商常常提供让人应接不暇的商家优惠，甚至推出系列免单活动，相比于信用卡支付优惠力度大得多。消费者通过移动支付降低了支付成本，从而来获得一定的消费者剩余。

综上分析可知，数字支付方式既可以降低时间成本又可以降低搜寻成本和支付成本，使得总交易成本降低，最终还会导致消费者剩余增加。

（三）消费金融的发展

伴随着我国经济高速增长，不管居民杠杆率，还是消费信贷渗透率，都已经到达阶段高点。消费是拉动我国经济增长的最主要动力，也是经济高质量发展的重要保障，所以消费信贷的覆盖率及杠杆率仍有较大的拓展空间。同时在居民财富稳步增长、行业监管规范化的保障下，我国居民消费升级将成为消费金融的发展机遇。

我国消费信贷出现在20世纪80年代，但是进入到21世纪后才呈现出快速发展趋势，但是在近些年，数字金融又成为消费金融重要的方式。2009年我开始试点消费金融公司，2015年开放了消费金融市场，使我国消费金融行业发展迎来了良好发展机遇发展较快，尽管消费金融受到疫情冲击，但是发展依然较快。但是2020年以来，消费金融公司批筹速度加快，市场上涌现出一批消费金融公司。

（四）移动支付对消费金融发展的影响

随着互联网、智能手机应用服务的日益普及，移动消费金融发展迅速。作为数字金融体系的基础设施，移动支付近10年来的蓬勃发展引起了学者们的高度重视。国内外学术界从不同角度对移动支付不同方面进行了大量的研究。韩志雄（2015）认为移动支付是移动互联网与智能手机终端快速发展所催生的产物。徐渊、王艳（2014）指出移动支付的快速发展除了网络和智能手机终端的支持以外，还离不开一系列金融创新的国家政策支持。

从移动支付的产业链来看，消费者是产业链中的重点对象，相关国内外文献主要集中于消费者采纳和使用移动支付意愿及消费者隐私保护研究方面。代表性的成果有：陈磊达（2008）通过问卷调查发现，感知有用性、感知易用性、感知风险和兼容性是影响用户使用手机支付的直接前置因素。刘丹、房宪鹏（2009）都认为影响消费者使用移动支付方式的因素纷繁复杂，其中替代的吸引力、成本、风险、技术焦虑这四个因素被证明与消费者采纳行为存在负相关的关系，其他因素都与采纳行为呈正相关关系。

从移动支付的商业模式来看，普斯特茨等学者对移动支付商业模式的综合性架构进行了开创性研究，对移动支付系统特征及其关联性进行了探讨，为后续研究奠定了基础。陈元志、陈劲（2012）对移动支付产业的商业模式进行了分类研究，又提出移动支付成功的关键在于要以消费者和商户为中心去设计商业模式。

从移动支付的经济影响来看，谢平、刘海二（2013）提出移动支付是数字货币形态的主要表现形式，其发展减少了人们对现金货币的需求，对货币的存在形式、货币供求也会产生深刻影响。李冕（2018）认为移动支付的蓬勃发展弱化了现金在交易媒介中的作用，驱动着我国向无现金社会演进。王晓彦、胡德宝（2017）通过实验方法对现金支付、信用卡支付、支付宝、蚂蚁花呗、微信支付方式对消费金额产生的影响进行了研究。从移动支付的风险管理来看，学者们从不同角度提出了各自的观点，但都一致认为要加强风险防范意识，加强对移动支付的监管。冉俊（2012）对比日韩国家移动支付的监管机制，指出我国移动支付监管方面存在的问题，并提出以创新监管促进发展的建议。方胜、徐尖（2016）对美国移动支付的现状进行评析，并以美国为鉴，提出明确监管主体职责、完善法律体系、坚持准入与业务双重监管、加强移动支付行业自律机制等政策建议。

根据益普索调研数据显示，当被问及不带现金的感受时，被访者对此表现很平静并无过多的焦虑。有40%的消费者日常携带现金不超过100元人民币。有84%的被访者认为自己可以通过移动支付进行日常支付。有七成以上的用户每天会使用移动支付。出门不带钱包已经成为人们的生活日常，消费者无现金的消费习惯已经养成，移动支付便捷的支付方式已然为大众所接受和认可，但还是对消费者产生了深刻的影响。根据《2018年移动支付用户调研报告》显示，目前移动支付方式总体上呈现出小额、高频的特点。从单笔付款金额分布情况来看，单笔支付金额多为500元以下，单笔在100元以下的交易金额下降，主要原因是在于支付场景不断丰富，场景拓展至商超、品牌餐饮等单笔金额较大的领域。

当前我国居民无现金消费的习惯已经养成，便捷的移动支付方式已然成为大众所接受和认可的支付方式。居民消费、收入和移动支付之间具备长期均衡的协整关系。就长期均衡关系而言，居民收入一旦增加1%，居民消费会相应变动0.8383；移动支付每变动1%，居民消费会相应变动0.0388%移动支付与我国居民消费之间存在明显的短期动态调整机制，当居民消费的短期波动偏离长期均衡时，误差项将以0.9173的调整力度将居民消费拉回到均衡状态。因此，移动支付不仅仅是对现金及银行卡支付方式的替代，而且还对居民消费起到有效促进作用，最终达到推动国家整体经济健康持续发展的效果。所以移动支付在促进消费、拉动内需、降低社会结算成本、提高支付效率方面发挥着一定的正向作用。

第二节 金融机构数字化

一、金融机构数字化的内涵

金融数字化一般指商业银行、非银行金融机构和非金融机构借助互联网、移动技术、大数据、人工智能等技术将线下业务线上化、将人工服务智能化和集约化，并且开展新型金融业务的形式。其本质并没有改变金融的功能，但是在金融服务形式、服务方式上发生了质的变化。

金融机构是专门从事货币信用活动的中介组织，按照地位和功能可以分为：①中央银行，如中国人民银行、美联储等。②中介服务银行，包括政策性银行和商业银行；前者是指由政府创立，以贯彻政府的经济政策为目标，在特定领域开展金融业务的不以营利为目的的专业性金融机构。如中国进出口银行、中国农业发展银行等。商业银行主要是从事借贷、中间业务的金融中介，如中国工商银行、中国建设银行、中国银行、中国农业银行、巴克莱银行、三井住友银行、花旗银行等。还有地方政府创办的商业银行，如深圳发展银行、广东发展银行、兴业银行、上海浦东发展银行，以及企业开办的招商银行、中信银行、中国光大银行、华夏银行等。③非银行金融机构，如保险公司、信用合作社、邮政储蓄、财务公司、证券公司、信托公司、企业财团财务公司、金融租赁公司、货币经纪公司等；具体又分为了存款型金融机构和非存款型金融机构。其中，存款型金融机构包括存续信贷协会、储蓄互助银行、信用合作社。非存款型金融机构包括金融公司、共同基金、养老基金、保险公司、证券公司等。④在境内开办的外资、侨资、中外合资金融机构。

非金融机构是指金融机构之外，不经营银行一般业务的金融机构，主要是提供专门的金融服务和开展指定范围内的业务，一般不具有创造信用的功能。主要包括公募基金、私募基金、信托、证券、保险、融资租赁等机构以及财务公司等。

金融业务的互联网化使金融机构通过"互联网+"的技术创新和金融服务融合互动式突破，逐渐成为了日趋成熟的消费行业。金融业务的互联网化，令围绕高端化、精英化的传统金融服务行业开始逐渐延伸出门槛更低、频次更高、服务更加综合快捷的数字金融，消费市场的崛起势在必行。

二、金融机构数字化的模式

传统金融的互联网化主要表现为运营模式的数字化和金融工具的数字化。就运营模式而言，传统金融包括中央银行、银保监会、证监会等监管机构，商业银行（或称为金融中介机构）、保险、证券、信托、证券、融资租赁、邮政储合作社等机构。

传统金融机构的数字化早于数字经济平台的金融化，较早的形式就有银行卡支付、电子转账、证券交易系统等形式，目前，传统金融机构的互联网化主要包括银行、证券、保险和信托的互联网化。

（一）银行数字化

1. 银行数字化的发展

早期学术界将商业银行开展的数字化业务称为的商业银行业务的网络化。但是银行的网络化有两种含义：①金融机构通过互联网展开线上业务；②银行的各种运营网络，如内部管理网络、社会服务网络等。本书的内容主要指前者，但还包括了其他数字技术，所以为了将商业银行的互联网业务与其内部运营网络加以区分，一般会将商业银行业务在线上开展的数字化经营方式，称为金融数字化。商业银行数字化一般是指商业银行借助互联网、电子通信、移动通信和物联网技术，通过云计算、大数据等方式通过互联网为客户提供存款、贷款、支付、结算、转汇、电子票证、电子信用、账户管理、货币互换、网贷金融、投资理财、金融信息等全方位无缝、快捷、安全和高效的数字金融服务。

在银行业、通信信息技术、互联网的飞速发展以及通信信息技术广泛应用于金融范畴的形势下，数字银行也伴随而生。商业银行通过数字技术提供包括传统银行业务和因信息技术应用带来的新兴业务，突破了时间、空间限制，使得人们感受到了前所未有的金融消费的多样性。

在 20 世纪末期，随着计算机的发展及应用，商业银行的经营方式出现了网络化的趋势。第一家网上银行——美国安全第一网上银行问世。中国银行于 1996 年开始筹建自己的网上银行，又创立了独具特色的网站。随后我国各大商业银行纷纷效仿推出自己的网上银行业务及服务。

随着电子商务、数字金融及网络经济的走强，网上银行交易量及规模出现平稳增长。与此同时，随着用户规模的扩大，用户量级的快速增长以及移动支付的迅猛发展使得手机银行有了更多的使用机会。相比网上银行，手机银行存在一定的优势，这种优势主要表现在便于携带、可以方便获得用户所处的地理位置、便于分析用户的行为等。

数字银行基本覆盖了商业银行的绝大部分业务，但是一些关键性涉及客户安全的业务还需要到柜台办理，如开户、开通网银、变更用户信息等。因此网上银行并不能全部替代银行业务。

与此同时，商业银行也通过技术升级，投入了大量智能化终端设备，建立了智能投顾系统，有效改进了柜台服务的效率，节省了人力资本，由此出现无人银行。

目前，许多国家也正在研发数字货币支付系统来取代传统的现金。但是金融的数字化远不止于此，至少在可预见的未来，金融的互联网化还应该包括生物科技的考量，如穿戴设备和芯片植入技术在金融领域的广泛应用。

2. 银行数字化的类型

（1）按经营组织形式分为：①纯网上银行，提供在线服务的独立银行，没有物理柜台。如美国第一安全银行分支机构网上银行。②银行网上业务，如中国开展网络业务的银行。

（2）按业务分类分为：①电子银行的网上查询、转账、缴费、信用卡、公积金、网上支付、外汇、证券交易等业务；②各种商业银行的互联网理财，如中银活期宝、兴业银行掌柜钱包、民生银行如意宝；③电商平台，如网上商城（如建行善融商务、交行农博汇、农行E商管家、工行融e购），信用卡商城（招商、民生、中信银行的线上信用卡商城）；④网贷平台，如平安银行"陆金所"、国开行"开鑫贷"、民生银行"民生易贷"等。

（二）证券数字化

1. 证券数字化模式

证券业是以金融科技为媒介向客户提供相关业务的形式被称为证券数字化，具体模式包括国外模式与国内模式。其中，国外运营模式主要包括：① E-trade 模式。属于纯粹网络证券经纪公司，代表有 E-trade 公司、TD Ameritrade 公司等，缺点在于缺乏长期积累的客户；②嘉欣模式。属于综合型证券经纪公司。主要通过电话、传真、网络等提供线上和线下服务，优点是成本低廉，缺点是资讯研发能力弱；③美林模式。属于传统证券经纪公司的网上化。主要是因为高端客户提供个性化服务，导致了利用互联网的深度不及前两个公司。

国内模式主要包括：①券商自建网站。这种模式在证券公司中比较普遍，代表性的公司有广发证券、国泰君安、中信证券、海通证券等。优点是借助网络进一步发挥证券公司的服务优势；缺点是需要投入大量资金；②独立第三方模式。该模式是网络公司、资讯公司和软件系统开发商负责开设网络站点，为客户提供资讯服务，券商在后台为客户提供网上证券服务，代表有：同花顺、大智慧等。有些只提供资讯，如东方财富网，其优点是可以充分发挥技术和信息优势，缺点就是证券服务获得需要一定时间；③券商与银行合作模式。该模式是在银行、保险和证券分业的情况下，券商与银行合作的典型模式，主要是指银行与券商联网的基础上，投资者直接利用在银行各网点开立的活期储蓄账户作为证券保证金账户，通过银行的委托系统（如电话银行、银行柜台、银行网上交易系统、手机银行等），或通过证券商的委托系统（电话委托、手机证券委托、网上委托）进行证券交易的一种服务。优点是便捷费用低，避免券商挪用；缺点是存在法律风险。

2. 数字证券的业务类型

（1）数字基金。数字基金是指在借助数字技术实现基金交易的模式。这种"金融脱媒"的理财模式，弱化了银行的金融中介地位，大大提高了理财效率并降低了理财成本，节省了投资者前往银行、营业部的时间、交通成本，使投资者能够享受更方便、快捷的服务，而且投资者利用互联网获取信息的成本也大大降低，在一定程度上争夺了银行原有的客户，但是会使投资用户下沉（低端化）、碎片化。

（2）数字期货。是指投资者利用数字技术在互联网上进行的各种期货交易活动。该形式将对传统期货公司产生影响，具体包括：①以免费为手段的数字期货冲击了传统期货公司的佣金收益；②将瓜分客户保证金，对传统期货公司的保证金产生冲击；③降低交易成本，提高市场流动性；④突破时空限制，加强交易的适用性；⑤增加交易品种，扩大客户群体；⑥增加交易透明度，确保交易壁垒性。

（3）数字信托。信托就是信用委托，是指委托人基于对受托人的信任，将其财产权委托给受托人，由受托人按委托人的意愿以自己的名义，为受益人的利益或者特定目的进行管理或者处分的行为。信托具有保密性、独立性、安全性、避税性等优点，这些优点也让信托拥有了永恒的市场。数字信托就是通过数字科技进行的信用委托，业务一般涉及三个方面的当事人，即投入信用的委托人，受信于人的受托人，以及受益于人的受益人。

数字信托的划分类型主要包括：①以信托关系成立的方式：任意信托和法定信托。任意信托是根据当事人之间的自由意思表示而成立的信托。法定信托主要指由司法机关确定当事人之间的信托关系而成立的信托；②以信托财产的性质：金钱信托、动产信托、不动产信托、有价证券信托和金钱债权信托；③以信托目的：担保信托、管理信托、处理信托、管理和处理信托；④以信托事项的法律立场：民事信托和商事信托；⑤按照委托人的不同：个人信托、法人信托、个人法人通用的信托；⑥按受托人承办信托业务的目的：盈利信托与非盈利信托；⑦按信托涉及的地理区域：国内信托和国际信托。

数字信托的特征主要有：①委托人对受托人的信任。这是信托关系成立的前提。一是对受托人诚信的信任，二是对信托人承托能力的信任；②信托财产及财产权的转移是成立信托的基础；③信托关系是多方的，有委托人、受托人、受益人，这是信托的一个重要特征。并且，受托人以自己的名义管理处分信托财产，这又是信托的另一个重要特征。④能够提供强化个性化服务；⑤有望降低信托投资门槛，传统的信托投资门槛较高，国内一般是 100 万元起，所以主要是高收入客户的投资俱乐部，才能使数字信托有望降低投资门槛。⑥提升项目对接效率。

数字信托将金融行业投融资模式与线下线上电子商务模式结合，通过互联网实现个人和企业之间的投融资。数字信托的理念为数字金融的安全性增加了一道保障，但是基于专业金融服务公司的眼光和高于金融行业的自创标准风控体系，对借款企业提供线下的信息核实、资产抵质押、信用评级等征信服务，实体确保出资人的资金安全。不同于传统信托，互联网信托平台只针对中小微企业提供投融资服务。

数字信托和传统信托各具优势，但是数字信托优势更明显，随着数字信托营销费用成本的降低，一方面可以有更多资金投入到信托增值服务，优化信托转型升级，另一方面可以给投资人更高的回报，从而来增加投融资人规模和推进信托的社会化。

（三）保险数字化

1. 认识数字保险化

数字保险化是指保险公司或其他中介机构利用数字金属开展保险业务的行为。早期的数字保险主要是保险产品电子化和销售部分电子化。主要手段是网络营销和电话销售。目前已经出现了纯粹的数字保险公司。如日本的 AFLAC 公司和美国的 INSWEB 公司。我国于 2000 年由中国平安保险公司推出了货运险网上交易系统。2012 年放心保成功上线兼具 B2B 和 B2C 的功能。

2. 数字保险模式

（1）保险公司网站模式。保险公司可以借助网络宣传产品，做网上推销保险，管理客户，提供其他增值服务。其缺点为：内容信息不足，对公司信息技术要求高，代表模式如 Ecoverage。

（2）数字保险专门超市模式。网络平台介绍保险公司产品信息，让客户自主选择所需保险。优点是有利于保险公司和客户之间的信息对称性。主要业务有：供求匹配费、双向代理费、广告费。代表有：中国平安、中国人寿、中国太平洋保险以及 INSWEB、慧择网。

（3）数字保险支持平台模式。该平台只为保险提供信息和技术支持，但有很深的保险业背景，有强大的信息优势和社会公信力。代表有：易保网。还有就是数字平台中介保险超市，如淘宝模式只提供平台，由保险供求双方自行匹配。

第三节　数字经济平台的金融化

一、数字经济平台金融化

主要是指数字经济平台借助数字技术从事金融服务的模式。一般是包括网络自主经营模式、通信运营商经营模式、平台中介服务模式等。数字平台的金融化最初是为了解决平台内部会员的支付问题而产生的内部循环支付系统，具有支付平台内外的排他性、支付单向性等特征。随着电商平台的崛起，数字经济平台也开始通过与商业银行展开合作，逐步把商业银行的支付业务发展为第三方支付业务，随后又将业务拓展至融资、结算、清算、理财功能的金融形式，目前包括第三方支付、众筹、小额信贷、智能投顾等，整个发展经历由内循环到外循环，由单一功能到综合型功能的过程。

二、数字金融平台

（一）数字金融平台的产生

数字平台正逐渐成为经济社会的基础设施和企业商业模式的基石，对金融领域也产生了深远影响，从而推动了数字金融平台的大量涌现。数字金融平台包括自建平台和加入第三方平台。数字金融平台产生于资本市场多层次化发展的需求。除了在股票、债券、衍生品、大宗商品等主流交易场所之外，还有大的的金融产品，因为有条款标准化程度、风险收益特征、信息披露等方面的原因，所以适合不同个人、机构的差异化融资和风险管理需求，适应于不同的托管、交易和清算机制，也适合具有不同风险识别和承受能力的投资者，由此出现各种通过互联网进行金融交易的平台。

（二）数字金融平台分类

根据不同的划分标准，数字金融又可以划分为不同的类型。按服务内容类型划分有：信息服务型、广告型、交易型、管理型、综合型。按业务类型划分有：第三方支付、数字借贷、众筹融资模式、手机银行、虚拟货币。若按平台类型划分有：B2C、B2B、C2C、CPS、O2O、网上商城、运营平台等类型，其中，B2C 是企业面对个人的电商平台，B2C 平台仍然是很多企业选择网上销售平台的第一目标。B2B 是企业面对企业的电商平台。C2C 平台是客户对客户的形式。C2C 在前几年很流行，不过，到了 2013 年趋势已大不如前。天猫从淘宝平台独立后，C2C 与 B2C 的差距就已逐渐拉开，B2C 将辉煌继续。CPS 平台又称为"供应商代发货"模式，即按销售付费，主流的 CPS 平台有领克特、亿起发等，是电商较主流的推广方式之一。O2O 平台即 Online To Offline（在线离线 / 线上到线下）模式，主要包括团购平台，如：拉手网、大众点评、高朋、F团等。网上商城主要是就是在互联网开设综合性商场，如京东商城。除此之外还有通信运营商的运营平台，如中国移动、中国联通、中国电信等运营商在现阶段都有属于自己的商城平台。

（三）典型的交易平台

1.Second Market 公司

成立于2004年。主要业务包括了最初交易限制性股票、认股权证和可转债，随后扩展到固定收益债券、破产债权和非公众公司股票。目前交易标的超过50家公司，包括Facebook、Twitter这样的公司。主要制度包括：以公司同意转让为前提，要求局部披露信息，个人投资者必须要具有100万美元以上净资产或年收入超过20万美元。主要交易方式是：卖方在网上挂出信息，系统自动搜索买家然后由公司电话通知双方，待双方达成一致后，Second Market 公司随即处理交易的法律、结算和支付问题，并按成交价格收取2%~4%的佣金。

2.Share Post 公司

该公司成立于2009年，业务范围包括：私募融资、编制指数、第三方研究报告。主要制度有：①投资准入：机构投资者至少1亿美元资产；个人100万美元以上净资产或过去两年内年薪超过20万美元；②人股权转让；③私募资金；④编制指数。也是美国第一个私人公司股价指数；⑤提供第三方研究报告：包括Twitter，Yelp，Facebook，Zynga等公司报告；⑥提供交易信息：报价、成交信息、历史交易数据；⑦收费模式：每月向完成交易的双方收取34美元，不区分私人还是机构。

3.国内平台

国内平台主要包括阿里巴巴、腾讯、美团外卖、大众点评、拼多多等，还有通信商以及京东、苏宁、国美等电商。

三、数字金融产品

（一）数字金融平台经营类型

主要包括：①投资产品，如保险理财、股票型和债券型基金；②融资产品，如贷款；③风险保障型产品，如保险；④投资＋支付复合型产品，如余额宝；⑤社交型产品，如微信红包；⑥数字货币等。

（二）数字金融平台运营模式类型

主要包括：①自建平台，如建行的善融服务；②利用第三方渠道；③在电商平台上开店，如淘宝各旗舰店；④以余额宝为代表的第三方融资；⑤基金超市，如好买基金网；⑥保险超市。

从社会交流属性，又包括①社交网络的互联网平台金融，利用了大数据分析、数据流、云计算和社交关系，如腾讯。②供应链金融。能够利用连带关系与互联网合作，推销网络供应链金融。

（三）数字货币

又称为虚拟币，是指利用电子和网络技术，通过网络流通转移、具有购买力的虚拟兑换工具。比如比特币。优点：人人可以制造货币，全球流通，交易无法辨认用户，还存在较大风险，跨国交易和流通容易威胁国家金融安全，交易风险也比较高。

（四）互联网门户

是指利用互联网提供金融产品、金融信息服务和进行金融产品销售、并为金融产品销售提供第三方服务的平台。具体分为：第三方咨询平台、垂直搜索平台、在线金融超市等。第三方咨询平台为各户提供最权威、最全面的金融行业数据及咨询，如网贷之家、和讯网和网贷天眼等。垂直搜索平台对某一特定行业进行的搜索。如有融360、好贷网、安贷客、大家保等。在线金融超市，是提供大量金融产品的互联网平台。如大童网、格上理财、91金融超市、软交所科技金融服务平台。

第四节　商业银行与数字金融的比较

一、数字平台金融化与金融机构数字化

从数字经济平台与金融机构二者内涵来看，数字平台金融指传统金融机构与互联网平台机构利用互联网、信息通信技术和人工智能等数字金属实现资金融通、支付、投资和信息中介服务的新型金融业务模式。金融机构数字化是指传统金融机构将产品和业务转移到线上进行，来开展数字化金融服务。

从数字经济平台与金融机构二者业务关系看，二者业务不仅存在竞争、也存在互补关系，就目前我国的金融体系而言，传统金融服务依然在我国金融中居于主导地位，数字平台金融是我国金融体系的有益补充。未来应该是一个统一金融体系下相互协同发展的格局。

目前，商业银行是我国金融服务体系中最重要的机构，而且数字金融和商业银行业务关系最为重要，所以接下来主要分析比较商业银行与数字金融的关系。

二、商业银行与数字金融的比较

（一）理论探讨

学术界已经开始高度关注二者的竞合关系，一致认为数字经济会造成对商业银行存款转移和盈利冲击（宫晓林，2013），甚至是金融机构的"搅局者"，带有"颠覆性"（周光友，2006），但两者也可能是协同关系（曹凤岐，2015），为此形成冲突论、替代论和协同论三种观点。

但是冲突论认为，伴随着利率市场化步伐加快、银行同业间业务竞争加剧，商业银行利差收入下降，已经开始重视中间业务领域，但是数字经济以业务便捷、成本低廉的优势，从而对商业银行的交易结算、代理收付、信用卡套现、沉淀资金分配产生挤出效应，引致大量支付业务逐步与商业银行脱媒，分化了商业银行存款业务，还通过增加非准备金理财产品对商业银行信贷渠道传导产生冲击，造成商业银行盈利水平整体下降，所以，双方当前表现为对峙和相互消耗。

替代论认为，站在数字经济视角，我国新型数字货币替代现金的数据显示，从2011年以来，新型数字货币对现金的替代量正在逐年迅速增加，替代量约占我国现金流通总量的三分之一。而且网上跨行清算系统有效整合了不同商业银行的网银支付功能，为其客户提供了优质的个性化和低成本服务，其中以支付宝为代表的电子支付清算业务发展，提高了资金到账支付率；提升了客户支付的可操控性和便利性，有效替代了商业银行结算功能，将对商业银行造成颠覆性替代，闲散资金又催生了余额宝的出现，不仅进而推动了货币基金市场的发展，提高了社会零散资金使用效率，而且也为替代基金、保险、证券等业务奠定基础。

协同论认为，商业银行与数字经济各具优势，通过相互合作，取长补短，就可以达到优势互补的效果，促进了二者的良性竞争最终达到互利共赢。尽管商业银行在活期存款规模、存款利息支出、盈利等方面受到数字经济的冲击，但是商业银行的非利息收入占比、价值创造能力则与数字经济呈现正向关系，而数字经济大数据征信与最大化的客户集聚，又有利于商业银行整合客户资源，改善盈利能力，所以二者存在共生关系和协同效应的基础，有望从两边向中间靠拢，双方边界逐步模糊，逐渐由竞争与合作并存的矛盾关系，发展为一个优势互补、业态多元化的支付生态网络。

综上所述，学者们的认识正在统一于：商业银行的确受到数字经济一定程度的影响，短期内的局部性冲突和替代不可避免，但在长期中，基于中央稳定创新的金融指导方针以及二者各具特色的市场与技术优势，有望形成一个取长补短、互利互惠、共生共享的全局性协同发展的市场格局。这些讨论令我们深受启发，认为若要充分理清二者的竞合关系，还需要继续深入研究二者存在冲突、替代抑或协同的程度，二者协同度的发展趋势，不同经营属性的商业银行和数字经济协同度所影响的结构异质性。由于支付宝和财付通等平台在数字经济市场的经营占比已高达 4/5 以上，所以，数字经济对协同度影响的结构差异性并不明显，为此将重点分析不同经营属性的商业银行对协同度影响的结构异质性。

合作竞争理论认为，局中人因市场环境发生变化出现竞争，最初是一个零和博弈，竞争者之间必然存在冲突或替代效应，表现为一种对峙性、相互消耗、或一方"捕食"，一旦形成垄断，最终导致了市场无效性。但是，市场竞争又是一个重复博弈的过程，随着竞争环境、竞争对手认知、市场机遇等因素的变化，促使局中人不断调整竞争方式，从单纯对抗走向一定程度的合作。所以，市场不是消灭竞争，而是利用竞争实现资源合理配置，通过双方一定程度的合作来降低沉没成本，由此产生优势互补的协同效应，最终提升市场运行效率。协同论者认为，在行业中的多个主体可以通过竞合使彼此获得关键性行业技术和互补性资源，实现资源共享，产生"1+1＞2"效果的共生关系。

综上所述，二者既有相同点又有不同点。其中，相同点主要包括三个方面：①服务对象相同。即投资方和借贷方都是相同的。②出发点相同。二者的产品设计基本都以理财为出发点。③风险控制目标相同。二者的风险控制都以征信为前提，控制风险为第一目标。

区别点主要包括五个方面：①运营模式不同。传统金融主要是以分支经营网点为依托面向高端客户；数字经济平台金融主要是以线上信息化服务为主，服务于小额、零散金融需求的客户。②交易媒介不同。传统金融主要是实体店、数字经济平台金融主要提供的是网络服务。③信息处理方式不同。传统金融高度依赖标准化信息，数字经济平台金融主要以非标准化、碎片化和静态化信息为，注重个性化信息。④产品销售方式不同。传统金融是熟人营销，数字经济平台金融是网络大数据控制。⑤风控方式不同。传统金融主要是信用防范（征信、信息披露等），数字经济平台金融是大数据分析。

（二）二者的 SWOT 分析

SWOT 分析法，即态势分析，就是将与研究对象密切相关的各种主要内部优势、劣势和外部的机会和威胁等因素作为分析内容的分析，运用这种方法，就可以对研究对象所处的情景进行全面、系统、准确的研究。

传统金融

优势：实力雄厚、客户资源丰富、风险控制体系完善、市场准入严格。

劣势：垄断地位有所下降、受时空限制较大、运营成本高。

互联网平台金融

优势：用户群体庞大、平台资源开放、海量信息和数据、便捷高效。

劣势：征信体系不完备、监管不到位，准入门槛低、高端金融服务不具优势、主动营销能力差。

（三）数字经济平台金融对商业银行的冲击与协同

数字经济平台金融对传统金融的冲击主要表现在四个方面：①对传统金融的服务渠道和平台产生冲击；②对传统金融的信息渠道和风险管理造成冲击；③对传统金融的融资模式产生冲击；④对原有的金融服务理念产生冲击。

但同时，数字经济平台金融与传统金融的也存在一定的协同关系。首先，两种模式的有机结合有效增加了客户的体验感；其次，两种金融模式有效扩大了金融服务的覆盖范围，使更多的客户享受到了金融服务；再次，有效地平衡了巴莱多定理和长尾客户的金融服务关系，使高净值客户和普惠金融理念均获得金融服务的权利；最后，健全了国家金融监管体系，尤其是大数据的应用，有利于健全金融征信体系。

总之，数字金融是一种基于互联网、大数据、云计算、移动通信、社交平台及搜索引擎等信息技术，来实现资金融通、支付、结算等金融相关服务的金融业态。其发展主要有两种模式：一是数字经济业务金融化；二是金融业务数字化。

数字金融是现有金融体系的进一步完善和普惠金融的重要体现，正是基于这样的差别使其相对于传统金融服务具有独特的优势，但也产生了新的金融风险，需要跨部门协同制定相关监管制度。

因此，数字经济平台金融与传统金融各有优劣，互联网平台金融对传统金融产生了一定程度冲击，二者存在竞争与合作，也有融合的基础，更有协同发展的可能。

三、我国商业银行与数字金融的经验

（一）市场背景

我国商业银行主营线下大额转账业务，现金支付还是处于支付市场主导地位，但呈现低额度、零星化与辅助性特征。近20年以来，我国数字技术的发展，推动了大数据与实体经济的完美融合。自1999年以来，数字经济在相对宽松的货币政策背景下，依托金融科技与现代科技信息为载体，凭借高效快捷、交易成本低廉、个性化支付服务等优势，经历低迷、野蛮增长到规范发展历程，线上交易规模从2010年的1.2万亿元增至2019年的177.2万亿元，支付规模超过支付市场的1/2，所以数字金融作为一种新金融业态正在成为金融最具影响力的基石（吴晓求，2015）。中国科学院院士梅宏指出，互联网20多年的快速发展积累了大量数据，以数据的深度挖掘和融合应用为主要特色的智慧化是信息化的当前阶段，是数字经济的转型期，数字经济对社会的改变更为快捷、更为深远。在理论上，数字经济借助互联网技术创新弥补了传统金融市场的空白，也满足了部分个人及小微企业的投资需要（卢瑞昌，2020），在我国金融市场上创新出一种新的风险资产类别，推动了金融服务广化，促进了全要素生产率。互联网平台的特殊地位使其成为买卖双方交互信息的集散地。随着技术进步和平台经济规模扩大，原本定位为生产交易活动副产品的数据的价值被进一步挖掘。大型互联网平台在其庞大的生态系统内实现了生产、销售和交易全链条的数据闭环，从而形成了数据寡头；而数据优势又反作用于平台扩张。因此互联网平台具有明显的"赢者通吃"特征。但从实际出发，与商业银行支付既交叉融合又难免冲突。2013 年中央提出"互联网＋"战略，商业银行与数字经济的业务进一步重合，竞争加剧，商业银行开始降低支付门槛以提升竞争力，但支付业绩出现下滑。与此同时，数字经济陆续暴露出机构合规性、信用违约、融资高杠杆、平台垄断与无序扩张等问题，相应增加了支付市场的不确定性与风险，给金融监管带来巨大挑战。从 2016 年开始全球各大互联网平台公司陆续陷入反垄断调查当中，我国中央高层对此也高度关注。2020 年 11 月，我国市场监管总局公布《关于平台经济领域的反垄断指南（征求意见稿）》，也在逐步加大对各类型平台的风险监控和反垄断力度，防止资本的垄断与无序扩张，但同时也为数字经济的健康发展和与商业银行的未来合作预留了一定空间。

但是 2013 年以来，私有资本进入银行业的渠道开始扩大，商业银行同业竞争加剧，面对内外双重竞争压力，各商业银行开始重视线上支付，陆续推出虚拟银行、支付 App、智能终端、智能投顾等技术性支付措施来提升经营效率，降低运营成本，使服务更具人性化。银联也推出"云闪付"展开与数字经济的竞争。但是数字经济平台已经形成庞大的高黏性客户群，令商业银行在短期内难以产生强大的支付虹吸效应。同年，我国建立支付机构客户备付金存管机制，搭建了商业银行与数字经济在账户管理、使用与划转、监管方面的纽带关系。2014 年开始打造的主权数字货币（DCEP）呼之欲出，也将对商业银行现金支付业务和数字经济的钱包支付模式产生了深远影响，进而影响到二者的竞合关系。另外，我国银行业的经营结构已呈现多元化格局，不同经营属性的商业银行以及数字经济分别对二者协同性的影响，可能还会存在结构异质性。为此，评估和预测二者的协同程度及未来发展趋势、双方对协同度影响的结构异质性，便成为一个富有意义的议题。

（二）理论假设讨论

依据合作竞争理论，我国商业银行早于数字经济开展了网银支付业务，但是基于经营理念和基础设施特征，主要是为面向大中型企业的大额转账，而面对面的现金支付则占比较低，业务量偏小，根本就无法满足规模庞大的个性化需求与日益增加的长尾化客户，从而为数字经济留置了发展空间。亚洲国家地区的互联网技术动态特性被认为在金融方面发挥了重要作用发展。

在相关动态模型中，即使面对不利的政策冲击，先进的互联网技术也会带来更大的资本流量，更高水平的金融发展以及更快的经济增长。在 2004 年，阿里巴巴就通过建立满足淘宝"双信用担保交易"的支付宝，聚合各银行支付功能于一体，使支付更加迅捷、交易成本大幅降低、客户容量大增，交易数据更加全面庞大，逐步与商业银行支付业务范围重叠且市场份额占比不断上升，从而与商业银行形成有力竞争。但是在2013年之后，各商业银行面临来自内外部的双竞争压力，开始加速完善网银支付，陆续开展手机银行、智能结算终端等业务，不过银行支付业务已经退居为数字经济渠道后端的结算和清算，银行与客户直接联系弱化，从而造成了大量客户流失，支付业务空间遭受挤压，在短期内难以形成与数字经济的有效竞争。但是商业银行仍然居于我国金融市场主体地位，在经营规模、服务质量、技术创新和风险控制方面的优势依然明显，因此依据协同论，二者的冲突或替代只是短暂和局部性的，而在长期中的主旋律仍将是一种整体性协同关系，尤其在双方的风险控制方面，商业银行的线下内部征信系统与数字经济的大数据征信体系各具优势，存在较强的互补性，而且双方还面临交织性的效益诉求和承担风险。

商业银行的负债、资产、中间及表外业务与数字经济也呈现出较强的竞合关系。首先，在负债业务方面，数字经济凭借庞大的用户规模形成融资聚集效应，导致商业银行存款规模下降，融资渠道萎缩（史亚荣，2018）。据《中国统计年鉴》数据统计，商业银行存款总额在2010-2019年的增长率降幅达到5%。但是数字经济的ABS、联合网贷和VIE架构等方式也产生了高杠杆风险，需要借鉴商业银行完备的风险控制经验和技术。其次，在资产方面，数字经济就凭借大数据、云计算等技术全面掌握了各交易行为和资信记录，打造了资源丰富的客户融资平台，受到中小微企业的广泛欢迎，从而分离了商业银行的中小微客户资产业务的市场份额（王硕，2012），中国电子商务研究中心数据显示，我国数字经济贷款规模已从2010年的200亿元增长到2019年的1933.81亿元。央行披露数据显示，商业银行在近10年间的贷款总额增长率下降了5%左右。

数字经济凭借客户高黏性、快捷、多功能与手续费低廉等优势、利用大数据杀熟、二选一等垄断操作，对商业银行中间和其他业务产生了一定冲击，导致了商业银行中间收入增长率从2010年开始逐年降低，甚至在2017年为负值，但是数字经济的总体形式还是"钱包"模式，依然还是要受到银行体系的监管，离不开与商业银行的合作。同时，数字经济存在技术比较优势，在支付市场的渗透率已达1/2以上，具备与商业银行广泛合作的基础。所以依据协同理论和市场发展状况，商业银行具体业务与数字经济在短期内存在一定程度的冲突和替代效应，但是在未来中具有求同存异同步发展的前提条件。作为我金融市场化改革成果，商业银行经营规模层次多样，经营类型丰富，每项业务也存在不同属性特征。所以，商业银行不同业务对二者协同度的影响程度存在结构性差异。与之相对应，数字经济的业务属性特征同样会影响协同度，但是考虑到支付宝与财付通等在第三方平台中占比已达85%，这种影响的异质性不显著。所以，本节仅分析商业银行不同业务的属性特征对协同度的结构异质性影响。

随着数字经济的迅速发展，在潜移默化地对商业银行做出改变的同时，商业银行也应该主动出击，可以借助数字金融发展的机会，做出相应的改革措施。

（1）商业银行各业务与数字经济的有序度总体均呈上升趋势，从无序向有序状态演进，商业银行整体状况以及各业务与数字经济的协同度呈现逐渐协同的态势。表明二者存在合作共生的基础。

（2）商业银行各业务与数字经济的协同趋势存在一定的差异性。负债和中间业务与数字经济呈现强烈的协同性，资产业务与数字经济具有协同趋势但发展缓慢于前两者。表明二者趋于协同但存在程度大小的差异。

（3）商业银行三大核心业务与数字经济的协同度受到商业银行各业务经营要素不同程度的影响，而且这种影响在国有银行与非国有银行之间存在一定的结构异质性。

因此，商业银行发展因为数字经济的介入，在短期内与数字经济存在一定的冲突或替代性，但从长期看二者可以取长补短，优势互补，通过彼此有效配置支付市场的资金资源，能够实现和谐共生。

（三）应对措施

（1）健全引导二者协同发展的金融体制。在未来的一段很长的时期内，商业银行仍然是金融市场主体，尤其是中型企业，高净值客户主要是金融服务商，数字经济则主要是辅助商业银行，服务于中小微企业和长尾化客户，是小而美的支付运营商，但是也将拥有广阔的市场前景。为此，相关机构应该在维持金融稳定创新的前提下，构建二者合作的运行机制。具体而言，如两大征信体系合理对接，具体业务有效配置等。

（2）建立多元化支付市场环境。经过多年市场化改革，商业银行经营主体结构已经多元化，而且各类业务又受到多种因素影响，对商业银行与数字经济之间的协同度存在结构异质性影响，为此还需要细化支付市场分类，优化不同经营属性的商业银行的各项业务与数字经济的协同契合度，形成了精细化的协同环境，推动传统商业银行与数字经济的深度融合。数字经济已经形成一定的市场垄断，不利于市场的多元化发展，也需要进行一定市场拆分，最终还促进支付多元的高协同性的支付市场。

（3）建立合作共赢的企业经营理念。商业银行应该积极地做出经营理念和运营模式的改变，深悟数字经济"便捷、开放"等精髓，推出更多的客户需求的支付产品，根据不同需要的人群发展更多样化的负债产品。数字经济也应该学习银行所具有的"安全、可靠"等性质，强化征信机制，控制好融资杠杆、二者互补。现代经济体系离不开大数据的发展和应用。中国数字经济进入快车道，各个行业正在积极推进数字化转型、网络化重构以及智能化提升，现在处于融合并行发展阶段。促进大数据的应用，促进大数据和各个行业实体经济深度融合，毫无疑问是推进数字中国建设的重要途径和基础。

第五章 数字金融与经济高质量发展的相关基础理论

第一节 核心概念界定

目前，针对数字金融以及经济高质量发展的相关概念尚未完全被统一界定，为建立本书研究理论框架，本节将在相关文献的基础上对数字金融以及经济高质量发展的概念进行界定。

一、数字金融发展实践中的特点

一是数字金融是金融与科技的深度融合，但并未改变金融业的本质（黄浩，2018）。例如从数字金融的第三方移动支付来看，第三方移动支付是借助信息技术实现支付功能，是金融业的创新，没有改变支付的功能和本质，从数字货币来看，数字货币没有改变货币属性，仅改变了货币的存储方式。可见，数字金融并未改变资金融通、支付清算等金融属性，仅是在技术应用、存储方式、交易方式等方面改变金融商业模式，但并未改变金融体系本质。

二是数字金融满足了不同利益群体。我国数字金融的起点可以以余额宝的出现为标志。余额宝的出现不仅威胁了传统金融机构的利益，而且还冲击了传统金融垄断格局。但是，传统金融机构服务的弊端，导致金融服务覆盖面窄、效率低，而我国的国情又促使金融服务需要高效率、广覆盖，因此新型金融机构是在社会金融需求下成长。虽然数字金融冲击了传统金融机构，但也倒逼了金融机构数字化转型，提高金融服务效率与质量，而且传统金融机构在数字化转型过程中，依托基础客户数据，实现了利润大幅度增长，满足了传统金融机构的利益诉求。

三是数字金融是监管业"放松"下的金融创新。相比美国等世界主要发达国家，我国数字金融处于国际上的领先地位。而其原因在于：其一，我国传统金融的垄断格局，导致了金融服务水平不完善，为数字金融发展提供空间，例如早期的互联网金融能在我国能快速发展是因为弱势群体的金融需求，但由于互联网金融服务目标"偏移"，从而不再满足金融服务本质，导致互联网金融逐渐走向下坡路。其二，我国监管业放松了对数字金融的监管压力，激发了数字金融创新活力，从而促进了我国数字金融体系的形成，例如数字金融第三方移动支付兴起后，监管业并没有急于进行规范，而是给足了发展空间。其三，数字金融的本质是科技驱动下的金融创新。数字金融通过运用数字化、信息化技术，创新了金融服务模式、运营模式、风控模式等，提升了金融行业的经济效益，例如大数据风控等方面的业务减少了人工成本支出，增加了传统金融机构利润。

至此，本书在梳理已有文献的基础上，又结合数字金融在我国实践中的经验。本书认为数字金融是在金融与科技深度结合的基础上，可以运用数字化、信息化技术，改变、创新传统金融机构的经营、服务、营销等模式，并在满足金融机构利益诉求的基础上，致力于为所有阶层提供更好的金融服务需求。

二、经济高质量发展概念界定

我国经济已由高速增长阶段转向高质量发展阶段。但是，对于经济高质量发展的概念却并没有直接说明。可以通过梳理经济高质量发展的相关文献，发现学者通过对不同视角的研究，界定经济高质量发展概念，但并未统一。因此，本书利用系统性分析方法，从经济高质量发展的特征、内在要求等基础性问题分析入手，界定经济高质量发展概念。

（一）经济高质量发展基本特征

经济高质量发展意味着发展方式的转变，蕴含着民生的重视、结构的合理、增长的平稳，本质是经济效率的提高、创新的引领。在新时代，经济高质量发展的基本特征可以概括为如下几点。

一是评价指标的多维化是经济高质量发展的第一特征。在经济高速增长时期，评价经济发展的指标唯 GDP（国内生产总值）论。然而，对于经济高质量来说，评价指标应该是多维化，破除围绕 GDP 论英雄，应从人民对美好生活的物质服务、医疗服务、居住服务、生态环境等多方面评价经济发展质量。

首先，经济高质量发展是一种经济新发展理念，需要协调人与自然，那么绿色发展就是高质量发展的第一形态。其次，经济高质量发展是破除原有经济发展中的不平衡、不充分问题，需要创新成为第一驱动力，开放是必经之路，那么创新、开放就是高质量发展的第二形态。最后，经济高质量发展需要满足人民对美好生活的憧憬，需要提高国民收入、增加社会财富，那么共享、普惠式经济则是经济高质量发展的第三形态。因此，经济高质量发展评价指标需要多维化，从经济高质量发展形态入手，来建立评价指标。

二是经济结构优化、效率提升是经济高质量发展的第二特征。在经济增长时期，经济的快速增长为我国积累了足够的资金，为经济高质量发展打下基础。但经济增长时期引致的发展矛盾问题，例如生态环境问题，需要通过优化经济结构，转化发展动能，以破解突出矛盾。

三是创新驱动是经济高质量发展的第三特征。经济高质量发展是"创造——分配——享受"财富的过程。那么，如何创造财富，实现财富的增值则需要创新驱动。创新是通过发挥知识、技能的作用，化解不平衡、不充分的发展。相比经济增长时期，经济高质量发展阶段的特征是创新成为第一驱动力，通过创新，整合经济发展资源，要突破原有资源要素约束，转变发展方式，提升生产效率，促进质量型、集约式的发展。随着我国经济高质量发展的稳步推进，创新驱动下的新动能、新业态将不断涌现，创新将是驱动我国经济发展的新增长点。

四是普惠、共享式的发展是经济高质量的第四特征。现阶段我国社会的主要矛盾是人民日益增长的美好生活需要和不平衡不充分的发展之间的矛盾。可见，化解社会主要矛盾是我国经济高质量发展的逻辑起点。从化解人民日益增长的美好生活需要的矛盾来说，经济高质量发展需要以人为本，经济建设要以人民对美好生活的需要为主，从化解不平衡、不充分的发展来说，单纯的经济增长已不适合难以破除经济发展中问题，需要深化经济改革，补充经济发展中的短板。因而，在新时代，经济高质量发展应该是以人民为中心，持续优化经济结构，提升产品质量，来满足人民群众对美好生活的憧憬。

（二）经济高质量发展内在要求

在新时代，经济高质量发展是在经济增长新常态的基础上，通过创新驱动的新动能、新业态，促使经济结构协调、生态环境优美、居民幸福感提升等，其内在要求主要包括四方面：

1. 以人为本

经济高质量发展的本质是以人为本，通过转变发展方式、优化经济结构、提升产业、产品质量，促进人与自然和谐共生，从而满足人民群众对美好生活的需要。在新时代，经济高质量发展站在提升人民幸福感的方位，以共享、普惠式经济发展，破除单纯的经济增长，促进经济效率、效益的提升、经济结构的合理性等，从而满足人民群众的需求。

2. 经济增长常态化

在经济增长期，单纯的数量增长，使经济抗风险能力差、经济韧性低等。在经济高质量发展时期，经济发展更具韧性、经济抗风险能力提升、经济增长更加平稳化等。在此次新冠疫情期间，新冠疫情对我国经济造成了严重的短期冲击，但我国经济处在高质量的发展时期，从而导致了疫情对经济的冲击，但是并未改变我国经济长期向好的基本面。

3. 创新高效

经济高质量发展与单纯的经济增长最本质的区别就是创新驱动。经济高质量发展通过创新驱动，破除资源要素的约束，促进经济结构向更为合理的方向调整。在创新驱动下，经济发展更为高效、经济效益得到提升，可以促使社会资源被充分利用，经济运行状态更为健康。

4. 经济协调

经济高质量发展更加注重区域的协调性、产业的创新性、资源的利用性、供需的平衡性。经济发展不再局限于自然资源，而是向着数字化、信息化发展，促使经济发展动力更为强劲。

（三）经济高质量发展概念

从经济学中对"质量"的概念来说，是指产品价值的高低，本质是对事物价值的判断，但是对于"高质量"的价值判断，一般是通过产品合规性（即产品质量）和合意性（即产品需求）。其中合规性是衡量产品技术、服务是否符合生产标准，产品质量是否过硬；合意性是衡量产品是否满足人民对技术、服务的需求，产品是否是人民需要。经济发展的过程是"创造——分配——享受"，其中"创造"是要满足产品合规性要求，"享受"要满足产品合意性要求。基于此，从经济学概念来说，在合规性上，经济高质量发展体现在资源利用的高效率、产业发展的适应性与质量性以及经济发展与社会进步的一致性等方面。在合意性上，经济高质量发展体现在供需的匹配、人与自然的和谐、社会财富的公平分配以及经济结构的合理等方面。

从"质量"发展的路径来说，经济高质量发展是经济发展的更高形态，就像社会进步一样。我国经济高质量发展也是经过了"经济增长——经济发展——经济可持续发展"，即从最开始的满足人民基本温饱需求，走出贫困阶段，到满足人民的物质需求，提升人民幸福感，再到人与自然和谐共生，经济可持续发展。那么，经济高质量发展则是强调质量和效应，通过创新驱动、结构优化、动力转换，使人与自然更为协调，来满足人民对美好生活的需要。

至此，通过总结经济高质量发展的基本特征、内在要求以及"高质量"的经济学概念和路径，本书则认为经济高质量发展是基于我国现阶段的主要矛盾所提出，是将人民福利的提升、经济结构的合理性、生态的承载力、经济效益的提高等方面作为高质量发展的判断标准，是创新驱动下的共享式、普惠式、质量型的经济发展。

第二节 相关理论基础

本节主要是通过金融发展与经济发展相关理论、数字金融与数字经济相关理论、公平与效率理论以及信贷配给与交易成本理论，阐述数字金融以及经济高质量发展的相关基础理论，为考证金融发展与经济发展的关联，以建立数字金融驱动经济高质量发展的理论框架，提供理论基础。

一、金融发展与经济增长理论

（一）金融发展理论

在 20 世纪 60 年代，Goldsmith（1969）在 Financial Structure and Development 中首次指出金融结构与金融发展能够促进经济增长。其中金融结构可以用金融机构与金融工具来衡量，能够反映国家金融发展水平。金融发展可以在金融结构的基础上加上金融资产来衡量，并提出金融发展水平的指标 FIR（金融相关比率），金融发展理论就此诞生。金融发展理论的核心是金融结构在促进经济发展中的作用。但是从金融发展阶段来看，金融结构与金融发展呈现规律性，一国金融发展水平越高即意味着储蓄和投资的分离程度越高，分离程度越高意味着金融结构的变化，金融结构的变化会伴随着经济总量的增加。基于此，Goldsmith（1969）的贡献主要是指出经济发展方式与金融发展方式要匹配变化。

同样是在 20 世纪 60 年代，Patrick（1969）通过论证如何保持欠发达国家的金融发展与经济增长的同步性，指出"需求跟随"与"供给领先"的两种论断。其中"需求跟随"是指实体经济部门的发展需要金融支持，实体经济部门发展需求促进金融发展，金融发展反推实体经济部门发展，从而以促进经济增长。"供给领先"则指出金融发展要快于实体经济部门发展，金融首先通过盘活社会资本，促进一国金融发展，其次通过发挥金融功能，促进实体经济部门发展，从而带动经济增长。可见，Patrick（1969）的贡献在于指出了金融发展——实体经济发展——经济发展的关系，即金融发展与实体经济部门发展相互促进，从而带动经济增长。

在 20 世纪 70 年代，以 Shaw 等（1973）与 Mckinnon（1973）为代表的学者，通过论证金融发展与经济发展之间的因果关系，分别提出"金融深化论"与"金融抑制论、并基于发展中国家金融市场、体制等方面的研究，指出政府不应过度干预金融活动，应当放松利率、汇率管制、充分发挥金融自由，认为发展中国家之所以经济增长缓慢，是对金融压制的结果。这一阶段的金融发展理论主张，推动金融市场自由化，也实现自动均衡，从而揭示了金融发展与经济制度应当匹配的思想。

在 20 世纪 90 年代，以 Merton（1993）和 Bodie（1993）为代表的学者，提出金融的核心功能，即清算与结算、风险管理、资源转移等 6 个核心功能，认为金融结构在经济发展中并没有发挥作用，而是金融功能促进了经济发展，例如金融中介功能促进了金融发展，进而促进经济增长。Levine 等（1996）指出一个金融发展越好，其融资功能越强大，交易也就越活跃，经济增长也就越快。Levine 等（1996）的研究不仅验证了 Goldsmith（1969）的研究，而且还间接验证金融功能能够促进经济增长。

在 20 世纪 90 年代末期，一些学者主张政府应适当干预金融活动，即"金融约束论"，这阶段为代表的学者主要有赫尔曼、斯蒂格利茨等。他们通过研究社会制度与经济发展中的关系，反对了 Shaw 等（1973）与 Mckinnon（1973）所提出的"金融深化论"与"金融抑制论"，认为如果政府不干预金融市场活动会则存在金融市场失灵的情况。这一时期的学者主张政府应当有选择性地干预金融活动，通过约束金融活动，保持金融稳定，降低金融风险，从而促进经济健康发展。

在 21 世纪初期，Beck 等（2005）通过研究金融结构、产业结构与实体经济发展，指出了金融结构并不能促进经济发展，而是金融发展的深度，一国金融发展深度越深，对实体经济的发展促进作用越大，从而经济增长越快。

在国内学者研究方面，白钦先（2009）基于 Goldsmith（1969）的研究，重新提出衡量金融发展的指标，一是可以从金融功能衡量金融发展，二是可基于金融结构要素的变化。白钦先（2009）提出金融"量性与质性统一"发展，即要保持金融功能的发展与金融发展的相统一，其中金融功能的发展即是"量"，金融发展则是"质"，主要主张我国金融发展应先以"质性"为主。

通过纵观金融发展理论可发现，该理论在 20 世纪 60 年代兴起，以 Goldsmith（1969）、Patrick（1969）以及 Shaw（1973）等为代表的学者认为金融结构与金融发展能推动经济发展，主张政府不应该干预金融活动，且应加速推进本土金融化，以此推动经济的快速增长。但是，这一理论在实践中却并没有推动实体经济发展，例如美国最先开始推行本国金融化，所以创造了大量的金融产品和工具，但在信用机制的推动下却带来了更多的金融泡沫，而经济发展并没有达到预期。在 20 世纪 90 年代末期，以赫尔曼、斯蒂格利茨等为代表学者提出"金融约束论"主张政府应对金融活动进行适度干预，降低金融活动带来的风险。这一时期出现的"金融约束论"对金融发展理论具有重要意义。在 21 世纪初以 Beck（2005）、白钦先（2009）等为代表的学者提出金融发展深化论与金融发展"质性"论，主张一国应优先开展金融发展，以此促进一国的经济增长。至此，可见的是，金融发展理论起源于西方学者，且随着经济的发展金融发展理论在不断更新，并且在金融理论发展的过程中中国学者也对此作出了重要贡献。

（二）经济增长理论

经济增长是指在一定时期内，一国产出水平持续增加，可用国内生产总值来衡量。因为经济增长理论起源较早，最初发展是在 20 世纪 40 年代，这时期是以亚当·斯密的"古典增长理论"为代表。随着经济发展环境的变化，在 20 世纪 60 年代，以索罗等学者为代表的"新古典增长理论"开始崛起。随后，在 20 世纪末 21 世纪初，以索罗为代表的"内生增长理论"逐渐占据经济增长理论主流。

1.古典增长理论

亚当·斯密在 1776 年所著《国富论》中，对如何实现经济增长进行考证，并首次提出了通过市场自由竞争机制实现经济增长。随后，部分经济学家在亚当·斯密的研究基础上，提出价格决定机制与分配机制，其中最为代表性的是马尔萨斯的人口资源论与李嘉图的劳动价值论。

2. 新古典增长理论

新古典增长理论是基于哈罗德和多马的经济增长模型进行的衍生研究。这一时期是经济增长理论最为活跃时期，产生了许多代表性的理论，最具有代表性人物是索洛（1956）所提出的索洛模型和拉姆齐（1928）所提出的 AK 模型。

索洛模型是新古典增长理论的开端，为经济增长内生化做出重要贡献。索洛模型贡献之一是基于要素边际报酬递减为假设，指出经济的短暂快速增长是由于储蓄，但当经济增长达到稳态后，储蓄并不会使经济继续增长。索洛模型贡献之二是将增长理论内生化，该模型将资本与产出比率以及劳动生产率作为内生性变量，并在保持技术恒定不变的前提下，引入全要素生产率建立要素供给与经济增长之间的关系，并提出了"索洛余值"，以强调经济增长要注重质量。

拉姆齐（1928）的 AK 模型与索洛模型一样均是内生增长模型，而 AK 模型则更符合内生性研究。AK 模型揭示了在消除报酬递减后经济如何增长。但由于 AK 模型过于简单，且放弃了资本收益率递减规律，导致该模型没有发展起来。但拉姆齐（1928）的 AK 模型却解决了模型内生假设，并在后续与柯布—道格拉斯生产函数相比，该模型明确了经济增长短期与长期状态之间的逻辑关系，并通过后续的研究，指出如何实现经济长期均衡状态。

随后，大量学者对该模型进行研究。卡斯和库普曼斯在拉姆齐（1928）AK 模型的基础上，引入储蓄率对模型进行了修正。其中最为代表性的是罗默（1990）所提出的技术创新模型，不仅对索洛与拉姆齐模型进行深入修正，而且还开创了内生增长理论的先河。罗默（1990）模型通过将技术创新作为内生性变量，指出经济增长的动态均衡过程，建立了宏观经济与微观主体之间的关联逻辑，并认为一国经济增长低效率的原因是缺乏技术创新。总的来说，新古典经济学理论的渊源来自于索洛模型，该模型为后续学者的研究提供了范式，但是，新古典经济学理论的弊端在于没有揭示三个市场如何实现均衡，因此新古典经济学理论实践较少。

3. 内生增长理论

随着对经济增长理论的研究，琼斯首次指出了索洛模型的弊端。这期间大量学者对索洛模型进行了改进研究。第一种改进是引入技术进步作为内生变量，其中为代表的则是罗默所提出的技术创新模型、熊彼特引入产品质量所提出的产品质量阶梯模型以及墨菲为代表的加深模型。这三类代表性学者的研究结论共性是技术对经济持续增长的促进作用，指出知识的积累对经济增长具有"正外部性"。第二种改进是对劳动力进行细分，可以将劳动力分为工作能力高与低以及教育水平高与低的劳动力，指出通过对劳动力教育和技能的持续投入，可实现经济长期增长。

内生增长理论的发展为经济可持续增长作出了说明，而对内生增长理论的机理可以归结为：一是人口增长对经济增长的贡献，二是生产效率对经济增长的贡献，三是工业部门的扩张对经济增长的贡献，四是投资规模的扩大对经济增长的贡献，五是技术创新对经济增长的贡献。值得指出的是，在内生增长理论中，普遍认同技术创新对经济可持续增长的促进作用。

二、数字金融与经济高质量发展理论

（一）数字金融理论

从目前来看，数字金融并没形成一套完整的基础理论。从对数字金融的概念与现实表征的文献梳理来看，数字金融的演进路径应是"普惠金融——互联网金融——金融科技——数字金融"。因此，本书通过梳理数字金融的发展路径的基础理论，从而能够归纳与演绎数字金融基础理论。

1.普惠金融

普惠金融是指金融机构为社会所有群体的提供适当、高效的金融服务。普惠金融在我国的最初形态是小额信贷与微型金融，涵盖了包括储蓄、支付在内的多种金融产品（焦瑾璞，2015）。随后，大量学者对普惠金融进行了研究，形成了普惠金融理论，按照研究形成的时间顺序可大致分为两类：

（1）普惠金融的特征。

在普惠金融刚兴起时期，大量学者对普惠金融特征进行研究，具有代表性的包括国外的 Zeller 等（2003）、Lavoie 等（2011），国内学者以焦瑾璞（2015）、星森（2016）等为代表，而通过总结学者研究，可发现普惠金融特征主要包括以下几方面：

一是金融服务的覆盖面。普惠金融主要致力于为社会所有阶层提供有需要的金融服务，不仅包括存贷款等基本金融服务，而且还包括投融资等各类金融服务。

二是金融资源的公平性。普惠金融起源于为弱势群体提供金融服务。因此，普惠金融的性质是让所有阶层能公平参与，并能够享受到金融服务，来满足金融服务需求。

三是金融机构的参与度。发展普惠金融并不是政府或者某些金融机构的事情，不仅需要所有金融机构与政府的推动，而且还需要各行各业参与普惠金融建设，推进普惠金融理念。

四是金融发展的可持续性。普惠金融的概念决定为社会所有阶层提供金融服务。然而，普惠金融的本质仍然是金融属性，金融机构开展普惠金融需要盈利空间。因此，普惠金融强调了在可负担的情况下，依然建设可持续发展的普惠金融体系。

（2）普惠金融面临的问题。

随着普惠金融的进一步发展，学者们也逐渐看到了普惠金融在实践中出现的问题，这一时期比较有代表性的学者有 Kumar 等（2011）、Nasir（2013）以及 Ashta 等（2015），认为普惠金融存在一定的问题，主要表现在：

一是普惠金融导致地方经济婴儿化。普惠金融在开展过程中，为平衡金融风险而向金融需求者提供高息、短期贷款，长此以往会诱导地区产业发展偏向技术含量低、快速实现交换的部门，与地区产业发展背道而驰。

二是普惠金融缺少规模效应。普惠金融的发展始于小额信贷与微型金融，这些分散的金融机构无法实现规模效应，还会诱发恶性竞争导致地区经济状况恶化。

三是普惠金融过度关注于某一群体。普惠金融对实体经济部门发展起到推动作用。但同时，普惠金融没能覆盖所有群体，与其联系紧密的企业享受到了普惠金融的正外部性效应，而其余群体则缺少与普惠金融建立联系。

四是普惠金融增加金融风险。普惠金融开展的初衷是为社会所有阶层提供金融服务，但普惠金融缺少制度约束，十分容易诱导职业经理人为粉饰业绩，而制造大量的金融泡沫。

可以看到的是，普惠金融的发展初衷是解决所有群体的金融需求，但在实践的过程中缺乏规模效应导致运行成本高、难以实现可持续发展，而且在发展中过于关注某一群体导致潜在的金融风险有所上升。

2. 互联网金融

在互联网技术兴起的浪潮下，金融与互联网的深度结合促成了互联网金融的形成。互联网金融并没有改变金融属性，但是互联网却解决了传统金融获客成本高、规模效应小等方面的问题，并为普惠金融发展提供思路。互联网金融的兴起，也促使大量学者对其进行深入研究，其主要理论分为如下三类：

一是金融中介理论。随着互联网金融的发展，诸多学者对互联网金融能发挥什么样的作用以及扮演着什么样的角色进行研究，从而形成了金融中介理论。金融中介的本质就是在投资向储蓄转化的过程中存在一个第三方中介机构。在实践中，类似于商业银行、证券公司等金融机构则是金融中介。

在早期，金融中介理论认为以银行为主的金融机构发挥了信用媒介的作用，指出银行是金融发展中的核心。在银行的初始形态中，熊彼特认为银行通过信用发挥着资本再分配作用，从而可以推动一国经济发展。因此，银行也被认为是资本的分配者，经济发展的推动者，在这一时期，金融中介理论认为金融中介的多元化，能够发展资本的规模效应，并在资本推动经济发展的转化过程中，节约交易成本，促进经济发展。

现代金融中介理论则从内生增长的角度重新剖析金融中介产生的原因以及发挥的作用。现代金融中介通过发挥人才、技术以及资本的优势，实现规模效应，降低交易成本，实现利润增长，促进经济发展。从现代金融中介来看，实际上现代金融中介具有企业性质，因而现代企业理论可以解析金融中介行为。金融活动中的交易成本与客户选择、金融产品种类具有关联性，是现代金融中介从事金融活动中的核心。因此，交易成本的高低被认为是现代金融中介理论的关键。另外，现代金融中介理论认为，金融中介出现的原因是为降低金融活动中的交易成本，为此，现代金融中介大多通过规模经济与多样化发展降低交易成本。

二是平台经济学理论。平台经济学理论诞生于学者对"平台"的研究。而平台是指将特定群体进行连接，可以满足对方的交换需求，从而实现特定群体的互动。这一时期，以 Rochet 等（2003）、Annstrong（2004）以及 Caillaud 等（2003）为代表的学者对"平台"模式以及发展等方面进行了研究，为平台经济学理论的发展奠定了重要基础。

平台经济理论指出平台应具有四种特征。一是正外部性。平台是由跨市场的网络组成，供给者会随着需求者对需求数量的变化而变化，这对于需求者而言这类市场不具有竞争性，符合梅特卡夫定律，对需求者具有正外部性。二是边际效益递增。平台经济对供给者而言，随着平台上需求者的增多，供给者会逐渐形成规模效应，交易成本降低，收益会增加。三是产品定价的优惠性。平台为供给者和需求者同时服务收费，而供给者一方会被收取入场费，反而平台为吸引需求者会对其免费进入，例如阿里巴巴的具有稀缺优势，如技术、品牌等，那么需求者并不买账。

互联网金融发展的主要业务是第三方支付、网络融资等，因而属于典型的平台经济。在互联网模式下，金融需求者与金融供给者通过网络平台能实现自行匹配，从而完成金融活动。图 Ll 列示了互联网平台价值，可看到，互联网金融与传统金融相比，不仅实现了从金融供给者到金融需求者的多点双向接入，而且还提高了金融服务效率。

三是长尾理论。长尾理论则是在 2004 年由主编 Chris 提出，该理论是对传统金融机构奉行的二八定律的反驳。二八定律是指市场上 80% 的利润是由 20% 的主流市场所提供，这就意味着传统金融机构只需要控制占据重要性的主流市场即可控制大部分利润。然而，长尾理论则认为在互联网时代，金融机构应重点关注尾部市场（即中小客户），这是因为互联网经济具有众多消费者，虽然需求和销量很小难以与主流客户相匹敌，但是总体规模大，能获得与主流市场同样的收益，甚至是超额收益。例如亚马逊的在线书店则是充分利用了长尾理论，占据了整个图书市场销售份额的一半之多。

从国内学者对长尾理论的研究来看，汪炜（2015）指出互联网金融具有长尾效应，长尾理论适用于互联网金融。并且从实践中来看，金融需求的确存在明显的长尾特征，中小散户构成的长尾市场为互联网金融在我国的发展起到重要的推动作用。王馨（2015）指出了我国存在大量的长尾客户，互联网金融为解决长尾客户的金融需求发挥了重要作用。

3. 金融科技

近年来，金融科技已成为学术界与业界所研究的热点。金融科技是指通过科学技术在金融领域的运用，为金融业带来了创新，不仅是金融业务模式、产品等方面的创新，而且还对金融市场、金融服务进行创新。追溯金融科技的发展历程，大致可分为金融科技 1.0 时代（1866—1986 年），以电话为代表的技术发展促进了金融业的全球化；金融科技 2.0 时代（1987—2008 年），以电子技术的应用促进了金融效率的提升；金融科技 3.0 时代（2009 年—至今），以现代信息技术在金融领域的运用，来提高金融创新能力。然而，遗憾的是，金融科技的研究起步时间较晚，尚未形成系统的基础理论。因此，本书在梳理金融科技的发展阶段，总结技术在金融中的应用（金融科技根植于技术发展与金融创新（李建军，2020）），从而形成了金融科技基础理论。

在早期的金融科技 1.0 时代。Bettinger（1972）首次将金融与科技放在一起，提出"FinTech 一词。Lieberman（1997）指出科技进步能改变金融业，影响金融体系。在这一阶段，金融科技表现为 IT 与金融业的结合，此时金融机构只能简单地运用 FT 软硬件满足金融业务的电子化、自动化，金融服务效率大幅提升。

在金融科技 2.0 时代。在第二次世界大战结束后，电子信息技术有了突；新发展，在这一阶段，金融科技表现为 IT 技术对传统金融业的变革，例如金融业务实现线上化，资产端、交易端、支付端以及资金端实现了互联互通，此时金融业交易成本进一步降低、效率大幅提升。

在金融科技 3.0 时代。金融与科技深度融合，新兴技术改变传统金融定价、信息搜集方式、投融资等所有金融业务，此时金融科技本质是科技驱动金融创新。在这一阶段，金融服务效率不仅大幅提升，而且也解决了传统金融的通病，这一阶段的技术应用包括如下几方面：

一是大数据与云计算。大数据分析是指对海量数据进行筛选、分析，从中提取有价值的信息。从大数据分析的应用来看，可将其分为四个层次，在金融科技 1.0 时代数据分析集中于第一和第二层次。在金融科技 3.0 时代，大数据分析集中于第三与第四层次。云计算则是为大数据提供运算与存储，与大数据密不可分。

二是区块链。区块链是加密算法，原本是为加密货币存储数据的一种方式。但在金融科技 3.0 时代，区块链技术还包括点对点设计、分布式散发等，能否实现交易双方之间的价值交换数据可以被随时追踪与验证，不仅保证了交易者数据信息安全，而且也实现了系统运行的高效且低成本。

三是人工智能。人工智能是指通过计算机开发，让机器以人类智能相似的方式做出反应。从技术应用来看，人工智能分为应用层、技术层与基础层。基础层是人工智能的底层框架，提供数据与计算能力；技术层提供人工智能的技术应用，包括机器学习、知识图谱等；应用层则更多与计算智能相关，如神经网络等。其中技术层与金融科技联系最为紧密。

在实践中，金融科技涵盖电子支付、借贷征信、智能投顾以及保险科技等多种金融业务。其中电子支付是金融科技目前发展最为成熟的业务，也是基于信任共识机制实现的价值转移。简而言之，在金融科技 3.0 时代，金融业可以借助现代信息技术不仅创新了金融业的新模式、新应用以及新产品等，而且重塑了传统金融市场、金融机构以及金融服务方式，打破了传统金融业垄断格局，金融服务供给发生了实质性变化。可见，在金融科技 3.0 时代，现代信息技术对金融体系的冲击，具有熊彼特式的"创造性破坏"特征，将金融业发展推向以创新为驱动。

4. 数字金融

数字金融同样是金融与数字化、信息化科技的深度融合（黄益平等，2018），但是数字金融却不同于金融科技与互联网金融。从互联网金融的本质而言，互联网属于瓦尔拉斯均衡中无金融中介的情形，更强调了金融与互联技术的结合发展。可见，互联网金融仍然是传统经济学思维下的产物，与数字金融具有本质区别。从金融科技的本质来看，在2016年金融稳定理事会（FSB）指出金融科技是技术带来的金融创新，不仅在金融模式、产品、流程等方面，更是对传统金融市场、金融机构等方面进行变革。那么，但事实上，金融科技通过数字技术，全面改变金融运营、服务、产品等，从而实现金融服务的自动化、智能化，更强调数字化技术的应用，与数字金融的概念截然相反。

数字金融则更类似于是构建在底层金融系统充分推动经济发展特征基础上的金融科技体系。从传统金融中介理论来说，数字金融颠覆了传统金融中介理论。一是挑战了"金融市场交易成本高于金融中介"的理论。金融中介理论认为金融中介能够降低供需双方在金融市场中的交易成本。而数字金融出现后，能够通过数字技术直接对接供需双方，提高金融服务效率同时比对金融中介而言极大地降低了金融交易成本。二是挑战了"金融中介具有信息方面的规模经济"的理论。金融中介凭借信息成本优势而存在。但是，数字金融符合长尾理论，能够服务于长尾客户，并通过数字技术能够实现传统金融不能实现的支付、清算、汇款等所有金融业务，缩小了信息不对称、降低了信息搜集成本等。三是挑战了"金融机构进入壁垒需要专业化的高水平"的理论。金融中介理论认为金融业存在较高的进入壁垒，需要的专业程度较高。而在数字金融的推动下，也彻底打破了这一理论，金融业进入壁垒不再需要专业程度较高的企业，可能个人也可完成金融活动，例如"中本聪"设计的比特币。

可是从经济事实来看，一是数字金融满足普惠金融的所有特性。普惠金融具有包容性、普惠性能够为所有阶层提供金融服务，在实践中却不可持续，但数字金融通过数字化、信息化技术降低了获客成本、风控成本等，使普惠金融真正实现了意义上的"普惠"。二是数字金融具有规模效应。在金融资源配置中，数字金融通过整个搜集、整合、分析相关信息，实现了信息处理"一条龙"，形成了信息规模效应，不仅降低了交易成本、提升了服务效率，而且还降低了信息不对称带来的道德风险与逆向选择等问题，三是数字金融模糊了金融业边界。传统金融业严格区分定义金融业务，例如直接融资与间接融资。但数字金融出现后，通过数字技术的运用，重塑了金融产品和人群，克服了传统金融中介的空间与时间限制，模糊了金融业的边界，例如数字金融下的融资模式更类似于"中间融资"，能够介于直接融资与间接融资之间。

当前，数字金融正成为国内外学者研究热点，但遗憾的是数字金融并没有形成一套完整的基础理论。从基础理论角度来讲，系统梳理数字金融发展路径，来探究数字金融基础理论本质，准确把握数字金融发展方位，从而在数字金融研究热潮的背后形成基础理论"冷思考"，为数字金融在我国发展提供经济学理论框架。因此，通过本书对数字金融发展路径的理论梳理，可看出数字金融重在经济机理，而非技术，在发展的过程中带有普惠金融的特性，更适合未来我国金融业的发展方向，数字金融理论也更符合新时代下中国特色金融学理论。

（二）经济高质量发展理论

自改革开放以来，中国创造了伟大的经济成就，GDP 年均保持 9.5% 的高速增长率，一跃成为世界第二大经济体，产业规模不断增强，现代工业体系初具规模，对外贸易、对外投资等位于世界前列，人民生活大幅提高。然而，在这期间，我国经济粗放式的发展模式出现了诸多问题，如生态环境的污染、经济结构的失衡、经济效率的低下及城乡收入差距的拉大、群众"上学难""看病难"等，这不仅不利于我国经济的可持续发展，而且更不利于我国建设社会主义强国的目标。

在 2017 年党的十九大报告中，习近平总书记指出："我国经济已由高速增长阶段转向高质量发展阶段"的科学论断，这是基于社会主义新时代我国社会主要矛盾所提出，也为新时代社会主义经济发展指明了方向。

经济增长质量最初是由马耶夫（1983）根据经济增速与产品结构所提出。从马克思的劳动价值理论出发，质量被解释为产品的使用价值。从经济学理论来说，高质量被解释为具有更好性价比的产品。经济高质量发展概念从经济学意义上讲，意味着能满足人民不断增长的真实需要的经济发展方式、结构和动力状态。从根本上来说，高质量发展要以人为本，通过转换经济发展方式实现创新、协调、绿色、开放、共享的目标。

此次，突发的新冠疫情，不仅让我国应急治理体系经历了"大考"而且也是我国经济从增长向高质量转型阶段的一次挑战。在这期间，我国经济暴露出了真正短板，并从产业创新、企业管理体制、消费方式等方面进行了快速调整、精准发力。这也让我们看到了在经济高质量发展时期，我国经济有着十足的韧性，从而导致我国经济长期向好的基本面没有改变。可见，经济高质量发展不仅是新动能、新动力，而且还是软实力、软价值、软资源的结合式发展。经济高质量发展从"量"到"质"的变化需要增强实体经济活力，提升经济效益与效率、优化经济结构，以创新驱动为导向的公平、效率、可持续的发展方式。

经济高质量发展体现在公平性。经济高质量发展以人为中心，强调人民的权利，增进人民福祉。这就要求，经济高质量发展要促进成果分享、发展机会公平、保障人人平等。实现经济的普惠性与包容性是经济高质量发展的目标。那么，就要打赢脱贫攻坚战，以保证社会公平有序，激发市场活力，增强人民幸福感，满足人民对美好生活的需要。

经济高质量发展体现在效率性。经济增长时期我国经济发展方式过度依赖资源，而经济高质量发展要求以创新为驱动。那么，经济高质量发展就要提高全要素生产率，将资源依赖转向创新驱动。在过去的经济发展方式中过度依赖资本、劳动力等生产要素，而现在就需要转向人才、信息、大数据等要素，坚持创新成为经济发展方式的第一驱动力，拓展经济发展空间，优化经济结构、完善资源配置，还要不断提升经济发展效率与效益。

经济高质量发展体现在可持续性。可持续性是经济高质量发展的根本要求，是推动经济发展的内生动力。那么，就要推进建设"五位一体"，协调经济发展与自然资源、人与自然的和谐共生。通过建设创新驱动的经济发展方式，实现新动能、新动力、新产业与新业态的发展。坚持供给侧结构性改革，克服不平衡、不充分的经济发展问题，从而推动由商品和要素流动型开放向规则等制度型开放转变。

至此，经济高质量发展是新时代中国特色社会主义经济发展的方向，是发展的系统性与长期性任务。经济高速增长的老路已不可持续，现在必须坚持以创新驱动、提高经济效率、优化经济结构为导向的经济高质量发展，这是实现新时代社会主义发展目标的必然路径。因此，经济高质量是保持经济持续健康发展的必然要求，是适应我国社会主要矛盾变化和全面建成小康社会、全面建设社会主义现代化国家的必然要求，是遵循经济规律发展的必然要求（摘自 2017 年中央经济工作会议）。

三、信贷配给与交易成本理论

数字金融借助数字化、信息化技术改变了传统金融业，降低了获客成本，提升了金融服务效率，并且具有普惠金融的特性，能够服务于所有阶层。因此，从信贷配给以及交易成本理论出发，可更好地理解数字金融的核心优势，为建立数字金融驱动经济高质量发展的理论框架打下基础。

（一）信贷配给理论

在古典经济学理论中认为，市场中供需双方的信息完全对称，供需双方不需要干预就可实现市场均衡状态。然而，从经济事实来看，供需双方信息不可能对称，由利率主导的信贷市场也不可能自动达到均衡，例如我国传统商业银行很少为中小企业提供贷款，其原因在于商业银行不能充分了解中小企业信息。由此可见，古典经济学理论只是一种理想状态。

关于信贷配给理论，最早是在 20 世纪 80 年代，由 Stiglitz 与 Weiss（1981）基于金融市场的不完全信息为假设，提出的信贷配给理论。信贷配给理论认为，市场均衡状态是供给与需求相当，但是当信贷市场中存在资金需求旺盛时，信贷配给现象便会出现，例如在信贷市场中，同样的贷款申请人，有些人会获得贷款，但其中一些人哪怕愿意支付高利率也无法获得贷款的现象。同时，Stiglitz 与 Weiss（1981）基于信贷配给理论，开发了著名的 S-W 模型，并指出金融市场中由于存在信息不对称，导致供需双方产生多方面问题，例如中小企业融资约束问题，并且这还影响着货币政策的传导。此外，逆向选择与道德风险也被引入 S-W 模型，从而揭示信贷配给中存在的现象。

一是信息不对称。Stiglitz 等多位学者基于对商品市场、金融市场以及劳动力市场的研究，提出信息不对称理论，指出在信贷市场中，因供需双方所掌握的信息不对等，掌握信息丰富的一方会占据市场优势。在金融市场中这种现象更为明显，例如在融资过程中，融资双方存在明显的信息不对称现象，融资方能够通过粉饰财报、项目收益等方面降低项目风险，而资金出借方却不能真实了解项目的报酬与风险，只能贷后才能了解融资方具体情况，这对资金借出方来说极为不利。

二是逆向选择。逆向选择理论是由阿克劳夫通过研究旧车市场所提出的。逆向选择是指在市场中买卖双方关于产品实际质量存在信息不对称，卖方会更了解产品实际质量，而买方却了解不多，买方只愿意支付产品平均的价格，在这种情况下，优质产品会逐渐退出市场。同样，在金融市场中，商业银行认为通过调高利率会获得更多收益，但是相反的是，银行调高利率会驱逐低风险投资者，反而吸引了高风险投资者，而高风险投资者更可能发生违约，导致银行利润的下降。

三是道德风险。道德风险发生在委托代理关系中。委托人与代理人签订合同后，委托人并不能观测到代理人行动，代理人更可能基于自身利益的考虑而损害委托人的利益。在金融市场中，保险公司与投保人签订保险合同，而保险公司无法观测投保人行为，这可能诱发投保人机会主义行为，投保人通过改变自身行为方式，引致保险公司损失。

从数字金融发展背景来看，数字金融的出现降低了金融机构获客成本，同时也降低了信息不对称问题，为缓解中小企业融资约束，实现普惠金融目标，驱动经济高质量发展起到了重要作用。因此，信贷配给理论是数字金融发展的基础。

（二）交易成本理论

交易成本理论由 Coase（1937）提出，是指交易双方获取市场信息、契约费用等方面的成本。Williamson（1975）认为交易成本可分为信息成本、搜寻成本、违约成本等，并按照交易成本产生的特征归为机会成本等。从信贷业务来看，交易成本主要包括获客成本、违约成本、监督成本等。

金融服务实体经济并共生共荣。传统金融机构很少服务于弱势群体的原因在于信息成本过高。然而，数字金融利用数字化、信息化技术改变了金融活动的成本，其中就包括搜寻成本、信息成本与定价成本。搜寻成本是金融活动中重要的成本，决定了金融机构是否能找到服务对象。传统金融服务中搜寻成本过高，金融机构为保持收益，只能将金融活动服务于主流市场，尤其是信息配给。数字金融却利用大数据、云计算等技术，降低了金融活动搜寻成本，扩大了金融活动服务对象，使得金融活动中的交易对象呈现多元化。

信息成本与定价成本同样影响着金融活动。信息成本与定价成本作用于金融交易中，若信息成本与定价成本过高，会使得部分金融活动参与者望而却步，例如传统金融机构难以为偏远地区的居民提供金融服务，其原因在于为这类人群服务的成本较高，金融机构难以获得收益。然而，数字金融依托于移动终端，使金融活动中的支付、存款、贷款等一系列基本金融活动都可在手机上实现，大大降低了传统金融机构服务成本，使得数字金融能服务于所有阶层群体。

四、公平与效率理论

公平与效率是经济发展中的伴生物。每当经济、政治发展重大变化时，人们总是会关注公平与效率问题。从经济高质量发展概念来看，经济高质量发展要求兼顾公平与效率，从而保障人民权利、提高经济效率。因此，从公平与效率视角出发，可更好地理解经济高质量发展的内涵。

对于公平来说，马克思认为公平随着市场关系的变化而发生变化。对于效率而言，《资本论》从商品价值角度出发，认为生产效率的提升必然会伴随着社会财富的增加。经济社会的发展一直将公平与效率作为目标。从理论发展来说，主要流行以下三种理论观点：

一是公平优先。在20世纪初，在西方国家处在动荡不安的背景下，西方学者认为社会最终的发展目标是实现公平，而效率只能促进更好地实现公平。其中罗尔斯等学者认为市场对资源配置的起到了重要作用，但同时也带来了诸如贫富差距拉大、民众缺乏幸福感等诸多问题，主张政府应通过宏观调控实现社会公平，维护社会的安定繁荣。从福利学角度来看，资源配置失调、经济体制出现混乱是由社会不公所引起，因此，政府可通过宏观调控，促进收入分配均等化，从而保障人民权利，提高社会发展质量。

二是效率优先。在第二次世界大战后，各国经济陷入低迷，为促进国家经济发展，西方自由主义学派认为应优先发展经济，才能实现社会公平。在这期间，西方学者开始强调市场机制的重要性，通过市场机制实现资源配置的合理性，从而促进经济发展，保障私有财产的公平。由此，西方国家开始较少对市场的干预，充分发挥市场作用。

三是公平与效率并重。在20世纪70年代后，西方自由学派鼓吹的通过发挥市场机制的"涓滴效应"改善人民生活的理论被事实推翻，从事实来看，如果政府不加干预任由市场机制发挥作用，只会进一步拉大贫富差距，进而影响生产力发展。因此，阿瑟·奥肯提出公平与效率应当同时兼顾的理论，并指出在经济发展中必要时可以牺牲效率，但是应当保证社会公平。科密特在《平等与效率》中指出经济发展的过程就是权衡公平与效率，过分追求效率则会带来社会的不公，而过分追求社会公平则会带来经济效率的低下。

马克思认为公平与效率是辩证统一的关系，并指出在经济发展中公平与效率应是相互依存、相互促进、相互制约、互联互通的，经济发展中的公平与效率本质是社会生产力与生产关系、经济基础与上层建筑之间辩证统一的体现。可见，经济高质量体现了公平与效率辩证发展的观点。在新时代下，我国更加强调民主与法治健全，更加重视公平与效率，为实现效率与公平的相互促进、相互依存做出努力。

第六章　数字金融与经济高质量发展

经济发展的核心动力源于金融，金融创新驱动经济高质量发展。数字金融是一种由互联网、数字经济和金融有机融合形成的创新性金融服务模式。数字金融突破了传统金融服务经济发展的障碍，金融覆盖面更广，金融服务成本较低，满足了更多人群对金融服务的需求。经济高质量发展对金融创新提出了新要求，而数字金融契合了这一要求，成为驱动经济高质量发展的重要动力。本章主要对数字金融促进经济高质量发展的理论与路径展开研究，首先分析数字金融与数字经济的关系，然后着重探讨数字金融驱动经济高质量发展的多元理论机制和多层实现路径。

第一节　数字金融与数字经济

一、数字经济的内涵与特征

（一）数字经济的内涵

1995 年，美国经济学家唐·塔普斯科特出版了《数字经济：智能网络时代的希望与隐忧》，书中正式提出了"数字经济"一词。唐·塔普斯科特被普遍认为是最早提出数字经济概念的人。在随后几年中，美国学者用数字经济描述美国信息高速公路普及化后，形成了"数字经济"的发展蓝图。

数字经济在国际上通常指的是数字化应用，类似于信息经济，比互联网经济范围更大。2016 年，在中国杭州举办的 G20 峰会上发布的《二十国集团数字经济发展与合作倡议》中有这样的内容：数字经济是这样一系列经济活动，以数字化的知识和信息为关键生产要素，以现代信息网络为重要载体，以信息通信技术的充分使用为提高效率和优化经济结构的重要推动力。这意味着国际社会广泛认同数字经济的概念。

（二）数字经济的特征

1. 数字化特征

数字经济理论中，经济活动主体（个人、企业、政府等）通过经济活动行为（交易、经营、管理等）来获取经济活动结果（货币、商品、劳务等），可以用数字化信息来表示这个经济活动过程中的所有内容。人类在实实在在的物理世界中生存，虚拟世界由数字经济构建，物理世界与虚拟经济从微观层面来看，存在根本性的区别，物理世界由原子组成，数字虚拟世界由比特组成。计算机对信息的存储就是通过二进制实现的，简化为 0 和 1 的比特。虚拟世界和物理世界有着对应关系，物理世界的原子可以被对应的二进制比特替代，这就是数字化的过程。所有双稳态的器件都可以表示为由 0 和 1 构成的数字信号，这是大规模器件集群形成的基础。大规模器件集群的特点是大规模传输的稳定性、远距离传输的可靠性。简单来说，信息的大规模存储和传输的多种应用场景都可以用数字化的信息来应对，促进了信息要素可信性和利用率的提升，也促进了数字经济核心竞争力的提高。

2. 网络化特征

在数字经济的发展中，互联网是必不可少的重要载体，其为数据和信息的交互提供了便捷渠道。互联网覆盖范围广，传输效率很高，这是其推动数字经济发展的主要优势。数字经济突破了地理空间限制，加快了社会的网络化进程，这非常契合经济全球化大背景对我国经济发展的要求。比特传输是现代互联网的本质，移动一个单位比特的速度和效率要比移动一个原子更快、更高，而且还有成本优势。只要传输数据可以通过移动比特完成，就没有必要运用硬件（磁盘等）。原子并不能同时被很多人使用，有越来越多的人使用原子，原子数量就会越来越少，但理论上对使用比特的人没有数量限制，而且比特的价值是随着使用者数量的增加而增加的，这可以用来解释互联网的长尾价值。依托互联网技术传递信息的成本可以忽略不计，出现区域链后，价值传输的成本也可以忽略不计。

3. 虚拟化特征

大数据量的比特流由大量的比特汇聚而成，比特在比特流中是主流信息模式。在大数据量比特流的基础上，开始出现在线上存储和传输大规模数据，并对数据进行在线处理的现象，此时实体经济领域就表现出虚拟化发展趋势，即从线下转变为线上。线上经济突破了时空限制，节约了时间成本，而且也压缩了供需对接的成本，使得传统区位因素对实体经济的影响不再像以前那么重要。实体经济向虚拟化趋势转变后，经济分工越来越细化，合作越来越密切，企业经营成本中，开发设计成本所占的比例逐渐增加，在经营运行中采用生产外包模式的企业越来越多。例如，苹果公司（电子设备制造企业）和高通公司（集成电路制造企业）开始采用半虚拟化经营运行模式（生产与产品设计、销售分离）。再如，亚马逊网站完全采取线上数字化运营模式来经营 Kindle 产品业务，这样电子书交易就与实体书店或仓库几乎没联系了。此外，在数字经济背景下，传统教育也开始探索虚拟化经营模式，出现了线上教育、虚拟课堂等新兴教育模式。

虚拟化犹如一把"双刃剑"，虽然促进了线上经济的繁荣，但也影响了实体经济的发展，影响了线下消费。在数字经济发展中，寻求数字化转型并不是对所有行业都有利。如果某些行业转型后能够提高效率、增加收入、促进经济增长，那么就要积极转型，但如果某些行业实施数字化转型后对效率、效益及经济增长没有明显的作用，就不必勉强"赶时髦"。总之，实体经济在数字经济背景下要做好衡量与取舍，不要盲目转型。

4.非摩擦性

在当前的经济背景下，效率最好的经济模式当属完全竞争的市场经济模式。信息要素在数字经济中的利用率很高，在很大程度上降低了交易成本。这样一来，经济活动就突破了地理空间的区位限制，向全球范围蔓延和拓展，使人类的经济活动进入了完全竞争的经济时代，具有鲜明的非摩擦性。近年来，电商平台高速发展，规模极速扩大。传统线下实体经济中，消费者在消费之前往往要货比或价比三家，这样就增加了交易的时间成本，也影响了交易效率，而线上经济突破了这一障碍，显得更为便捷、高效。线上生产者从生产到销售的整个过程是被压缩的，这样才能快速回笼货币，最大化地获得利益。数字经济的兴起提高了企业的经济效益，促进了社会经济增长。此外，数字经济给人民群众的生活带来了极大的便利，仅凭这一点，我们也要肯定这一经济模式的存在。

传统经济学是一种稀缺经济学，数字经济学是一种富饶经济学，二者的性质、稀缺性完全相反。由无数个比特单位构成的数字经济的发展的前提是以比特为最基本单位进行思考，互联网时代割裂了原子和比特，使二者相互分离，而在数字经济时代，我们要将原子和比特放在一起，并对二者的相互关系进行逻辑思考。

二、数字经济发展的金融支持

（一）投融资支持

在经济数字化转型升级过程中，经济活动的各个领域都在大量运用区块链、大数据、人工智能等新技术，同时彻底改造了传统经济运营方法、流程和管理模式，这个过程伴随着创新，实现了升华，大大提高了经济数字化程度和数字化发展水平。当前，国家和地方政府积极推进经济数字化发展，并采取了重要的战略举措，如最具代表的"新基建"战略，即建设大数据中心、运用物联网等。地方政府为推行这些重大战略，投入了数十亿高额资金，金融业在这方面的投入力度尤为大，这些战略的落实需要全社会的广泛参与和积极配合。

目前，社会资金供给的主要渠道依然是间接融资，这是社会融资体系的一个主要特征。间接融资的主要金融机构是商业银行，这一机构在数字经济领域的实力是最强的，也是资金投入最多的"金主"。同时，直接融资在社会融资体系中也占有一定的地位。通过资本市场直接融资的企业主要是科创企业。在现阶段，有形资产少、风险高是我国初创技术企业和互联网企业普遍具有的特征，这些企业以传统信贷方式从金融机构贷款有很大的难度，而多层次资本市场的建立健全则在一定程度上帮助这些企业解决了贷款问题，所以他们是采取直接融资方式的主要企业。

我国高科技企业、互联网企业可以从现有规则和自身发展现状出发，对上市方式进行自主选择，如主板、中小板、科创板、创业板等。我国数字经济随着科创企业的快速发展而实现了高速度发展。科创企业在我国发展迅速，除了有国家战略层面和制度层面的顶级扶持和人口优势以外，还有一个主要原因是我国多层次资本市场已经帮助科技企业将全生命周期的融资通道彻底打通，而打通的方式主要是 IPO（公开募股）和再融资。如果我国可以长期保持这些优势，那么科技产业有可能达到发达国家的水平。放眼眺望未来，在资本市场的投融资支持下，我国一系列大数据公司、光学公司、芯片半导体公司等都将得到快速的发展。

（二）先锋和引领

一个群体的发展速度、高度及水平往往由领头者所决定。数字经济的发展同样如此。数字化进程快、水平高的行业带动了其他行业的数字化发展，整个群体的前行步伐在领头企业的驱动下越来越快。金融行业本身就有很强大的数字基因，大量优秀人才集聚在金融行业，我们可以将金融业的发展史看作是技术发展与创新史。金融行业的数据可以称得上是一个天然数据库，科技基因充斥在金融行业的各个流程和环节中，数字化技术在金融行业具有很强的适用性，总能找到适宜的场景去发挥价值，而且效果都非常好。因此在数字经济发展中，金融业往往能发挥重要的先锋和引领作用。我国金融数字化发展水平在全球都是排在前列的，成功案例非常多，享誉国外的有支付宝、"零距离接触银行"等。我国数字经济在全球数字经济中也因为金融业处于领先地位而占据重要地位，因此，我国要进一步发挥金融业在数字经济领域的重要作用，引领数字经济继续大踏步前进。

（三）优化经济结构

数字经济的发展优化了经济结构，主要表现在以下三个方面。

第一，数字经济的发展促进了行业结构的优化。

第二，数字经济的发展促进了集约化经营水平的提升。

第三，数字经济的发展促进了科技的创新和行业科技含量的提升。

数字经济实现优化经济结构的功能离不开金融支持。《关于构建更加完善的要素市场化配置体制机制的意见》（简称《意见》）由国务院于 2020 年 4 月 9 日发布，《意见》中在关于推进技术要素市场发展方面提出要推动技术要素与资本要素的融合发展，积极探索多种投资和融资方式促进科技成果向资本的转化，如创业投资、天使投资、科技保险、知识产权证券化等方式，鼓励商业银行将更多的金融产品和服务提供给科技行业，促进科技行业的发展，金融机构可采取的融资支持方式有知识产权质押、预期收益质押等。贯彻落实这些举措有助于顺利优化我国经济结构。

（四）扶持数字产业

数字产业化发展水平很大程度上决定了数字经济的发展水平。我国数字经济目前处于起步发展时期，数字技术生产的产业化规模尚未形成，采用大数据、区块链的企业中不乏一些中小企业和微型企业，而大规模采用这些新技术的国有企业并不多，我国尚未形成上下游、产学研等规模化和一体化的经济链接态势。因此，金融业要大力扶持数字产业的发展，具体可从以下几方面提供扶持。

第一，在金融"十四五"重点扶持发展规划中纳入数字技术产业，并大力扶持这一产业。

第二，将各种金融工具运用起来，开辟多样化融资方式（众筹、科创板等），从而为数字技术产业提供融资支持，解决这类产业发展的资金问题。

第三，为走向国际的数字技术产业优先提供金融产品和服务，大力支持国际化发展成效较好的数字技术产业，为我国数字技术产业的全球化经营和扩展提供良好的平台。

三、数字经济催生数字金融

数字经济既是经济发展模式的创新，同时也对经济各个子行业产生基础性、全面性的影响，它推动金融业深度变革，并加速数字金融的产生，使之更好地为数字经济发展服务，适应经济高质量发展的要求。数字经济推动了金融变革，催生了数字金融，主要体现在以下几方面。

（一）金融虚拟化

数字经济下的经济要素可以用数字表示，这一切都是在虚拟空间完成的，这给金融业的发展创造了很大的想象空间。

以商业银行为例，从电子支付到手机银行、网上银行、移动金融、直销银行等，都是数字化的直接体现。据中国银行业协会报告，银行业务已经突破时间、空间限制，线上银行、无人银行、虚拟银行已成为现实。例如，在2020—2021年的全民抗"疫"战斗中，工商银行依托云计算为客户提供全天候、不间断的"无接触"金融服务。

（二）金融智能化

在数字经济背景下，所有经济运行主体都有着较高的智能化程度，自动控制将在各个领域渗透。作为智能化的先行者、排头兵，金融机构的智能化程度提升很快。未来金融机构将对智能技术进行广泛、综合的运用，比如，通过运用智能机器人来减轻自然人的劳动，通过大量信息和自动化控制来提升决策质量与效率，从而全面实现运营智能化、服务智能化和管理智能化。

金融智能化在银行业、保险业、证券业等方面都有所反映。

1.银行业智能化

中国银行业协会报告显示，金融科技在助力智能客服建设方面起到重要的作用，而且取得了良好的效果。未来各大银行将加快推进智能化设备投放，以开放务实的姿态主动融入互联网。

2.保险业智能化

保险行业在智能保险方面的发展也取得了明显的成绩。行业运用大数据、人工智能、物联网技术对投保对象进行全程可视化监管，在销售、获客方面采用人工智能进行保险产品营销，并成为主要营销工具，而且对投保人实行精准化的时间计保，这种"新式武器"成功吸引了大量投保人。

3.证券业智能化

目前，证券行业的智能化程度也比较高，证券公司在扩大市场份额、提升市场竞争能力、增加客户黏性的过程中将"智能投顾"作为撒手锏。证券公司运用数学模型、算法等方式为投资者提供高效、快捷、精准的智能化服务。

（三）金融普惠化

普惠金融依托数字经济的发展有了强大的技术支撑，金融机构可以通过数字技术解决业务发展中信息不对称、管理成本高、风险控制难等问题，从而将中小微客户、长尾客户作为优化客户结构的重要战略配置，多种措施并举来支持中小微企业的发展，满足中小微企业对金融服务的需求。对于银行业而言，在数字技术的影响下，数字银行服务的覆盖面正不断扩大。

四、数字经济与金融的融合理念

数字经济是一种创新型经济模式，是经济高质量发展的重要产物。而且随着数字经济的不断发展，数字产业有大量的、多元化以及个性化的金融需求。数字经济和经济高质量发展对金融服务业提出了很高的要求。在数字化经济背景下，数字技术和金融的融合成为大势所趋，二者能够融合除了与大环境的驱动有关，根本上还是因为二者的发展理念相通，这是二者得以融合与协同发展的重要前提。具体来说，二者的共同发展理念是"创新、协调、绿色、开放、共享"，这五个理念是金融的未来发展方向，也是引领数字经济发展的重要指向标。二者只有在共同发展理念的科学指导下，才能实现更加自然与持久的融合。下面具体分析这五个发展理念。

（一）融合发展之协调理念

各种经济要素（信息、资金、物流等）互联互通、协调发展是数字经济的重要特征，正因为有这个特征，整体经济效益才能达到最佳和最优化的程度。数字经济的发展，客观上要求金融业建立在金融效率这个中心基础上，将系统方法和动态方法充分利用起来，推动宏观经济与微观经济、经济数量与经济质量以及经济的动态化与静态化等多层面的协调与统一。

（二）融合发展之创新理念

数字经济是传统经济模式革新的成果，本质上就是一种新兴的经济模式。从这一点来看，金融业要将多种新兴技术方法充分利用起来，发挥对行业内部要素创造性重组和变革的驱动作用，更好地为数字经济这个新兴经济模式的成熟发展服务。

（三）融合发展之开放理念

数字经济这个新的经济模式具有完全开放性，在数字经济视域下，经济发展是没有国界的。这就对金融服务业的开放式发展提出了一定的要求。金融服务行业的开放发展要先具备基本的前置条件，要审时度势，要小心谨慎，要循序渐进，在开发式发展中要对出现的各种问题都密切关注和及时处理。在金融服务业的开放式发展中，国内外的协调过程是长期的、渐进的，这是由复杂的历史与现实条件所决定的。在长期的协调过程中，数字经济与金融之间可能出现发展步伐不一致的问题，需要进一步磨合与协商。

（四）融合发展之绿色理念

传统意义上的绿色概念主要指节能、环保和清洁能源等，数字经济语境下的绿色有着更加广泛的内涵，绿色消费、社会责任等是最基本的，但不限于这些内容。数字经济的绿色发展对金融服务业的发展提出了相应的要求。要发展绿色金融，就要继续贯彻落实可持续发展战略，加强生态环境与经济的协同发展，对节能型绿色产业、新能源产业、保护生态环境的产业优先给予投融资支持，鼓励绿色消费。金融业的绿色化发展不是以牺牲自身经济收益为代价的，而是要达到一种平衡与协同，在绿色化发展中获取理想的收益。

（五）融合发展之共享理念

对社会闲置资源的最大化利用是数字经济共享的意义所在。对金融资源（金融数据资源、信贷资源和人才资源等）的优化配置是金融业共享发展理念的本质。在共享理念下，金融业通过金融工具向数字经济行业提供丰富的金融资源。例如，金融业通过众筹模式、互联网线上贷款等方式最大限度地助力科创企业和中小微企业发展，提高普惠金融、长尾客户的信贷获得权和金融享有权。此外，金融业还使用平台化运作方式使金融供需信息更加清晰、透明。

第二节　数字金融驱动经济高质量发展的实现路径

一、宏观路径：助力产业结构升级，驱动经济高质量发展

从宏观层面来看，数字金融是通过助力产业结构转型升级驱动经济高质量发展的。

（一）数字金融助力产业结构转型升级

数字金融助力产业结构转型从以下几方面体现出来。

首先，完备的数字基础设施是数字金融发展的基础条件。数字基础设施的发展促使企业以数字技术为依托对管理模式进行优化，促进生产效率和信息化水平的提升，实现智能化发展，推动产业结构的现代化升级。

其次，信息服务业的发展是数字金融发展的重要体现。信息服务业随着数字技术的大量应用和深入渗透，与制造业建立了紧密的联系，依托信息化技术提升了制造业的生产效率及自动化水平。信息技术产业与制造业相互促进，为制造业的转型升级提供信息技术支撑。

最后，数字技术推动数字金融发展，而科技创新也是推动产业结构升级的重要动因。企业运用新兴技术能够降低获取信息的成本和市场交易的成本，同时促进交易效率和成功率的提升。而在数字金融方面，需要将现有技术充分整合起来，并继续面向企业层面去创造新技术和传播新技术，实现新技术在企业层面应用效果的最优化，帮助企业整合数据、提升智能化水平，为产业结构转型提供助力。

（二）产业结构转型升级驱动经济高质量发展

产业结构升级与经济增长之间的关系是经济学中重要研究的问题。中国经济进入高质量发展阶段后，产业结构转型升级被认为是未来推动中国经济高质量发展的重要引擎。有关学者基于多年来我国诸多省市的面板数据分析，并以"创新、协调、绿色、开放、共享"的新发展理念为指引构建了高质量发展评价指标体系，考察中国产业结构变迁对中国高质量发展指数的影响。结果表明，2000年以来的产业结构变动整体上推动了中国经济高质量发展。产业结构升级对经济增长存在"结构性红利"并能够通过促进经济系统资源的合理配置推动经济高质量发展。产业结构变动也促进了绿色全要素生产率增长率的提升，驱动经济高质量发展。

二、中观路径：助力行业创新，驱动经济高质量发展

从中观层面来看，数字金融主要是通过助力行业创新驱动经济高质量发展的。

（一）数字金融助力行业创新

实体经济是国民经济的命脉，但近年来我国实体经济金融化的问题十分严重。在高额利润的驱使下，越来越多的实体经济行业脱离主营业务，将大量资金投入金融、房地产等虚拟经济中。我国传统金融体系并不完善，在很大程度上抑制了实体经济的可持续增长。数字金融的出现弥补了传统金融的缺陷。数字金融依托大数据、云计算的高速发展，将科学技术与金融服务相联结，有效弥补了传统金融的弊端。同时，数字金融能解决有关行业在创新中遇到的资金难题，能有效发挥金融服务实体产业的作用，为降低行业创新成本、激发行业创新活力、促进行业创新升级提供机遇。

（二）行业创新驱动经济高质量发展

传统行业创新会令产品及设备的市场价格迅速下降，刺激实体经济对创新技术的投资。行业创新所诱导的新技术是高收益的，市场经济的逐利本性推动各个行业不断加大对新技术的投资以追求超额利润。由此，技术投资与资本存量迅速增加，产生明显的技术资本深化效应，促进了产出增长，推动经济迈向高质量发展。行业研发投资扩张有利于优化要素配置结构，且提升要素配置效率是经济高质量发展的重要来源。随着传统行业创新能力的不断提高，知识与智力密集度更高的数据要素大量积累，在与传统生产要素的融合中赋予其全新内涵，从而改善传统要素质量与配置方式。同时，这些数据要素还能衍生出更多高效的生产资料，提高要素的流动性与利用率，从而提高生产效率，促进经济高质量发展。

三、微观路径：助力企业转型与消费升级，驱动经济高质量发展

从微观层面来看，数字金融主要是通过助力企业转型与消费升级来驱动经济高质量发展的。

（一）数字金融助力企业转型和消费升级

1.数字金融助力企业转型

我国目前正处在经济结构转型升级的关键阶段，以期通过经济结构转型增加经济发展的动力。进入 21 世纪以来，以移动互联网、数字经济、创新经济为代表的新经济发展拉开帷幕，很多企业都走向转型升级之路，以轻资产、大数据、共享经济为特征的企业模式成为经济发展的新引擎。

企业转型和新经济快速发展离不开资金的支持。新经济企业一方面没有庞大的固定资产或土地作为抵押品从银行贷款；另一方面，企业转型初期利润很少，因此企业转型的过程中面临着"融资难"的问题。互联网科技与传统金融的深度融合为解决中小企业融资、推动企业转型升级提供了机遇。实证研究表明，数字金融的发展能够显著提高企业转型升级的积极性，数字金融的参与用户数目越多、支付功能越发达、保险功能越完善、信贷功能越有效，便越会对转型的企业提供更为有力的帮助。

2. 数字金融助力消费升级

中国经济处于结构转型中，粗放式发展模式发生改变，居民消费增长将在国家 GDP 增长中发挥更重要的作用。消费金融是刺激和扩大消费并促进消费升级的重要工具，随着数字金融的发展，消费金融迎来了黄金时代，数字消费金融成为带动消费金融发展的主力，同时，消费升级也十分明显，并呈现出从物质向医疗健康、娱乐休闲、教育培训等方面转变的趋势。

数字经济时代，消费金融机构借助大数据技术收集了多种场景下个人、企业的各种行为数据，建立初步的征信账户并提供消费金融服务，随着数据的不断积累，这些数据将反馈到信用账户上扩充信用信息，进一步促进消费金融服务升级。数字消费金融企业在推动消费转型升级方面发挥了积极的作用。

（二）企业转型与消费升级驱动经济高质量发展

1. 企业转型驱动经济高质量发展

目前，中国经济由原来注重速度的发展转变为更加注重质量的发展。党中央强调要推进国有经济布局优化和结构调整，着力完善市场化经营机制，激发企业活力，培育形成一批具有全球竞争力的世界一流企业。从产业经济学的相关理论来看，企业优化升级是经济发展的内在驱动因素。企业是经济中的微观个体，经济的高质量发展依托于企业的不断优化升级，促进企业升级是中国经济高质量发展的核心所在。

2. 消费升级驱动经济高质量发展

在经济高质量发展阶段，投资、出口、资源等对经济增长的推动作用逐渐减弱，居民消费正成为经济高质量发展的重要推动和引导力量。在关于消费结构与经济增长关系的研究中，学者大多认可消费结构与经济增长互为因果关系的观点，即居民消费升级推动经济增长，而经济增长能够增加居民收入、拉动居民消费增长、促进结构升级。"完善促进消费体制机制，要顺应居民消费新趋势，从供需两端发力，积极培育重点消费领域细分市场，营造安全放心消费环境，提升居民消费能力，引导形成合理消费预期，切实增强消费对经济发展的基础性作用"。消费需求的变化和消费结构的升级，对于贯彻新发展理念，实现经济向高质量发展的转变具有重要意义。

第七章 数字金融驱动经济高质量发展的机理分析

依据相关理论基础以及金融发展与经济发展的关联现实考证可知：首先，经济高质量发展需要效率性以及创新性等方面的金融供给，即数字金融。其次，经济高质量发展需要以人为本，满足居民对美好生活的需要。最后，经济高质量发展需要产业转变发展方式，以创新发展为驱动。因此，本章将从金融部门、居民部门以及生产部门构建数字金融驱动经济高质量发展的理论模型。

第一节 数字金融影响经济高质量发展的理论逻辑

从数字金融的概念可知，数字金融的发展颠覆了传统金融的运营、服务等多方面，与传统金融体系具有显著区别。据此，本书在研究数字金融改变传统金融部门时，为区别传统金融与数字金融的不同，将在构建传统金融的基础上，引入数字技术构建数字金融理论模型，以探究数字金融对传统金融运营、服务等多面的影响。从经济高质量发展概念可知，经济高质量发展要满足居民对美好生活的需要，就要保障居民收入，而居民收入的差距主要体现在城乡收入差距。经济高质量发展需要给予中小微企业更多的公平发展机会，以缩小中小微企业与大型企业的发展差距。因此，本书将居民部门分为农村与城市，生产部门分为中小企业与大型企业，以此分析数字金融影响居民部门与生产部门的理论逻辑。

一、金融部门的理论逻辑

从信贷配给理论来看，由于信息不对称的影响，传统金融在支持实体经济发展、缩小居民收入方面具有局限性。从交易成本理论来看，传统金融机构服务中小微企业等弱势群体明显不足，究其原因在于传统金融机构服务弱势群体的交易成本较高而收益较低，即风险与收益不匹配，如传统金融机构依据企业财务信息进行评估放贷。而中小微企业的财务信息搜集成本较高而收益较低，因而导致中小微企业融资难、融资贵等问题。

近些年，随着云计算、大数据、区块链等数字技术的快速发展，导致金融领域发生了革命性改变，数字金融应运而生。从数字金融理论来看，数字金融区别于传统金融的本质是数字技术在金融领域中的运用。一方面，数字金融通过对用户社交网络、搜索信息、个人历史信息进行挖掘与评估，极大降低了传统金融领域的信息不对称程度、提升了金融服务效率、减少了搜索成本，相较于传统金融而言，数字金融不仅具有技术优势、人员优势以及地理优势等，还能够防止道德风险与违约风险的发生。另一方面，数字金融通过将用户接入金融网络平台进行分析、挖掘，不仅能有效降低获客成本、搜集成本以及经营成本，还能减少定价成本，这为金融服务弱势群体提供了便利。

综上所述，数字金融通过运用大数据、云计算、区块链等数字技术，极大减少了传统金融信息不对称程度，对服务中小微企业等弱势群体具有先天优势，符合经济高质量发展对金融发展的内在要求。

二、居民部门的理论逻辑

通常来说，居民部门中农村居民、贫困者等弱势群体难以获得金融服务，而农村居民、贫困者等弱势群体无法获得金融服务将进一步影响弱势群体的收入分配。然而，数字金融出现最显著的特征是增加了金融供给，使得弱势群体的金融服务需求得到满足（黄益平等，2019），进而可能缩小城乡收入差距。

第二节　数字金融对经济高质量发展的作用机制

在本章的第一节，本书通过构建数理模型分析了数字金融影响经济高质量发展的理论逻辑，包括对金融部门、居民部门以及生产部门影响的理论逻辑。从中可知，数字金融通过大数据、云计算、区块链等数字技术降低了金融服务的边际成本，提高了金融部门的资源配置效率，有利于满足弱势群体的金融服务，改善中小微企业融资约束，驱动经济高质量发展。然而，书中仅谈论了数字金融影响经济高质量发展的理论逻辑，对数字金融作用机制分析不足。但从上节理论逻辑的分析可知，数字金融能使城乡收入差距更为收敛，中小微企业能有更多机会获得金融服务，进而提高企业创新。因此，本节将从收入分配、机会公平以及创新驱动深入分析数字金融对经济高质量发展的作用机制。

一、收入分配机制

经济高质量发展要满足人们对个人可支配性收入增长的要求，缩小城乡收入差距。一方面，数字金融得益于大数据、云计算等数字技术的发展，能为弱势群体直接提供信贷、理财、储蓄等一体化的金融服务。同时，通过数字金融影响居民部门的理论逻辑来看，数字金融解决了低收入人群的融资难题，为低收入群体的收入增长作出了重要贡献。另一方面，通过数字金融影响金融部门的理论逻辑来看，数字金融降低了金融业的边际成本，提高了金融资源配置效率，扩大了金融服务覆盖面，使得农村居民、贫困居民等弱势群体同样能享受金融服务，提高个人收入，缩小弱势群体同城镇居民的收入差距。此外，数字金融通过促进经济发展影响贫困居民，提高了贫困居民收入，具有减缓贫困的作用。因此，数字金融发展满足了人们对金融服务的需求，驱动了经济高质量发展。具体而言，数字金融通过直接与间接影响改善了农村居民、贫困居民收入的收入分配机制（数字金融对经济高质量发展的收入分配机制）。

（一）数字金融对收入分配机制的直接影响

1. 居民信贷业务影响

在传统金融主导的金融市场中，金融服务需要付出一定的成本。此时，传统金融机构基于自身利益的诉求，会向经济发达地区开展金融服务，而经济欠发达地区的金融服务却无法满足。同时，农村居民、贫困居民等弱势群体的个人收入有限，且缺少必要的抵押资产，导致弱势群体不能获得金融服务。

数字金融通过数字技术的运用，缓解了由于信息不对称所带来的金融服务"门槛"，解决了排斥效应、弱势群体融资难及融资贵等难题。数字金融的发展尤其是满足了农村居民获取金融服务的需求，提高了农村居民收入水平，进一步缩小了城乡收入差距。

2. 居民储蓄业务影响

传统金融在进行理财业务时，受益群体主要集中于中高收入群体，对于农村居民、贫困居民等弱势群体的理财需求往往被排斥在金融服务之外。然而，数字金融的发展，使得弱势群体通过互联网技术即可实现闲散资金的理财需求。一方面，弱势群体通过数字金融获得了额外的资金收益，实现了闲散资金的保值、增值；另一方面，弱势群体通过数字金融购买理财产品，更好地防范了资金通货膨胀风险以及未来不确定性风险，例如农村居民的收入主要以农业生产为主，但环境的变化对其收入影响很大，农村居民收入存在未来不确定性，而农村居民通过数字金融服务有效地应对了未来收入不确定性问题，且增加了农村居民个人收入。此外，数字金融机构通过将弱势群体的闲散资金吸收起来，通过数字化技术进行投资，可帮助弱势群体进行扩大再生产，提高个人收入，缩小城乡收入差距。

（二）数字金融对收入分配机制的间接影响

1. 经济高质量增长

数字金融借助大数据、区块链等技术进一步降低了金融信息搜集成本、交易成本、定价成本等，进而增加了金融供给，扩大了服务范围，并通过数字技术现实了金融资源的再配置，提高了金融资源配置效率，促进了经济高质量发展。经济高质量发展提升了整个社会的福利、效益，创造了更多就业机会，提高了居民收入水平，尤其是提高了农村居民、贫困居民的收入水平，进而实现了缩小城乡收入差距、缓解贫困的目标。数字金融的发展驱动了经济高质量发展，而经济高质量发展实现缩小城乡收入差距、缓解贫困的路径主要有"涓滴效应"与"亲贫式增长"，前者是指在经济发展早期阶段，富人掌握了大部分的社会资源，享受到了更多的社会效益，而弱势群体享受到的社会效益相对有限。随着经济的增长，政府有了充足的财政，为弱势群体提供了更多就业与补贴，满足了弱势群体社会福利要求，此时政府也在致力于减少贫困、缩小城乡收入差距。当经济处于高质量发展时，更多弱势群体享受到了经济增长的成果，此时经济增长过程就类似于"涓滴"，经济发展的最终目标是社会所有群体能享受到经济增长成果，实现社会群体的共同富裕。"涓滴效应"的实现是市场自由配置的结果，能够提高弱势群体的收入水平，改善贫困状况，缩小城乡收入差距。而"亲贫式增长"对应的是调节"涓滴效应"市场失灵时的状态，主要是指在"涓滴效应"市场失灵时，政府通过必要的政策干预，增加财政支出，使弱势群体获得的社会福利高于富人，满足弱势群体的基本要求，使经济增长成果能充分惠及弱势群体，进而实现弱势群体的收入增长。

2. 收入再分配

数字金融通过运用大数据、云计算等数字技术大幅增加了金融供给，扩大了金融服务的覆盖面，提高了金融资源配置效率，降低了金融服务的边际成本，进而实现了收入再分配。例如，当前我国数字金融服务已下沉到偏远农村地区，实现了金融业务的支付、存储等功能，使偏远农村地区可将生产产品销售给全国各地的客户，扩大了经营范围，实现了收入增值。同时，数字金融将金融业务扩展与延伸到全国每个地方，使农村居民、贫困居民不再局限于地方金融供给的限制，可直接通过移动终端完成投资、理财、保险等金融服务，有助于促进农村居民、贫困居民等弱势群体享受金融服务，进而增加个人收入。例如众筹等金融服务为弱势群体在面对未来不确定性时，为其提供资金援助，大幅度减轻农村居民、贫困居民等弱势群体的负担。

二、机会公平机制

从公平与效率理论可知，要想实现社会的机会公平，就要注意补偿社会环境所带来的劣势，避免"环境偏差"出现努力差异的现象。在传统金融主导下的金融市场中，弱势群体的金融可得性差，被金融机构服务的机会较低，造成弱势群体发展受限，如中小微企业因无法获得融资出现破产，城乡收入差距的进一步拉大等现象。金融服务的缺失是阻碍弱势群体发展的环境劣势，不仅影响到弱势群体个人，如就业、教育等，更影响到产业发展。因此，提高弱势群体金融可得性，补偿传统金融体系下弱势群体的金融环境，改善金融"环境偏差"问题，是满足弱势群体金融服务需求，促进金融服务的机会公平。

　　数字金融借助大数据、云计算等数字技术，突破了传统金融服务地域、群体等方面限制，减少了交易成本、信息搜集成本以及信息不对称等问题，对金融"环境偏差"进行补位，为弱势群体提供更广泛的金融服务，这不仅有利于金融体系的机会公平，而且还促进了其他方面机会公平。

　　首先，数字金融促进了金融机会的公平。数字金融依托数字技术优势降低了弱势群体金融服务准入"门槛"，突破了传统金融发展的高成本、低效率问题，通过构建多元化场景为无法获得传统金融服务的群体提供平等的金融服务，推动了金融效率的提升，为弱势群体提供平等的金融机会，增强了金融服务实体经济能力，驱动了经济高质量发展。伴随着数字金融的广泛运用，金融在支持实体经济发展，提供农村居民教育、就业等方面更为公平。

　　其次，数字金融改善了金融体系的机会公平。传统金融体系效率低下问题，是农村居民、中小微企业无法有效激活经济的重要因素。数字金融突破传统金融技术瓶颈，为信贷受阻的农村居民、中小微企业注入活力。从金融机构来看，数字金融优化了直接融资体系与间接融资体系。在金融机构中，数字金融依托数字化、智能化技术，全面改变了金融机构运营、风控、销售等领域，有效降低了金融机构运营成本、定价成本，提升了风险控制效率，促进了金融机构数字化转型，进而提升了金融业资源配置效率。与此同时，从金融结构来看（即直接融资与间接融资），数字金融的发展更好地对接了资本市场的直接融资，在面对间接融资不畅的问题上（金融服务中小微企业），数字金融借助大数据、精准画像等技术精准匹配需要金融服务的实体企业，使中小微企业能够获得更多的间接融资，进而数字金融改善了金融结构。

　　最后，数字金融促进了企业信贷、资产管理等机会更能平等获取。金融市场出现"环境偏差"，导致我国金融体系对弱势群体的支持不足。随着数字化技术的快速发展，数字金融利用人工智能等技术打破了产业、地域等方面的金融服务限制，让更多产业有机会快速发展，从而激活企业活力，参与经济活动，驱动经济高质量发展。例如，数字金融的出现促进了服务业的快速发展，打破了传统金融只服务于国家急需的产业限制，激活了社会生产力，推动了我国产业结构转型、升级，驱动我国经济高质量发展。

三、创新驱动机制

　　林毅夫等指出经济高质量发展需要以创新为手段。以创新为驱动不仅有助于经济结构的转型升级，还能为社会提供更多的就业机会。那么，数字金融如何作用于创新驱动机制，进而驱动经济高质量发展。因此，本部分将探究数字金融如何影响创新驱动机制，进而驱动经济高质量发展。

与传统金融相比，数字金融具有明显的技术与创新特征。从宏观层来看，数字金融影响创新驱动机制体现为数字技术对经济增长模式的改变。传统经济增长模式更为粗放，第一、二、三产业相互分割，不考虑产业结构的协同性。现今，在数字金融的驱动下，金融业结合数字化技术，模糊了金融服务边界，创新了金融产品，推动了产业的跨界与融合，并通过数字化技术驱动金融资源进行精准投放，进而驱动经济的全要素生产率的提升。从微观层面来看，数字金融驱动实体经济创新体现在企业内部以及企业之间的运营模式、融资模式以及组织模式的改变，进而增强企业创新能力，提升企业全要素生产率。一方面，从企业内部来看，数字金融通过创新金融产品驱动企业创新可以理解为数字金融缓解企业融资约束，从而促成企业有充足资金进行创新，包括新创企业运行模式、内部管理流程等方面。例如，传统企业通过获得数字金融所提供的资金实现企业数字化转型；另一方面，从企业之间发展来看，数字金融借助大数据、区块链等数字化技术与产业相融合，并结合产业需要创新金融产品，如供应链金融，并依靠数字化技术向产业链两端延伸，包括横向延伸价值链，纵向衍生产业链，模糊产业边界，促进产业协同发展，进而创造新商业模式、新产品。从宏观层面来看，数字金融借助大数据、人工智能等技术，打破了传统金融的区域限制，推动了区域全要素生产率的上升。总体而言，数字金融的快速发展，提高了金融创新能力，为金融市场提供了多样化金融产品，从而企业通过金融产品，促使企业搜寻信息、整合信息、预测信息、感知信息的能力不断提升。同时，数字金融通过网络资源模糊了产业边界，促成不同产业的融合发展，提升企业供给效率，推动区域全要素生产率的提升，进而驱动经济高质量发展。

此外，依据数字金融理论可知，数字金融能够降低信息搜寻成本、交易成本、产品定价成本等，打破了传统金融市场垄断，增加了金融市场的活跃程度，使不同产业的企业能有机会参与金融活动，进而增强实体经济能力，实现高质量的经济增长。同时，数字金融通过提高金融资源配置效率，优化金融资源配置结构，为产业结构转型提供了基础。

第三节　数字金融驱动经济高质量发展的传导路径

收入分配、机会公平以及创新驱动实现经济高质量发展的重要机制。通过上节分析可知，数字金融优化改变了经济高质量发展的收入分配、机会公平以及创新驱动机制。然而，数字金融的本质仍然是金融属性，通过第一节数字金融影响金融部门的理论逻辑来看，数字金融改变了传统金融属性，实现了金融共享，提升了金融资源配置效率，提高了金融创新性。那么，数字金融如何利用其金融属性，驱动经济高质量发展的呢？因此，本部分将详细探究数字金融如何通过金融包容性、金融效率性以及金融创新性三个传导渠道驱动经济高质量发展。

一、金融包容性传导

数字金融借助大数据、云计算等数字化技术降低了信息搜寻成本、交易成本，对经济高质量发展的推动，具有明显的外部性和溢出性（黄益平等，2018）。但数字金融对经济高质量发展的间接推动作用远超其直接作用，数字金融增加了金融包容性特征，直接影响到社会收入分配。

在传统金融模式下，金融中介在金融交易活动中扮演着重要角色，任何金融活动都离不开金融中介的参与，由此导致传统金融服务下的低效率、信息不对称、金融供给不足等诸多问题。数字金融的出现改变了传统金融运营、服务模式，提高了金融服务效率，促成了金融包容性特征。而金融包容性特征刚好弥补了传统金融供给不足的天然缺陷，实现了金融普惠性，且通过扩大金融服务覆盖面，使更多的金融需求者参与金融活动并从中获益，尤其是金融包容性特征实现了传统金融模式下被忽视的农村居民、贫困居民等弱势群体参与到金融活动中来。数字金融的金融包容性特征强调的是金融资源的共享，包括支付、交易等多种金融方式。此外，数字金融利用移动终端技术为金融共享提供了必要的技术支撑，实现了全民参与金融活动。

数字金融的金融包容性特征淡化了金融中介角色，缓解了信息不对称，减少了交易成本，使得金融供需双方不再局限于特定的地区、时间参与金融活动，供需双方仅需要通过移动互联、网络互联即可实现金融活动。数字金融通过金融包容性特征驱动经济高质量发展表现在：一是从金融供给者角度看，数字金融的金融包容性作为一种资源，推动了更多金融资源提供者无须金融中介即可直接参与金融活动，增加了金融供给，实现了金融供给者社会财富的增加。二是从金融需求者角度看，数字金融的金融包容性可作为一种金融产品，使得更多的农村居民、贫困居民等弱势群体享受到这种金融产品，改善社会福利、减缓贫困以及缩小城乡收入差距。具体而言，通常认为缩小城乡收入差距需要政府增加财政转移支付，但是这样做却是忽略了个体的依赖情绪以及懒惰行为，进而可能导致政府财政大面积赤字，反而使城乡收入差距却越来越大。然而，数字金融的金融包容性使得农村居民、贫困居民等弱势群体能获得同样的金融服务，激发个体努力程度，实现个人收入水平的增长。可见，数字金融的金融包容性提高了弱势群体参与经济活动的积极性，促进弱势群体从个人努力开始，实现个人收入的增长。

据此，本书认为数字金融通过金融包容性特征，服务于农村居民、贫困居民等弱势群体，改善了收入分配机制，缩小了城乡收入差距，对经济高质量发展具有正向推动作用。

二、金融效率性传导

数字金融的发展打破了传统金融主导下的金融资源配置状态（黄益平，2019），实现了金融资源去中介化的对接方式，缓解了中小企业融资约束（张勋等，2019）。数字金融重构了金融资源配置状态，实现了低成本运营、信用评估以及担保系统为一体的金融资源交易，金融资源得到了高效率、公平的配置状态，缓解了中小企业融资难、融资贵等难题（黄益平等，2018），从而驱动了经济高质量发展。

数字金融重构金融资源配置方式，提高了金融服务实体经济效率。具体而言，数字金融在金融资源流通、交易的过程中，重构金融活动基本运行规则和制度，将供给侧与需求侧重新连接，让所有经济主体参与金融要素配置活动，进而增强金融服务实体经济能力，驱动经济高质量发展。

数字金融依托互联网、大数据以及云计算等技术的发展，使得支付、融资、担保、征信等多种金融工具能够实现云端互联、互通。金融活动参与主体实现了去中介化的云端互联。其中资金供给方的参与主体更为多样化，包括政府部门、金融机构以及企业和个人，多样化的参与主体带来了充沛的金融资源。充沛的金融资源不是进入了传统金融机构，而是进入了去中介化的数字金融机构。数字金融机构在获取充沛的金融资源后，可利用大数据、区块链、人工智能等数字化、信息化、智能化技术进行整合分析，包括资金供给方的风险偏好、投资回报率等。金融资源在经过数字金融机构分析后，将金融资源按照时间、风险等方面进行切割打包，进而形成多样化的金融产品。多样化的金融产品将进入金融市场中，而与传统金融不同的是，数字金融会对资金需求方的信用体系进行主动分析，进而缓解资金需求方的信息不对称问题。同时，为保证资金供给方与需求方的精准匹配，数字金融采用公开平台的方式，让资金供给方通过大数据分析判断资金需求方的一些基本信息，以充分减少违约风险的发生。以阿里巴巴旗下的阿里小贷为例，阿里小贷通过对中小微企业所提供的流水、支付宝账号以及企业财务等信息进行信用评级，为大量中小微企业提供了信用贷款服务，极大地缓解了中小微企业融资约束。

依托于大数据、云计算等数字化技术的数字金融服务重构了金融资源配置方式，提高了金融资源配置效率。相比传统金融而言，数字金融下的金融资源实现了资本的快速积累及对接，极大地缓解了中小微企业融资约束，将中小微企业所关注的"资本"问题转换到提高生产与创新能力，加速了产业结构升级和经济结构转型，从而驱动了我国经济高质量发展。

根据上述分析，本书认为数字金融通过金融效率性，重构金融资源配置方式，缓解了中小微企业融资约束问题，提高了金融资源利用质量，激发了企业创新能力，进而驱动了经济高质量发展。

三、金融创新性传导

Schumpeter 认为创新驱动产业升级，进而促进经济快速增长，但是经济增长的源泉是全要素生产率的提升。经济高质量发展的内涵是产业创新驱动，而要实现产业创新驱动的经济增长，就要提升区域全要素生产率。从金融发展角度来说，金融发展的不完善导致企业融资成本的增加，进而限制了企业创新，降低了区域全要素生产率。数字金融的出现降低了信息搜集成本，突破了地理边界，推动实体经济运行，进而有助于提高经济产出和生产率。因此，本书认为数字金融能够通过提高金融创新能力，推动区域全要素生产率的提升，进而驱动经济高质量发展。

1. 催生长尾市场促进区域全要素生产率提升

从微观层面看，数字金融能借助数字化、智能化技术服务于长尾市场，缓解企业融资约束，激发企业创新活力，促进区域全要素生产率的提升。根据第一章长尾理论可知，位于正态分布曲线两端的金融市场为非主流市场，但非主流市场需求量却远远大于主流市场。传统金融机构主导的金融市场主要服务于主流市场，此时的金融市场偏向"二八定律"，将金融资源主要集中于大客户，弱势群体很少获得金融服务。数字金融的出现降低了金融服务"门槛"，打破了"二八定律"，增加了中小微企业信贷渠道，满足了长尾市场的金融服务需求。同时，数字金融依托大数据、人工智能等技术，重构了金融交易、支付、监管等规则，增加了金融服务供给，并由此产生了金融服务的新商业模式，推动了新金融业态的形成。例如供应链金融以及"金融超市"等金融新业务，拓宽了实体经济融资渠道，突破了金融服务的地域、时间限制，金融服务边界逐渐向普惠性发展，为长尾市场客户提供多样化金融产品。值得一提的是，数字金融深挖金融功能，创新金融产品，颠覆了传统金融服务模式，催生了以农村居民、中小微企业等弱势群体为主的长尾效应。具体而言，数字金融通过大数据、人工智能等技术实现了对弱势群体的信息搜集、分析以及决策功能，并辅以区块链技术降低金融风险，下沉到长尾市场，改善了企业融资方式，促使企业有充足资金进行创新，进而促成全要素的提高。

2. 发挥知识溢出效应推动全要素生产率提升

从空间层面来说，数字金融通过金融创新发挥了知识溢出效应，进而推动了区域全要素生产率的提升。知识溢出在空间中表现为在不同空间层面中无意识的知识交流活动。具体而言，数字金融利用金融创新发挥知识溢出效应，推动区域全要素生产率提升的方式主要有两种：一是利用网络效应。通过数字金融通过创新金融产品，而金融产品会表现为显性知识，进而可通过金融产品提升区域全要素生产率。此外，数字金融依托大数据、区块链、云计算等技术创新金融产品，具有显著的知识属性。数字金融所创新的金融产品依赖于互联网技术的传播，而互联网最典型的特征是具有网络效应，创新的金融产品通过网络打破了知识的地理限制，加速知识向外溢出，其金融产品受益者通过吸收金融产品，提升区域研发活力，促成全要素生产率的提升。二是利用流动效应。数字金融的出现具有典型的创新属性，而数字金融的运用则是将创新知识在区域之间进行流动。数字金融所依托的数字技术能加速实体经济进行知识吸收。隐性知识是指需要通过人与人之间交流进行传递的知识活动。那么，数字金融的隐性知识则会通过数字化技术向实体经济溢出，进而增加区域实体经济的活力，推动全要素生产率的提升。具体而言，数字金融的发展会培养创新型人才，而人才之间会产生流动效应，则会反哺数字金融以及实体经济发展，对实体经济创新产生积极作用，强化了人才在企业中的作用，且人才之间的传递作用会使实体经济吸收与模仿，进而提高实体经济生产效率以及创新，促进区域全要素生产率的提升。

根据上述分析，本书认为数字金融通过金融创新催生了长尾市场，且通过发挥知识溢出效应，激发区域实体经济活力，促成区域全要素生产率的提升，进而驱动经济高质量发展。

第八章　数字金融产业的创新发展模式

第一节　网络小贷

与 P2P、众筹、网络资产交易平台不同，网上小贷主要利用自身或第三方电商数据形成核心资源和能力，对小微企业和个人发放贷款。前者典型代表为蚂蚁金服（前身为阿里小贷）、京东京保贝和京东白条，主要服务于小微信贷和消费金融；后者典型代表为 Kabbage。以蚂蚁微贷（蚂蚁小贷）为例，阿里巴巴的电商平台上已经有上百万的网店和数亿的消费者。蚂蚁金服就可以通过对网店和个人的销售与消费行为数据进行细致地分析，判断其信用并预批贷款额度。如果网店或个人有融资需求，可以直接激活蚂蚁金服发出的贷款邀请，从申请、批准到资金到支付宝账户，通常不超过 3 分钟。蚂蚁微贷只是通过分析数据在网上提供贷款，并不与客户见面，既降低了成本又控制了风险，说明互联网是可以有效帮助金融决策的。Kabbage 通过收集中小型企业 Facebook 中的客户互动数据、地理信息分享数据、物流数据，或是通过 eBay、Amazon、ESty 等平台转化数据，将大数据用于征信管理体系，整合这些信息后，决定是否向用户提供贷款，其网站承诺的反应时间为 7 分钟之内。借贷金额可即时到账，高审贷效率极大吸引了贷款申请客户，更加契合小微企业资金需求特点。国内的蚂蚁小贷基于大数据的风控能力以及创新技术触达客户的能力，实现 3 分钟申请，1 秒钟到账，中间不需要任何人工的干预。美国 Amazon（亚马逊）也开始利用其自有网站上所拥有的信息，评估在其网站上运营网商的财富水平，并对其提供类似贷款，利率水平介于 1%~13% 之间，同样是电商跨界进入金融领域的典型事例。

目前，我国的互联网金融融资主要有网络小贷、P2P 贷款、众筹和传统金融机构的融资平台，其业务模式、授信依据存在不同。

除了互联网企业的融资平台和传统银行业的线上融资平台以外，互联网企业与传统银行的合作渐进展开，特别是基于互联网企业的平台大数据、信用体系和传统银行的资金进行网商、电商的融资授信，这一发挥各自优势的合作显示出两者深度融合趋势。例如，阿里巴巴与中国银行、招商银行、建设银行、平安银行、中国邮储银行、上海银行、兴业银行共 7 家银行宣布深度合作，为外贸中小企业启动基于网商信用的无抵押贷款计划，授信额度在 100 万~1000 万元之间。在授信中充分显示了信息不对称的逐渐弥合，除了阿里自身拥有的客户数据以外，还结合调用其他数据，例如外贸企业最近 6 个月的出口数据、海关物流数据等。从多角度、多渠道收集企业的行业发展前景、企业经营动态、商业经验、资信情况、订单执行状况、应收应付账款情况、上下游企业交易、关联企业情况及水表、电表、海关联网数据，对这些信息进行交叉验证提高了信息的可信度和有效性。互联网企业与传统银行的合作发挥了双方优势，实现了银行、客户和互联网企业的三方共赢。从银行角度来看，下沉其信贷服务的一个重要影响因素是风险防控，拥有交易数据的互联网企业可以成为合作平台与渠道，扩大了银行的优质客户群体；从客户角度来看，线下单据转化为线上数据，累积的数据成为企业信用的证明，信用作为授信基础，带来企业流动资金所需、固定投资所需。从互联网企业来看，通过更好地服务平台客户，能更有效地强化与客户的关系，共生成长。

第二节 P2P与众筹

一、P2P

"人人贷"就是有资金并且有理财投资需求的个人，通过中介机构牵线搭桥，使用信用贷款的方式将资金贷给其他有借款需求的人。P2P 公司作为中介机构，负责对借款方的经济效益、经营管理水平、发展前景等情况进行详细的考察，并收取账户管理费和服务费等。

从国内 P2P 平台的数量来看，到 2023 年，中国 P2P 网络借贷行业正处于一个快速增长的阶段。不仅从行业规模来看，规模将会不断扩大，而且 P2P 网络借贷的平台数量也在快速增加。根据国家中小企业局电子商务司调查数据，2023 年 P2P 网络借贷行业平台数量将达到 4040 家，同比增长 15.5%，比 2020 年的 3507 家平台，多出超过 500 家。通过持续不断的科技创新，P2P 网络借贷行业正在加快扩大，在技术支持上也得到不断完善，大量的资金投入行业，我国 P2P 网络借贷行业能够在 2023 年内取得更快的发展。

二、众筹

互联网金融模式中，众筹融资不像传统公司那样，是通过证券公司辅导上市来向公众筹资，而是通过募资企业在互联网上发布创意，以商品、服务或股权、债权等形式作为回报，在线募集项目资金。互联网众筹以 21 世纪美国艺术众筹网站 Artist Share 的成立为标志，此后爆发式发展。特别是 21 世纪初金融危机之后，天使投资大幅缩减，众筹对于那再需求起步资本的企业而言变得至关重要。而且，美国企业整个 IPO 的平均费用为 250 万美元，IPO 之后的年平均维持费用为 150 万美元。高额的融资成本导致初创企业和资本市场对接严重受阻，引发了小企业存活率低、社会创新力下降、经济增长缺少持续性等一系列问题，JOBS 法案（《初创企业推动法案》）即在此背景下颁布。因此，近年来众筹融资不仅在发达国家获得快速发展，在发展中国家也颇具发展潜力。

对于我国而言，在互联网金融快速发展以及"大众创业万众创新"背景下，众筹的发展能聚众人之资、众人之智，一可缓解小微企业融资之难，为创业者提供门槛较低的融资渠道，是对风险投资、私募股权投资等的补充；二可提高直接融资占比，引导资源合理配置；三可拓宽民间资本投资渠道，我国社会公众财富近年来持续增长，自 2011 年至 2014 年，居民可投资资产从 68.8 万亿攀升至 109.1 万亿人民币，其中存款及现金在 2014 年达到 60.7 万亿。然而传统银行存款收益率快速下降，居民需求更多渠道、更高收益率的理财方式，互联网平台降低了投资成本，居民参与度较高，客观上为众筹融资提供了资金供给的可能。

（一）众筹融资的起源及概念界定

众筹并非新鲜事物，早在 18 世纪初，英国诗人亚历山大·蒲柏即通过众筹完成了《伊利亚特》的翻译，并在完成后向每位订阅者提供一本译本作为回报。早期的这种众筹模式需要发起者具有较高声誉和较强信息传播途径，我们将其称为传统众筹，其活动具有赞助和预付费的性质，并主要集中在文学、艺术等创意领域。现代众筹的灵感则来自于微型金融以及众包。将微型金融界定为提供金融产品和服务的新型金融形式，包括储蓄、贷款、支付服务和现金转账、保险等，其服务面向中低收入阶层及小微企业。众包的目的是有效利用一个新项目潜在参与者的知识、智慧、技能，构建一个庞大的资金池。但由于众筹融资采用不同的通道、过程和目标，因而不同于微型金融和众包。微型金融与微型贷款的资金来源于金融机构，而众筹的资金则借由社会网络获得社会资本，资金需求额度的不同可以通过不同的众筹融资模式满足。

近年来众筹主要通过互联网渠道进行募资，因此，Schwienbacher&Larralde 将众筹界定为"一个开放的、基本通过网络的，以捐赠或获得某种形式回报 / 投票权力的金融资源提供，通常以支持特定目的而发起"。

（二）众筹融资模式及其特点、优缺点分析

目前全球众筹模式主要分为两大类：捐赠型和投资型众筹。其商业模式又可以细化为基于捐赠和回报的众筹融资模式，基于股权、债权和特许权的众筹融资模式，典型代表包括 Kickstater、Angellist，Crowdcube、点名时间、天使汇、京东众筹等。

（三）我国众筹的发展现状

根据尚普咨询集团数据显示：到 2023 年 1 月中旬，我国在运营状态的众筹平台共有 444 和 326 个。对运营中平台的平台类型进行统计，股权众筹平台有约 200 个，占总平台数的 45%，权益众筹型平台有约 100 个，占总平台数的 23%，回馈众筹型（产品众筹）平台有约 80 个，占总平台数的 18%，综合众筹型平台和公益众筹型平台各有约 20 个，占总平台数的 4.5%。

从市场规模来看，到 2025 年，全球众筹市场规模将达到 3000 亿美元，发展中国家市场规模也将达到 960 亿美元，其中有 500 亿美元在中国。这显示出中国众筹市场具有巨大的潜力和空间。从行业分布来看，目前我国股权众筹融资主要涉及互联网金融、企业服务、生产制造、文化娱乐、大健康、智能硬件、汽车服务、电商、生活服务等 30 余个行业。随着中国众筹行业的高速发展，众筹市场百花齐放，科技、影视文化、农业等各细分领域各展风采。

从用户规模来看，2022 年全球众筹筹集的金额达到 887 亿元人民币，其中中国众筹用户规模约为 1.5 亿人，同比增长 18.9%。其中，投资者规模为 1.02 亿人，同比增长 18.4%，占总用户规模的 68%；项目发起人规模为 0.48 亿人，同比增长 20%，占总用户规模的 32%。预计到 2028 年底，中国众筹用户规模将达到 2.8 亿人，年复合增长率为 11.2%。

2017 年是众筹行业深度洗牌的一年，在监管趋严、规范发展的金融监管大背景下，非良性发展的众筹平台逐步退出市场，行业进入规范期。在 2022 年上半年，正常运行的众筹平台共有 267 家，其中以股权众筹为主，占比约 51%。产品众筹、权益众筹也占有一定的市场份额，分别为 21.8 亿、25 亿左右。另外，一些针对特定行业或领域的众筹平台也逐渐崛起，例如影视众筹、实体店众筹、汽车众筹等。相比之下，公益众筹平台数量较少，只有 9 家。

从平台竞争力来看，目前国内最具竞争力的几大平台分别是：京东集团旗下的京东众筹、阿里巴巴旗下的淘宝公益和天天正能量、腾讯旗下的腾讯公益和微信公益等。这些平台都有着强大的流量入口和品牌影响力，并且能够提供完善的服务体系和风险控制机制。此外，在细分领域也有一些专注于某一类项目或用户群体的优秀平台，如专注于科技创新项目的小米有品、专注于影视文化项目的星创天地、专注于农村项目的农村淘等。

（四）众筹融资对于经济的有益之处

Gompens and Lemer、Sahlman and Gomian、Kortum and Lemer 指出新企业想要成功必须要获取资源，而其中最为艰难的就是融资。中国银行体系存在"所有制歧视"与"规模歧视"，小微企业，尤其是初创企业，其融资困境体现在从正规金融无法获得融资，或融资金额不能满足需求，或融资成本偏高，从而导致了金融排斥的存在。而对于初创企业，从规模来看，多数属于小微企业，由于初创企业商业失败的可能性较高，伴随较高的投资风险，其资金多来自于天使投资、风险投资（VemUreCaPita1）、朋友或家族融资。前两者在发达国家是初创企业融资的重要途径，而对于我国而言，初创企业的初始资本多来自于朋友或家族融资。众筹融资是私人资本市场的最新的资产类别，由于其为初创公司和小企业提供大额资本，恰恰有效衔接了从朋友/家族融资到天使投资/风险投资之间的空白区域。PE/VC（私募股权、风险投资）市场逐渐成熟推动众筹作为项目孵化器快速发展。众筹融资模式的存在，丰富了资本市场层次，有力推动了实体经济的融资需求满足。

众筹融资有效衔接了企业不同生命周期阶段之间的融资模式。企业在不同的成长阶段，其融资来源不同，由此将企业金融成长周期分为初期、成熟期和衰退期。Weston&Brigham 又进一步将企业金融成长周期分为创立、成长阶段Ⅰ、成长阶段Ⅱ、成长阶段Ⅲ、成熟期和衰退期。Berger&Udell 将企业规模、资金需求和信息约束等纳入考虑，认为在初创期企业主要依赖内源融资，企业从成长期到成熟期的发展中，外源融资比重得以上升，债权、股权等直接融资比重上升。实践中，众筹融资模式的存在，填补了不同融资模式之间的空白领域。

此外，众筹模式包括了多种子模式可以供募资企业选择，譬如，在创意阶段，捐赠式或回报式众筹更为适合，在融资规模扩大时，还可以选择投资式众筹。进一步地，全球经济都在一个去杠杆的通道中，如果企业过分依赖债务筹资，容易导致过高的杠杆风险，影响实体经济稳健增长，股权众筹则能够较好地规避杠杆风险问题。从中，我们可以观察到众筹模式为募资企业提供的选择灵活性。

而且众筹融资还扩大了投资地理范围，不像微型金融一样受限于"本地化"，众筹更是一种"较少束缚"的融资方式。借助于天使投资和风险投资的进入，即目前国内"股权众筹+PE／VC"的方式，完善了"生态链条"，股权众筹原始投资者得以多渠道退出，提高了其投资流动性和灵活性。同时，此种方式下的众筹成为 PE/VC 市场的项目孵化器，起到补充作用，更利于募资企业融资模式的平稳转换和更高额度募资的实现。

众筹模式除了其在融资上提供的"两个连接"之外，还可进行产品市场前景测试。早期阶段的公司借助于众筹，得以低成本低进入障碍的方式招募早期使用者来检验产品的市场活力。基于平台，对于商业概念、产品创新和目标市场的公开信息交流，极大限度地提高了市场效率。消费者和投资者的大量反馈有助于修正计划商业模型，以适应市场需求。对于产品创新、商业概念和目标市场的公开信息交流，极大限度地提高了市场效率。众筹模式还可进行产品市场测试和需求度量。如果市场测试良好，公司可以通过众筹获得所需资本，并对企业存续经营建立更强信心；从投资者视角看，市场需求的存在可以降低其投资风险，这实际上起到了项目或公司筛选的功能。

第三节 互联网供应链金融

一、供应链金融市场前景巨大

供应链金融是银行对于供应链上所有企业成坦开展系统性融资的业务安排。供应链金融由银行与供应链中的核心企业达成，银行可向核心企业提供包括融资、结算、公司理财等金融服务，同时向核心企业的上游供应商提供贷款便利（由于其应收账款增加而产生的融资需求），向核心企业的下游分销商提供预付款代付和存货融资服务。21世纪深圳发展银行率先开展了这一业务。由于供应链金融基于"上游供应商—核心企业—下游分销商"的真实交易背景展开，在21世纪初金融危机后的信贷紧缩周期中，呈现出逆势而上态势。

供应链金融将产业与金融融合，不仅为产业提供新型金融服务、新的融资渠道，更对产业链条进行整合和重塑。其细分业务模式包括了存货融资、预付款融资和应收账款融资。

二、互联网供应链金融的发展

互联网平台的兴起掀起供应链金融的浪潮，互联网所积累的数据和信息使得供应链金融发展出现新的模式。

（一）商业银行供应链金融的互联网迁移

一是以商业银行为代表的银行系供应链金融，但将业务延伸至互联网平台，如广发银行、平安银行（基于之前收购的深发展银行的供应链金融业务额基础上）。

但由于其他互联网供应链金融模式的存在，银行不再是供应链金融产品与服务提供的绝对主体，更多的市场主体参与产品与服务的提供，利用其自身的信息优势、交易资源优势以及客户资源优势，纷纷转型成为供应链金融产品与服务提供主体。

（二）互联网公司开展的供应链金融

互联网公司开展的供应链金融以互联网公司为代表，基于大数据、征信开展信贷业务，资金或来自银行，或是企业自有资金，或是依托P2P吸收社会闲散资金，可进一步细分为电商平台和P2P公司两种子模式。

第一，电商平台模式。是以企业交易过程为核心，采用"N+1+N"模式，一个平台对应多个供应商、多个商户或个人的模式。电商基于在商品流、信息流方面的优势，帮助供应商解决资金融通问题，承担担保角色或通过自有资金借贷。

电商平台模式的优点有两个：一是简化流程，提高效率，供应链开展变得更快捷、更流畅；二是电商平台拥有产业链上下游的交易、物流、现金流等数据，可以缓解信息不对称问题，而这个问题是传统金融行业对个人和小企业贷款时常常面临的问题。依靠庞大的上下游客户资源，电商平台形成客户海量交易信息，通过不断积累和发掘交易行为数据，分析、归纳借款人的经营与信用特征，判断其偿债能力。交易行为数据比企业财务报表更直接、更真实，同时也大幅降低了客户筛选成本，而传统商业银行手中只有客户的支付结算数据，在公司信贷业务上需要另建专门的信用评价系统，在客户信息数据的获取和评价方面，与电商平台相比还是有差异的。基于电商平台累积的大数据，成为其具有的核心竞争优势。近几年，阿里巴巴、苏宁云商、京东商城都选择进入供应链金融领域，凭借其在商品流、信息流方面的优势，帮助供应商解决资金融通问题。其资金来源，一种是以银行为主，电商平台扮演担保角色；另一种是自有资金放贷，但更多的是两者兼而有之。

电商平台模式的缺点在于资金和风控两个方面。首先，电商平台在资金上不像银行那么有优势，毕竟银行可以向公众吸收存款。其次，电商平台还需要补充信用风险控制方面的人才储备，并积累风控经验。如果电商平台和银行进行合作，则能够使供应链金融业务开展得更加顺利、便捷、有效和真实，形成双赢模式，但合作并不容易。现实发展是为了让金融产品更加灵活、收益更大，阿里巴巴、苏宇云商和京东商城通过获得小额贷款公司牌照，使用自有资金运作融资业务。这种"小贷公司＋平台"的全新模式，将小贷公司的牌照优势与电子商务企业的渠道、信息优势充分结合，有效降低了客户搜索成本以及信用风险，也摆脱了与银行合作带来的束缚。前文中我们提到的阿里小贷即属于此种类型。阿里经历了同工行、建行的合作，推出"易融通"等贷款产品，到开始独立开展业务的过程。随后进行了多次资产证券化，以通过该种创新提高资金流动性、扩大自身贷款提供能力。

第二，P2P平台模式 0P2P平台在转型过程中，通过"供应链金融＋P2P"的方式成为其突破方式之一。或是围绕一个或多个核心企业开展供应链条上下游中小企业的短期应收账款；或是与保理公司合作，进行债权转让，以此进行风险控制。综合目前P2P的业务模式和项目来源来看，相比信用借款、抵押担保等模式，供应链模式以其真实的贸易背景、透明的资金流向和更有实力的核心付款企业等优势，已经成为P2P投资者最青睐的模式。从投资人的投资风险角度来说，供应链金融在逾期和坏账风险上也有着风险系数最低的明显优势。

但是网贷平台自身存在着一定的风险，首先，法律法规不健全使得网贷平台的合法性以及合规情况难以得到确认；其次，信息不对称及统一信用评级体系的缺乏容易诱发信用风险；最后，网贷平台挪用中间账户资金容易引发操作风险。

（三）核心企业、物流企业、信息提供企业等开展的供应链金融

以核心企业为代表，如安源煤业、金叶珠宝等，结合保理、小贷业务在自身所处供应链中开展类信贷业务；以供应链服务提供商为代表，如怡亚通，借助第三方物流信息优势开展保税仓、仓单融资等业；以信息咨询公司和信息服务提供商为代表，转型至供应链金融服务，如上海钢联、汉得信息。

三、互联网供应链金融特点与趋势

互联网＋供应链金融的优势体现在网络化、精准化、数据化三个方面：网络化使得交易信息传递更为高效，从而实现在线互联；精准化提高了对于质押物的风险控制能力；数据化对贸易、物流中的各类行为主体进行全方位记录，实现产融结合。互联网供应链金融以在线互联、风险控制、产融结合为形式，基于大数据、云平台、移动互联网等手段，对于供应链金融的改变体现在以下方面：

首先，在供应链金融的链条架构上，模式由"1+1+N"变为"N+1+N"。"1+1+N"的架构模式中"1"代表银行及核心企业，"N"指上下游多个企业。银行主要是对核心企业进行授信。"互联网＋"核心企业既可以利用自身资金，也可以通过外部融资补充资金，使得链条构架变为"N+1+N"，而且更加凸显核心企业的作用。

其次，提供供应链金融产品和服务的方式从线下向线上迁徙。线上供应链金融的提供方式可以有效地降低交易和融资的成本，提高融资以及整个供应链交易的效率。

最后，互联网和大数据使得供应链金融覆盖众多小企业成为可能。在供应链金融服务对象多样性方面，原来的供应链金融只是针对核心企业，并通过核心企业为该核心企业的上下游企业提供金融产品或者服务。但是"互联网＋"下的供应链金融能够很好地将以前供应链金融无法覆盖的企业涵盖进来，能够很好地利用"长尾效应"，供应链金融产品和服务对象更加多样化。

第四节　第三方支付和互联网征信

一、第三方支付

实现支付清算功能的为第三方支付，是买卖双方在缺乏信用保障或法律支持的情况下，资金支付的"中间平台"，其运作实质是在收付款人之间设立中间过渡账户，使汇转款项实现可控性停顿，只有双方意见达成一致才能决定资金去向。当前，第三方支付

已经发展为用户将一定量的资金存放在第三方支付处，需要支付时，通过网络指令实施支付的支付方式，其已经成为银行支付业务的重要竞争者。

手机支付，也称移动支付方式，是允许用户使用其移动终端（通常是手机）对所消费的商品或服务进行账务支付的一种服务方式，包括了远程支付、近场支付 NFC（近距离无线通信技术）和通信账户支付。远程支付以支付宝、PayPal 为代表，通过发送支付指令或借助支付工具进行，支付功能的实现往往需要连接到客户的银行账户，从而以其支付清算功能获取客户。其以软件为主的解决方案，即将银行卡与支付账户进行绑定，通过 App 调用账户终端读取其展示形态进行支付，便利性好，二维码是这一模式的典型。近场支付如苹果支付、visapaywave、万事达 paypass、docomo 等，基于 HCE+TOKEN 的（基于主机的卡模拟 + 标记）云支付，在具备 NFC 硬件通信能力的手机上通过软件应用或连接云端服务器完成硬件搜索引擎的功能，对安全性和便利性进行了综合平衡，推出不久的银联云闪付属于此类。通信账户支付，如 ZONG、boku、payone，是以硬件为主的解决方案，通过 TSM 存储平台将支付信息置入手机上的 SE 模块，实现模拟芯片银行卡的支付，安全性极高，NFC 全手机支付、移动运营商的 NFCSIM（近场通信客户识别模块）手机支付都是这种模式。类 SqUare，包括 SqUare、izettle、PRIZM，盒子支付、拉卡拉等支付平台。

随着近年来互联网金融的蓬勃发展，第三方支付也迅速成长，成为我国金融发展领域中不可或缺的一部分，随着场景和科技的日益成熟，大众对第三方支付也越来越认可，第三方支付产业的交易规模在 2020 年也迎来了爆发式的增长，2021 年中国第三方支付业务交易量达 10283.22 亿笔，较 2020 年增加了 2010.25 亿笔，同比增长 24.30%。2022年我国第三方支付业务交易量达到 10241.81 亿笔，同比下降 0.40%。

近年来在互联网、大数据等新技术的推进下，金融科技迅速发展，金融服务水平不断提升，第三方支付作为一种新型的支付方式迅速发展，改变着人们的生活习惯和消费方式，对金融发展具有重要的推动作用，2021 年中国第三方支付业务交易金额达 355.46万亿元，较 2020 年增加了 60.90 万亿元，同比增长 20.67%。2022 年我国第三方支付业务交易金额约为 337.87 万亿元，同比下降了 4.95%。以支付宝和财付通为首的拥有互联网巨头背景的第三方支付公司，无论从交易规模、创新支付模式，还是支付场景和基于支付数据的增值服务等方面，都给支付市场带来一次重大金融革新。

二、互联网保险

（一）互联网保险在全球的发展

保险业协会将比联网保险界定为保险企业或保险中介机构通过互联网为客户提供产品和服务信息，实现网上投保、承保、核保、保全和理赔等保险业务，完成保险产品的在线销售及服务，并通过第三方机构实现保险相关费用的电子支付等经营管理活动。

目前适合互联网渠道销售的保险产品包括短期简单理财型产品、短期健康险、意外险，简单、标准化定期寿险、车险，不适合销售的如长期分红险、长期寿险、健康险、农险、企业财产险等复杂财险。

进一步地，基于互联网价格比较平台可以有效降低保险消费者的信息搜寻成本，从而降低保险价格并提高保险市场竞争性。互联网不但可以降低保险的交易成本，还可以降低市场进入门槛，从而增加保险市场供给，并通过让客户"买得起"而提高客户的购买能力。

近年来，国外互联网保险不断创新。一是放弃中介模式的互联网保险直销模式的兴起。例如，Geico公司通过自有网站直销，是美国第四大汽车保险公司，也是美国最大的直销保险公司，它放弃了中介模式，采用网上直销模式，清楚列明各种类型、对应价格的保险产品，方便潜在客户在线查询价格。同时 Geico 还根据客户的背景、忠诚度等信息对其进行差别定价，车险在线报案和理赔，通过对案件进行分类，允许就近选择汽车修理地点、索赔记录等。App方便客户咨询最近的拖车、续期缴纳时间、金额的提醒等。二是P2P风险计划的出现。通过社交媒体创建团体，消费者可以通过这些团体彼此承保风险或与保险公司协商更好的保险条款。典型例子如德国的"朋友保险"、英国 jFloat 计划、美国 Peercover 计划等。以德国的"朋友保险"为例，它将寻求愿意分担标准保单免赔额以下的潜在损失的个人联系在一起，与保险公司合作，为超过该金额的损失提供常规保障。与团险不同的是，保单持有人与保险公司分别签订合同，如果网络内相关个体理赔额较小，则保单持有人会以传统保单保费回扣（至多一半）形式获得相关金额。三是保险逆向拍卖平台。保险公司或分销渠道提供保险产品在线竞价，消费者选择承保人，例如 iXchange 的基于网络的财产险和意外险逆向拍卖平台。四是移动保险的使用，它通过远程信息处理技术进行创新，如美国保险公司 Progressive Insurance Company 的 UBI 保险，根据汽车里程确定保费。针对单次保费低，但缴费频次高的产品，借由手机或网络或短信确认方式进行承保，降低了成本。亚洲、非洲、拉丁美洲的小额保险公司已提供意外险、寿险等一系列移动保险服务，

（二）我国互联网保险的发展

2014 年国务院印发《关于加快发展现代保险服务业的若干意见》，指出要继续提高保险深度和密度，发挥其社会"稳定器"和经济"助推器"作用，那么提高用户购买可以借由网络渠道、产品创新、服务提升和模式转变来进行。从渠道来看，即把互联网作为销售和理赔等渠道；从产品来看，包括开发专门用于互联网销售的产品，开发为互联网业务服务的保险产品和嵌入互联网技术的保险产品；从服务来看，如建立保险产品网上超市、比价平台和协助投保人索赔产品；从模式来看，即通过互联网建立业务新模式，如互联网互助组织活动等。

目前国内网络购物的渗透使得互联网保险渐为大众接受，用户保险意识也不断提升，加之网络渠道的便捷性，用户对于通过互联网渠道购买保险接受度更高，同时，互联网保险产品单价低、新奇、嵌入使用场景的销售也提高了保险网络渠道的贡献度。

目前通过互联网销售保险的模式有三种：一是自建官网网上直销（共有17家公司）；二是专业保险销售网络网上销售保险；三是第三方平台网上代销（共有16家公司）。目前有61%的保险公司（共52家公司）既有自建平台，又与第三方平台进行合作，采取了双管齐下的做法。

三、互联网征信

（一）我国征信体系的发展历程

我国征信体系在发展历程上，经历了从封闭到开放、从小众到大众、从政府主导到渐进市场化的历程。

我国征信体系建立之初，是由中国人民银行集中管理，以收录信贷信息为主的封闭、小众的征信系统。20世纪70年代上海开展企业信贷资信评级，20世纪末，成立第一家信用评级公司——上海远东资信评级有限公司，开展个人和企业征信；20世纪末，银行信贷登记咨询系统上线运行，21世纪初，该系统建成总行、省、地市三级数据库，实现全国联网查询，在企业征信领域发挥了重要作用。

2003年，建立征信管理局，2004年全国个人信用信息基础数据库建立；2005年，银行信贷登记咨询系统升级为全国企业信用信息基础数据库；2006年，企业和个人征信系统在全国联网运行，全国金融机构信贷征信系统建立，这也是现有征信系统的原始基础。但由于外部数据介入不被允许，从而其市场需求无法被满足。从个人征信系统接入机构情况来看，2014年底，央行征信中心企业征信系统接入1724家机构，个人征信系统接入1811家机构数据，但83%的个人征信数据为传统金融数据，包括信贷和信用账户数据，来自公积金缴存、社保、电信、税务和其他辅助个人信用信息仅占17%。

国务院颁布《征信业管理条例》，初步构成社会信用体系的法律基础。国务院发布《社会信用体系建设规划纲要》，作为对我国征信行业发展的方向指导。征信的作用在于防范信用风险，降低信息不对称而带来的交易风险；扩大信用交易，促进基于商业和金融信用产品的创新和使用，扩大交易范围；降低信息收集和处理成本，提高经济运行效率；推动社会信用体系建设。在互联网征信发展之后，数据资源和发掘技术助力网上支付企业建立征信机制。对个人而言，网络支付行为与个人信用评价的关系最为密切。随着网络支付平台业务架构的不断完善、用户数据的海量存储，以及数据挖掘技术的逐渐成熟，网上支付企业具备了个人征信业务的基本资料。借由网上征信，或将改变传统征信模式，利用互联网征信降低数据采集成本，通过互联网信息数据判断、覆盖过去没有信用记录的人，完善我国征信体系。2014年，央行征信中心电话咨询问题类型中，个人信用报告查询咨询量最高，占 35.46%，其次是互联网个人信用信息服务平台查询咨询量，占 26.15%。

基于人行金融信用信息基础数据库，国内征信体系纳入下列三种形式，一是以阿里为代表的拥有大数据的电商，通过数据分析和运用，形成闭环信用生态圈；二是以国政通和大公互联网金融信用信息平台为代表的源于第三方的互联网大数据，通过模型分析和信用评分，提供给第三方信用产品；三是以中国人民银行征信中心旗下上海资信为代表的"网络金融征信系统"（NFCS），用于收集 P2P 网贷业务中产生的贷款和偿还等信用交易信息，并向 P2P 机构提供查询服务，防范借款人恶意欺诈、过度负债等信用风险。

相应地，2015 年 1 月，中国人民银行发布《关于做好个人征信业务准备工作的通知》，要求芝麻信用管理有限公司、腾讯征信有限公司、深圳前海征信中心股份有限公司、鹏元征信有限公司、中诚信征信有限公司、中智诚征信有限公司、拉卡拉信用管理有限公司、北京华道征信有限公司等做好个人征信业务的准备。这意味着个人征信市场化的开闸，"金融应用＋商业场景"成为征信业发展的新助力。以拉卡拉为例，它拥有电子支付、互联网金融、社区电商三条业务线，建立了 120 多万家商户和 8000 万个人用户的平台和业务信息。2015 年 6 月，芝麻信用分应用于租房、租车、签证申请等生活场景。从中我们可以发现，基于电商平台、网络银行、支付中介、评级公司等积累的个人征信数据将纳入央行征信体系，央行监管下的独立第二方征信机构作为市场主体的征信体系进入发展快车道，从而逐渐完备我国企业和个人征信数据。

2015 年 8 月，国务院颁布《促进大数据发展行动纲要》，为征信数据共享和完善奠定了政策基础，2015 年 12 月，中国人民银行又发布了《征信机构监管指引》，加强了信息主体权益保护，建立风险控制防线并规范牌照流转。

世界银行《全球商业环境报告》中指出，由于企业和个人征信系统的建成，我国信用信息环境大大改善，信用信息指数在 2006 年由 3 升至 4，在 2014 年从 4 提升到 5，我国获取信贷的便利程度在全球排名也获得大幅上升。信用信息指数每上升 1 单位，将拉动国内生产总值增长 0.9 个百分点，生产率增长 0.7 个百分点。清华大学中国与世界经济研究中心研究表明，从 2008 年到 2012 年，征信系统年均提高了 4103 亿元人民币的消费贷款质量，征信系统带来的总消费增加年均约为 2458 亿元人民币，与没有征信系统相比，征信系统在 2012 年拉动了约 0.33 个百分点的 GDP 增长，占整个 GDP 增长的 4.28% 左右。由此，互联网征信的发展对于我国征信数据的完善以及相应的经济增长，将形成明显的正向效应。

（二）征信模式的变化

目前，世界范围内的征信模式分为三种基本类型：

一是中央银行主导的非营利性公共征信模式，欧洲大陆国家较多采用，典型代表国家是法国。其征信核心机构为法国央行，基本无市场化征信机构。原因在于大政府体制，及考虑到信息安全问题，惩戒违法为其主要任务。央行主导模式的优点在于保证国家信息安全，但缺陷在于信息使用者仅局限为金融机构，只收集负面信息，征信评价不完整。

二是行业协会主导的非营利性同业征信模式，典型代表是日本。这一模式形成的原因在于行业协会对经济发展有巨大的影响力。征信核心机构包括行业协会组织的非营利性三大机构和商业公司。行业协会主导模式的优点在于政府干预较小，但缺陷在于收集信息种类较少，不全面，同时行业间、机构间信息互通少，较为封闭。

三是以市场需求为导向的营利性征信体系，譬如美国，其征信体系由各个独立征信公司组成。美国的征信体系，在层次上包括了监管层、运作层和数据层三个层面，由七大征信机构进行分工合作，在征信对象上覆盖了上市公司、企业、中小企业和个人。优点在于行业细分，对接应用最为全面，最具活力。缺点在于市场淘汰过程慢、代价高。此外，由于采取了市场化运作方式，对监管等基础环境要求较高。

就我国目前的情形而言，从银行贷款、消费金融，到租车、租房、住宿、借书等生活日常，信用不但影响个人在传统金融领域的金融活动，更逐渐影响到社会生活的各个方面。信用的重要性，映射在市场行为，则是市场对于征信产品和服务需求的增加，并且需求呈现越来越多样化的特征。作为社会信用体系建设的一个环节，个人征信商业化、市场化发展正在展开，而且其重要性程度不断上升，完善的征信体系也将直接影响到社会融资成本、放贷效率和行业抗风险能力，从而有助于普惠金融的渐进实现、经济运行成本的降低以及经济运行效率的提高。

互联网金融的快速发展扩大了征信体系的数据来源与范畴，得益于通信技术的发展，个人、企业随时随地得以接入互联网主体，信息扩散和传播的方式、路径、速度都发生了变化，市场的活力被激发。相对应的，征信模式在发生变化，贸易往来也可以成为征信行业发展的基础，供应链金融数据一样可以并入。新兴互联网金融公司 Zcstfinancc 和 Kreditech 通过联网方式收集用户网络社交、社保缴纳、税收缴纳记录等数据，并基于此综合起来为用户评定信用等级，以此作为授信的重要判断基础。Wecash 闪银基于移动终端进行授信，通过用户自主授权的社交网络数据和搜索引擎获取结果，以交叉检验的方式，判定数据的真实性，再结合行业、职业等个人信息综合评定用户的信用等级。在征信行业中，波士顿咨询提出其中包含了数据征集、模型分析与征信洞察、征信产品应用在内的三大产业链核心。

随着网上理财行为、网络消费和在线支付等消费、投资与支付习惯的改变，客观上为网络征信的发展提供了客观基础，尤其是互联网理财产品，它的出现满足了金融投资者随时随地投资的偏好，节约时间同时进行财富增值，对于在线借贷平台，由于其较高收益率吸引了众多投资者，但其中存在的问题即是信用数据缺失而带来的隐含高风险问题，因此，征信体系的完善将有利于投资者在信息充分基础上做出决策，从而利于资源更合理、有效、高效地配置。

例如：芝麻信用及其生活场景使用

芝麻信用是依据方方面面的数据而设计的信用体系，基于阿里巴巴的电商交易数据和蚂蚁金服的互联网金融数据，并与公安网等公共机构以及合作伙伴建立数据合作。与传统征信数据不同，芝麻信用从用户信用历史、行为偏好、履约能力、身份特质、人脉关系五个维度，对涵盖信用卡还款、网购、转账、理财、水电煤缴费、租房信息、住址搬迁历史、社交关系等海量信息数据的综合处理和评估。

芝麻信用通过分析大量的网络交易及行为数据，可对用户进行信用评估，这些信用评估可以帮助互联网金融企业对用户的还款意愿及还款能力做出结论，继而为用户提供快速授信及现金分期服务。

芝麻信用评分，是在用户授权的情况下，依据用户各维度数据（涵盖金融借贷、转账支付、投资、购物、出行、住宿、生活、公益等场景），运用云计算及机器学习等技术，通过逻辑回归、决策树、随机森林等模型算法，对各维度数据进行综合处理和评估，从用户信用历史、行为偏好、履约能力、身份特质、人脉关系五个维度客观呈现个人信用状况的综合评分。

芝麻分分值范围从 350 分到 950 分。持续的数据跟踪表明，芝麻分越高代表信用水平越好，在金融借贷、生活服务等场景中都表现出了越低的违约概率，较高的芝麻分可以帮助个人获得更高效、更优质的服务。

第五节　数字货币和区块链

数字加密货币及其背后的技术"区块链"，越来越受到互联网金融领域、FinTech（金融科技）公司和政府监管层面的关注。

一、数字货币

数字现金的概念最早在 20 世纪 80 年代由 David Chaum（数字货币的发明人）提出。之后，一些机构对加密货币做了商业化尝试，比如引进电子现金和电子黄金。然而，这些努力因为缺乏法律合规性、不明智的商业管理或全网集中化等不同原因以失败告终。之后，日裔美国人 Satoshi Nakamoto（中本聪）在 21 世纪初提出比特币（Bitcoin）。与大多数此前的数字货币不同，比特币不依靠特定货币机构发行，它依据特定算法，通过大量的计算产生，而此之前的数字资产则被认为是容易复制的。基于密码学和 P2P 网络，比特币是一种 P2P 形式的数字货币，并在互联网上发布和流通。

目前关于数字货币还没有一个明确的定义，但欧洲银行管理局曾在 2014 年对虚拟货币进行了界定，认为虚拟货币是价值的一种数字表达，不是由中央银行或某个公共权威机构发行，也不一定与某一法定货币而挂钩，但被自然人或法人接受用于支付手段，可以进行电子和转移、储蓄或交易。周永林（2016）参照 IMF（国际货币基金组织）研究报告的分类，将数字货币定义为"价值的一种数字表达"，包括由非中央银行或公共权威机构发行的数字货币即虚拟货币，也包括中央银行或公共权威机构发行的数字化法定货币。即数字货币包括虚拟货币和法定数字货币两类。数字加密货币也被包含在这一概念之内，多数研究认为数字加密货币是一种新的虚拟货币。欧洲央行比较早采用这种分类。按照是否与法定货币存在自由兑换关系，虚拟货币可以分为三类。第一类，虚拟货币与法定货币之间不存在兑换关系，只能在网络社区中获得和使用；第二类，虚拟货币可以通过法定货币获取，用来购买虚拟和真实的商品或服务，但不能兑换为法定货币，比如 Amazoncoin（亚马逊币）；第三类，虚拟货币与法定货币之间能相互兑换，并可以用来购买虚拟和真实的商品或服务，比如比特币、林登币。美国税务局和财政部金融犯罪执法网络 FinCEN 将比特币称之为可转换的虚拟货币。从税收角度，美国将比特币和其他虚拟货币归类为特殊商品。世界银行扶贫协商小组 CGAP 从形式、记账单元、客户识别、发行人、发行机制等方面比较了比特币和一般电子货币的异同。

比特币经济使用整个 P2P 网络中众多节点构成的分布式数据库来确认并记录所有的交易行为，并使用密码学的设计来确保货币流通各个环节的安全性。点对点的传输意味着一个去中心化的支付系统，它创造了一种解决彼此之间不信任的记账方式。P2P 的去中心化特性与算法本身可以确保无法通过大量制造比特币来人为操控币值。基于密码学的设计可以使比特币只能被真实的拥有者转移或支付。这同样确保了货币所有权与流通交易的匿名性。这对于学界、业界和监管机构都将是一个很大的挑战。迄今为止，仅有厄瓜多尔一个国家的中央银行发行了数字货币，但其余国家也始终将其作为一个可以考虑的保留选项。发展数字货币的全社会的成本基本上是零，但可能会对现在的货币调控、监管形成很大冲击。对于中央银行自己发行数字货币是否有益于普惠金融的发展，国际上目前仍然存在较大争议。支持者的理由主要有三方面：一是有利于数字货币的标准化和通用化，便于系统的整合以及与金融业的对接，目前大部分数字货币的使用范围均非常有限，而央行发行的数字货币理论上在全国范围内都是法定通货；二是由于央行有国家信用作担保，可以保证数字货币币值的稳定，有利于维护消费者的信心，保护消费者的合法权益；三是可以提升央行在数字货币领域的权威性，有利于各项普惠金融发展政策的贯彻实施。反对者的理由主要也有三方面：一是由于市场经验和技术力量的欠缺，央行在数字货币方面和民间企业相比并不具备比较优势；二是作为非营利机构的央行相对缺乏创新的动力，但又具备天生的垄断能力，可能会阻碍数字货币市场的创新发展；三是发行数字货币可能会给央行带来各种管理风险和技术风险，一旦出现管理不慎或安全漏洞，后果会比民间企业要严重得多。

二、区块链技术及其应用

比特币背后的技术"区块链"，其价值远远超过了数字货币和现金货币本身。在使用现金货币的情况下，如果消费者用英镑购买了货物，那么银行需要与另外一家银行接触，以更新客户开立在银行的账户余额，当日结束时，银行之间再通过中介进行结算，以保证现金数量是正确的。而区块链技术不同，为了让比特币如同货币一样，比特币必须能够从账户里转移，并可以被同一个人消费两次，比特币必须避免任何对第三方的依赖口交易确认分为两步：第一步，由某个支付节点通过竞争完成交易有效性的初步确认；第二步，初步确认消息被广播到全网络，被全网络认可后，交易有效性得到最终确认。但正因为如此，在支付时消费者仅仅需要直接支付给其数字钱包即可。区块链技术的广泛运用有可能重物现有金融服务技术基础设施，从而对现行业务流程通过优化带来益处。

区块链的应用极其广泛，不只是支持加密货币转换，也支持智能合同。智能合同是现实世界的合同通过电脑程序的再实现，合同的条款嵌入在区块链上配置的代码中，例如将区块链技术应用于登记土地，以确保其所有者的唯一性。Factom 是一家美国的创业公司，为基于区域链的土地登记提供一种原型。房屋所有权保障的缺失也是不公正的源头，也让利用房屋或土地作为抵押物进行融资等等变得困难，但基于区块链的技术可以解决这一问题。

区块链作为一种记录交易的公开账本技术，可以被用于记录任何东西，也包括股票等数据。目前基于网络访问权限，主要有两种区块链：无须许可区块链（公共区块链），网络访问免费并且任何人可以建立节点验证交易，以比特币和以太网为代表；许可区块链（私有区块链），网络访问仅限于一些已知的参与者。

金融业正在积极实验区块链技术在各种金融场景中的应用，例如金融机构建立许可区块链平台，银行在网络中既可以充当参与者，也可以充当验证者，并可在此平台上进行互动或向客户提供相应通道。金融机构也可以提供区块链服务连通外部平台，例如区块链应用 Applied Blockchain 研发的区块链票据管理服务 Tallystick，他们的服务向公司提供简化的票据管理处理系统，但是要求和现行金融系统进行整合。在这种情况下，银行可以充当通道和服务商的作用，将他们的客户引入网络中。面对区块链技术可能带来的变革，美国大型银行也纷纷加大对该领域的投资力度。花旗银行在内部发行了自己的数字货币"花旗币"。瑞士联合银行（UBS）在区块链上试验了 20 多项金融应用，包括金融交易，支付结算和发行智能债券。巴克莱银行已经为这项技术找出了 45 种用途，从客户身份信息的存储、跨境支付处理、债券或股票交易的清算和结算，到那些自我操作的智能合约如信用衍生合约等，再到如果一家公司出现违约，机器会自动支付等。2015 年底摩根大通积极投资如区块链、大数据、机器人等领域，这些新技术是其关注的焦点。目前，摩根大通已成立工作组开发"市场领先的平台"，2016年计划投资90亿美元，创新科技将成为其主要优势，而且，摩根大通实质上已经在试图将区块链融入主流，成为与金融技术公司R3签署合作的第一批银行。

2015年美国证券交易委员会（SEO批准在线零售巨头Overstock计划通过比特币区块链发行证券的计划。这是首次来H权威监管部门的公开批准，也许这将会彻底改变今后证券发行和未来证券交易的方式。区块链技术可以帮助大幅度削减发行、追踪和交易加密证券的成本。它在金融市场中提供了一个完全透明、安全、可靠和快速的基础设施。这项比特币的底层技术也许还能够防止市场操纵行为，并且成为一种H动运行的系统从而完全取代传统交易所。美国电子证券交易机构Nasdaq宣布其基于区块链技术建立的平台Linq完成了第一笔私人证券交易。Linq极大加速了公开市场的交易结算，从原先的标准时间3天缩短到10分钟，结算风险降低99%；简化交易双方发行和小购材料的文字工作，烦琐流程简单化。

对于区块链技术的重视，并不仅仅发生在业界层面，政府对其的研究与关注不容忽视。英格兰银行分别于2014年9月和2015年2月发布研究报告，对比特币及其相关技术持积极肯定的态度，认为数字货币（如比特币）的出现已经表现出在没有可信任的第三方情况下安全转移价值的可能，其背后的区块链技术创建了一个如何在互联网上转移价值的协议，属于"聿大创新，意义深远"。2015年3月高盛在《金融业未来：重新定义后几十年的支付方式》的报告中认为，比特币或数字货币不需要中央清算机构也能进行资产转移，将使企业和个人节省大量转账支付费用，也可能使传统的西联等汇款公司消失。国际货币基金组织（IMF）在2016年1月发布的一篇研究报告中认为，"加密和网络计算等新技术的发展，正在推动世界经济在物品、服务和资产交换方式等方面的一系列转型变革。在这一进程中，虚拟货币的出现发挥着重要作用。虚拟货币具有很大的潜在优势，包括在支付和价值转移特别是跨境支付和价值转移方面的快速和高效，以及在推动普惠金融发展方面。其背后的技术所引发的变革将远远超过虚拟货币本身。"

从全球角度来看，对比特币和区块链行业的风险资本投资热度渐长。目前全球有750多家与区块链技术相关的创新公司，其业务主要覆盖数字货币、支付与结算、资产与身份管理、基础设施和开源开发，以及风险投资、媒体和咨询等六大应用领域。2014年全年投资2.3亿美元，截至2015年第三季度，投资额达到4.62亿美元。比特币和区块链的发展值得国内业界特别关注，这将是科技应用于金融的重要发展趋势。

传统支付方式使用的是类信用卡系统，商户得到卡号后从消费者个人账户取钱，这被称为拉取交易。商户获取消费者所有个人信息，并通过这些信息收取付款，这个设计本意是防止欺诈，但如若被犯罪分子掌握这些个人信息，消费者的账户资金就会因此被盗取。而比特币的支付方式是推送支付，消费者的手机软件通过获取商户的信息来完成交易，收款人仅收取应付资金款项而无法获消费者个人信息，因此比特币交易中没有消费者个人信息泄露的可能性，这就是两种交易方式的最大区别。当消费者结账时，手机软件会提示消费者花费多少比特币，BitPay同时会监控这些资金兑换，并按汇率进行兑换，再将商品等价的资金汇入商户账户。

BitPay的运营受比特币汇率波动的影响，因此当商家完成一单商品的销售时，BitPay的后台会立刻卖出对应的比特币确保当期交易，减少比特币波动带来的持有损失，在相反的情况下则会买入比特币。目前这些工作都是通过后台部门人工实现，并辅以必要的自动化效率系统。对于小额交易来说，没有必要立刻做出买卖的操作，比特币价格的波动对最终结算影响极小，而大额资金交易则需要较早地锁定交易价格，从而避免市场波动造成损失。

此外BitPay对商家进行评估，并检测商家提供的商品或服务是否合理真实，同时受美国当局的监管要求，数据存储在加密的服务器上，通过这些方式与手段可以防范洗钱和不正当交易。

第九章　数字金融产业的风险与监管

第一节　数字金融产业面临的风险

一、数字金融的风险成因

数字金融结合了互联网和金融的各种特性，不仅面临着传统金融体系的风险，还要面对互联网特有的信息技术安全风险等。另外，数字金融领域的法律法规不够健全，所以数字金融还面临法律风险。

风险成因主要有：①数字金融缺乏规范的技术标准。虽然数字金融得以快速发展，但目前还没有相匹配的规范技术标准，使用户的操作安全系数降低，衍生出了数字金融的风险漏洞。②数字金融无法适应传统金融监管制度。数字金融模式创新能力强，传统金融的分业监管无法适应，数字金融需要混业监管。同一平台上提供不同的金融服务，如果分业监管，可能会导致监管缺失，所以行业内风险加剧。③数字金融行业法规不健全。数字金融发展时间较短，传统金融的法律还不能完全照搬过来施加于数字金融行业，许多数字金融企业为了一己私利频繁采取跨越红线的过激行为，这就增加了行业的风险性。

二、数字金融的风险类型

通过归类，数字金融的风险有：操作风险、信息安全风险、技术风险、信用风险、业务运营风险、法律信誉风险、其他风险等。

（一）操作风险

巴塞尔银行监管委员会将操作风险定义为：由于内部系统软件不完备、外部操作所造成的损失风险。①创新支付方式风险。动态密码是目前常用的身份认证方式，手机移动支付缺少U盾接口，消费者往往风险防范意识薄弱，缺乏对密码认证的安全防范环节。②业务关联性风险。数字金融的风险来源是多方面的，可能是自身操作，也可能是业务相关的金融机构，主要在于关联业务越来越多，交叉感染的风险就会增大。③交易主体操作风险。有些消费者并不了解数字金融的某些业务操作方式，在进行支付结算时，很容易重复操作，或者是在公共 Wi-Fi 场合下进行资金转移，不法分子就可能会对消费者的账户进行拦截或篡改。

数字金融网络化水平较高，技术人员一旦操作不当，就会引起黑客进行攻击，造成系统瘫痪，影响用户资金安全，尤其是在第三方支付方面。例如第三方支付业务，用户的账号和密码验证都是在线完成的，必须通过开放式的网络实现，加密不够牢固的话，指令传输很可能会被违法人员截取，从而入侵用户账号。

（二）信息安全风险

①黑客攻击风险。黑客的成长与发展目前已经成为一定规模的产业链，运用专业的工具发掘漏洞，同时，越来越多的非法分子也开始通过邮件、微信方式来套取客户的银行卡信息，窃取用户银行卡账号中的资金，尤其是手机用户，诈骗者植入手机用户的病毒拦截支付宝信息，获取用户的支付密码，从而盗取资金。②木马病毒。一旦网络遭遇木马病毒，用户录入信息都会被监控，随着支付方式的多样化，支付宝和微信的二维码支付也会变种病毒，代表性的有病毒二维码，如伪淘宝，并将相关的二维码图片放到各大论坛或购物网站以打折的方式诱骗用户下载。③网络钓鱼诈骗。通常是设计一个与目标网站相似的虚假网站，连网址都很相似，一般的客户很难发现二者之间的细微差别，消费者将自己的个人信息登记在这个虚假网站后，不法分子就会记录如银行卡号、身份证号、密码等信息，从而盗取用户资金。

（三）技术风险

①技术选择风险。一是技术陈旧落后。数字金融企业如果选择的技术方案落后，那么将会导致业务流程不畅，影响用户体验，降低用户参与的概率。二是系统信息传输效率低下。如果技术系统和客户终端兼容性较差，就会影响传输效率。数字金融企业选择技术失误，不仅会流失自己的客户，还会失去市场拓展能力。②系统安全风险。电脑程序和软件安全与否将对数字金融的交易起到决定性作用，数字金融的系统性风险表现在：一是 TCP/IP 协议的安全性，互联网协议忽略了传输的安全性，信息加密程度不够，会导致信息被窥探或被截取，威胁用户资金。二是计算机病毒感染或主机服务器宕机，病毒会通过计算机传染整个网络，严重造成系统性风险、交易平台不稳定等问题。三是加密技术和密钥技术不完善，黑客就会对系统进行攻击，有的会攻击客户端。

（四）信用风险

①违约风险。目前传统金融体系有一套征信系统，而数字金融的公民征信系统还并不完善，数字金融体系内部的征信信息也不能互相共享，贷款者和平台的违约都会给投资者带来巨大的资金损失，违约风险在数字金融交易中最为明显，并且还没有对借款者违约的有效管理机制。②信息滥用风险。数字金融企业通过数据挖掘对用户进行金融业

务的信用评估，那么对用户的信息使用是否得当就会造成信用风险，要想降低信息被滥用的风险，就要健全用户审核机制和完善风险评估指标体系。③欺诈风险。一方面来自企业内部，内部员工故意盗取用户资金，用未经授权的项目投资进行欺诈，严重影响企业的声誉；另一方面是数字金融平台自身承诺高收益而实际为非法集资骗取用户资金的欺诈行为。

另外，数字金融交易是在虚拟的互联网进行的，这增加了双方的身份、交易真实性确认的难度系数，交易双方存在信息不对称问题。①数字金融企业的信用风险。数字金融从业者利用信息不对称，瞒报信用评级和诱骗消费者投资，然后对资金用途进行作假，也不按照合同使用资金，最后形成"庞氏骗局"，像众筹平台筹集到的资金都由平台自己单独管理，没有任何第三方机构托管，所以一旦平台信用出了问题，就会给投资者造成不可挽回的损失。②来自资金需求方的信用风险。网络贷款往往是小额贷款，借款者经常无法提供抵押品，这就是资金需求方信用风险的主要原因，网络平台具有虚拟性，数字金融平台很难真正了解资金需求者的还款能力和还款意愿，借款人可以伪造自己的身份，提供虚假财产和收入证明，从而伪造自己的信用等级。另外，我国的信用评价机制并不完善，没有信用共享，在一家平台的违约记录，并不能够被其他平台发现，使得这些有违约记录的借款人可以轻而易举地在其他平台得到借款，极易造成巨大的信用风险。

（五）业务运营风险

①市场选择风险。数字金融平台的资产价格受市场价格波动而发生变化的风险就是市场风险，主要包括商品价格、利率、股票价格、汇率等。一方面数字金融的用户会对自己的信息进行一定的隐藏，平台又无法使用技术手段进行鉴别；另一方面用户如何选择平台也会导致用户的选择风险。②期限错配风险。数字金融的许多理财产品都用来投资创业，这些投资一般期限长、回报速度慢，数字金融平台往往会采取拆标处理，这会面临期限错配风险，影响到企业资金的流动性。③资金安全风险。数字金融投资人的资金总会沉淀一段时间，但持续累积的资金，缺少资金担保企业和资金流动管理机制，因此，平台就会吸收存款，这就会产生支付和资金安全的风险。④流动性风险。数字金融企业缺乏存款准备金、存款保险制度和风险资产拨备制度等，容易产生流动性风险。⑤关联性风险。数字金融企业一般会与担保企业、第三方支付企业、商业银行进行机构合作，不管是链条上的哪家企业出现问题，都会对数字金融企业造成关联性风险，而目前的数字金融企业又都缺乏专业的管理团队对合作机构进行跟踪管理。⑥利率风险。银行不同存款利率的变化必然会影响数字金融的发展，尤其对数字理财产品的影响较大，因为货币基金盈利主要依靠商业银行的利率差，市场利率的波动极有可能会给数字金融产品带来极大的风险。

（六）法律信誉风险

数字金融是全新的金融模式，过去的传统金融法规不适用，数字金融的模式更是复杂多变。①法律滞后风险。数字金融发展起步晚，扩散速度快，对应的法律更新慢，发展不健全。对于一些违法平台来讲，为了应对越来越激烈的市场竞争，吸引更多的客户，抢占市场份额，有些平台就开始向客户承诺资金保证措施，这就可能存在故意欺诈，引发网络交易纠纷，需要解决电子证据等一系列法律责任问题。数字金融需要良好的宏观环境和高度适应的法律规定。②监管缺位风险。目前的数字金融业务与传统金融业务有很多相同之处，但目前的监管可能还是"一行三会"在进行，简单出台的一些政策性文件，并没有相关细则，导致监管还不太明确。③经营主体资格风险。现在还没有专门针对数字金融的法律，一些数字金融服务商正游走于法律的边缘，例如有些数字金融经营者并没有业务经营许可证，不受证监会监管部门认可，不具有从事数字金融服务的资格和条件，也没有承担风险的能力，因此很多经营主体的合法性在法律层面上具有很大的争议。④洗钱套现风险。数字金融企业的金融服务都是在虚拟环境下进行的，具有一定的虚拟性，违法人员可以扮演交易双方的任何一方，购买或销售理财产品。平台如果没有建立客户身份识别和交易记录监控机制，就会引发网上的违法行为，例如洗钱、挪用公款套现等。⑤虚拟货币风险。虚拟货币打破了原来稳定的金融秩序，对我国的货币政策造成一定的冲击，一般认为虚拟货币和传统货币只能够单向兑付，即用法定货币购买虚拟货币，但是非法二级市场却突破了这种限制，构成了双向流通的实质。实际上，虚拟货币的发行机构不是金融机构，也不受金融监管机构的约束，实行不记名制，具有互联网的非真实性，其安全性备受质疑，不法分子会利用虚拟货币进行网络洗钱、反恐融资和网络赌博。⑥非法集资的风险。分为三大类：一是理财资金池模式。网络借贷平台根据资金需求者的要求设计出不同的理财产品，投资者对借款人和借款项目无须太多了解，只要认购自己的理财产品即可。还有的资金池模式是把投资者的资金放在一个平台账户内部，当资金池中的资金足够多时，再去寻找借款对象或合适的投资项目，这两种资金池模式都存在非法吸收公众存款的风险。二是不合格的借款人利用借款平台进行非法集资，一个人编造多个虚假借款人身份，发布多条虚假借款信息，骗取多个投资者的资金，然后借款人将借到的资金进行挪用，投到股票市场或房地产市场，有的甚至再高利贷借出，赚取利率差，这都构成了非法吸收公众存款罪。三是"庞氏骗局"。一些平台利用以高利率吸引投资人、拆东墙补西墙、借新钱还旧债的方式形成庞大的"庞氏骗局"。网贷平台把筹集到的资金用于生产经营或携款潜逃。

（七）其他风险

①外溢风险。数字金融对传统金融产生了不小冲击，大量理财产品分流了传统金融机构的客户，使得传统银行不断提高存款利率，数字金融对货币市场的风险外溢产生了负面影响。②认知风险。许多投资人对数字金融理财产品盲目投资，特别是只看到高收益的产品而忽略了其风险，因此数字金融用户要提高自己的认知度。③道德风险。数字

金融的投资人只关注自身的收益，但是贷款者隐瞒自己的真实信息拿到贷款后跑路或违约，平台在获得大量融资后跑路，这些道德风险均在频繁地暴发。④信誉风险。数字金融平台的信誉风险主要是机构自身经营不善，疏于对平台的监管，安全防范措施不到位，造成向客户传递虚假信息导致客户经济损失的可能性。平台的负面评价有可能让平台失去信誉，系统故障或客户信息泄露会造成机构信誉受损，一旦平台提供的服务不能够满足客户的预期需求，客户对平台的不满就会在网络上传播，数字金融的信誉风险一旦形成，对平台的消极影响将是长久的。

三、数字金融的风险特征

数字金融本质是金融，不过是对金融的一种创新，数字金融不仅面临金融的风险，还面临互联网技术的风险，风险特征主要表现在以下方面：

（一）风险多样性

数字金融同时具有金融风险和互联网风险，而数字金融又包括多种模式，各个模式都有自己特有的风险。

（二）风险脆弱性

数字金融以网络技术为基础，网络黑客会对数字金融企业的平台进行攻击，风险是非常脆弱的。

（三）风险不可控性

数字金融企业的网络技术系统一旦受到网络攻击，风险很快就会扩散，不但会让整个系统瘫痪，而且借贷用户的资料也会被泄露。

（四）风险相关性

数字金融企业在发生风险，尤其是资金风险时，势必会对向它借款的担保企业和金融机构造成影响。

（五）风险监管复杂性

数字金融交易不受时间和地点限制，交易的不确定性和交易对象的模糊性使得风险监管变得异常困难和复杂。

此外，数字金融依托的互联网又具有技术性、虚拟性、开放性、共享性、创新性等特点，所以，数字金融风险还具有如下特点：

1.扩散速度更快捷

数字金融具有强大的信息技术支持，信息传递没有时间和地区限制，但是高效的数据传输也意味着加快了金融风险的扩散，即使是很小的风险也能够在金融市场快速传播。

2. 交叉感染更严重

数字金融是由多个网络节点交互联动和渗透的，不能像传统金融那样分业经营、特许经营，因此风险也从不同源头传开。数字金融本身与传统金融的结合以及自身的跨界经营，使得数字金融机构的业务风险相关性更加趋近，由于缺乏传统金融最后贷款人的风险保障机制，数字金融任意网络节点出现问题，都可能影响整个金融体系的稳定。

3. 危害影响更广泛

数字金融的消费者大多为小微企业和普通民众，长尾人群的风险意识普遍较低，不具有良好的风险识别能力，属于兼容发展中的弱势群体，资金借贷方本身又是传统金融机构无法覆盖的个体户、小微企业，用户本身极易出现不良借贷率，所以一旦数字金融发生系统性风险，容易引发群体事件。

4. 风险监管更困难

数字金融具有虚拟性和开放性，各种混业经营模式不受时间和空间的限制，交易时间短、速度快、频率高。各种信息不对称，让地方金融办难以掌握其实际状况，数字金融混业监管模式可能使原来的分业监管、机构监管方式难以采取实质性的监管措施。

四、数字金融风险的传导机制

（一）数字金融风险的传导条件

1. 达到传导临界值

数字金融活动产生的风险并不一定会立刻传导，其首先会在内部积累和消化，只有超过了一定临界值时才会传导，临界值由数字金融机构本身的风险消化能力所决定，数字金融的风险向关系密切的经济主体传导。

2. 存在传导载体

联络数字金融各个交易主体的介质是资金链，交易主体也是传导载体，也与传统金融有业务往来，数字金融的风险也会通过这些交易主体传导到传统金融。

3. 具有传导对象

传导对象是参与活动并通过各个业务密切联系在一起的各个主体，数字金融风险首先会传导给这些有密切关联的参与主体，导致这些主体也感染这些风险。

（二）数字金融风险的传导方式

1. 接触性传导

数字金融与传统金融和实体经济都存在业务往来，彼此之间还高度依赖，数字金融的风险必定会通过实体经济和传统金融的接触发生传导。

2. 非接触传导

数字金融的风险会导致社会心理预期变化，类似于社会恐慌心理，这种恐慌心理会迅速扩散，并迅速蔓延，影响到没有数字金融业务的社会主体的心理预期，进而加剧数字金融风险的蔓延。

（三）数字金融风险的传导范围

1. 传统金融体系

数字金融的有些业务直接与传统金融对接，数字 P2P 信贷中就有客户的资金是从银行借来的低成本资金，然后在数字 P2P 平台上赚取利差，数字金融风险就很容易传导到传统金融体系。

2. 实体经济领域

数字金融与实体经济领域关联密切，例如数字 P2P 借贷和数字众筹服务于小微企业的融资需求，数字支付为实体企业提供了结算服务。所以数字金融风险一定会影响到实体经济，并对其生产经营产生不利影响。

第二节　数字金融问题平台不断暴发的事实

2013 年 8 月，数字金融借贷平台"网赢天下"的投资人被告知无法提取现金，同年9 月，该消息迅速传播，引起了投资者纷纷要求撤回投资，但均未成功，同年 10 月，"网赢天下"在仅仅运行了 4 个月后，宣布倒闭，该公司吸收了 7.8 亿元资金。投资者之后纷纷向深圳公安局报案，涉案金额高达 1.68 亿元，被骗人数超过几千人。同期，现金贷、天力贷、互帮贷等平台都发生了逾期提现问题，各个平台的资金链陆续出现断裂。自数字金融模式传入我国以来，弥补传统金融中的不足，得到了快速发展，但是行业内不断爆发的问题平台使得该行业陷入了巨大的信任危机。

一、数字金融问题平台的不规范行为分析

数字金融平台存在监管宽松、没有设置门槛、没有征信体系支撑等问题，这使得行业内的大量公司采取了不规范的手段和方式，造成了问题平台不断爆发。不规范行为表现有：

（一）提供虚假信息，赚取资金流入

一些平台为了在快速发展中占据优势，以较快的业绩吸引风投机构的注资，就将短期内扩大资产规模和提高自身平台的声誉作为经营战略，这样广泛散布虚假信息，投资人就会产生错误判断。

（二）建立自融平台，构建"庞氏骗局"

建立自融平台，就是指为了解决自身公司的资金短缺问题，自己成立一家数字金融借贷平台。一般有两种做法：一是通过高利率来吸引投资者，主要就是采用加息来提高收益率，这种超出常规的利率本身就有极大风险，但是部分短视的投资者会被高收益率所蒙蔽；二是将大额、长期借款标的拆分成期限短、金额小的标的。

（三）诈骗资金为主，回购套利为辅

目前倒闭的平台大多刚上线不久，运营时间普遍是在半年之内，由于目前行业没有门槛，诈骗的惩罚力度不强，部分平台就是以诈骗资金为目的而上线的。目前诈骗套路分为两个层次：①先利用类似秒标手段吸引投资者关注，平台吸引了足够的交易金额，就会以各种借口逾期提现或倒闭跑路。②一些平台在倒闭以后，利用"马甲"大量的五折以下收购被骗投资者的债权，而投资人为了使得自己的损失最小化，选择割肉出场，平价就可以低价收回自己卖出的高价债权。

（四）缺乏专业团队，风控力度较弱

数字金融行业普遍缺乏专业的风险管理技能，而平台的风险控制是金融机构的核心，数字金融以其多变性对该行业的人员风险控制能力提出了更高的要求，而大多平台为了追求效益，风控往往不是首要考虑的，为平台不断积累了本应规避的风险。

（五）中间账户自管，存在道德风险

大多数平台都没有把资金进行第三方托管，平台承担了大笔资金的风险集中状况，为资金挪用或携款潜逃提供了便利。

二、数字金融问题平台的三个维度分析

（一）监管主体分析

首先，运作模式有隐患。数字金融在国外本来是信用中介模式，受中国社会环境的影响，发展成为小贷担保模式或债权转让模式，在这两种模式情况下，平台自身脱离了信用中介的定位，虽然短期内投资者快速增长，但是平台本身却有很大的隐患。和纯中介平台不一样，这两种模式涉及资金关系，容易形成非法集资，比如"资金池"或"庞氏骗局"，以及没有进入门槛，没有行业监管。数字金融模式目前并没有进入门槛，很多平台的创始人被高利润所吸引，盲目进入并进行高速扩张。另外，行业的发展没有监管，对投资者、借款者、平台各自的权利和义务没有明确法律规定，行业很容易走上不法之路。

（二）借贷主体参与者分析

1. 投机心理和组团投资

平台的借款者大多是小微企业或个体，而近乎 20% 的高昂利息是这些企业所无法承受的，所以平台为了牟利可能会发布虚假标的，投机者其实也能看清楚这一事实，却还是被高收益率所蒙蔽，存有不接最后一棒的投机心理，这种投机心理就催生了不法平台的生长。个人投资者向平台投标获取收益，而组团投资是积少成多，类似于团购。但是部分平台就是由于资金大量撤离，平台承受不了挤兑的资金压力而倒闭，散户一般就是不断地跟随，组团投资一旦撤离，这些会员也会流失。

2. 借款人缺乏约束

目前借款人受到的制约较少，借款人在借款审核上很容易，没有完善的个人征信系统，各个平台为了盲目地扩大交易额，很多不具备借款资格和还款能力的人都能够借到资金，造成许多坏账，缺乏追偿机制，借款者的违约成本又很小，目前缺乏行业监管和相应的法律法规，就有天然的违约牟利动机，而投资者还没有有效手段去追偿。

（三）平台交易方分析

第一，平台系统安全性差，部分平台只想谋取短期利益，平台的安全性和软件技术不过关，一旦受到黑客攻击很容易爆发风险。

第二，"庞氏骗局"，集资诈骗。有些平台通过发布短期的高利息标的，甚至是秒标，然后再用平台新投资者的资金对老投资者的债权进行还本付息，进行不停地资金轮转和积累，创始人再携款跑路。

第三，分拆真实标的后，资金链断裂。这类平台是将期限长、大额借款的真实标的拆分为金额较小、期限短的标的，但是由于借款金额和期限都有错配现象，当平台自有资金不足以支撑还款的现金流出时，就容易出现挤兑和资金链断裂。

第四，平台风控弱。高利率借贷本来就有很高的风险，但是大部分平台并没有很好的风控机制，对借款人和借款项目审核不严，导致平台积累了大量的次级贷款，大批借款人违约。

第五，自融平台实体公司经营效益不高。该类平台是为了解决幕后老板对实体公司的资金困境，即变相融资。这类公司所筹集资金的融资成本很高，背后老板又通常会把钱投在房地产等高风险行业，一旦实体经济的回报率出现问题，平台就会倒闭。

第六，单笔资金占平台交易额比例过大。平台发布较多大额超过自身风控水平的标的，一旦大标逾期或无法兑付，就会导致平台的资金链断裂。另外，平台的资金大多来自组团资金或个体大户，一旦他们撤资或提现，平台就会被立即掏空。

第七，关联平台。这些平台是一个老板管控多个平台，每个平台筹集的资金都层层上交至上级平台，平台创始人通过这种方式，用多个平台来吸收公众存款，搞集资诈骗。

三、数字金融问题平台的行业发展问题分析

（一）行业监管缺少法律依据

数字金融交易平台的职能包括信息发布、信用认定、法律手续和投资咨询等，平台从中收取服务费，不参与到借贷资金的实际经济效益当中。而实际上，数字金融平台的借款利率超过银行同类贷款利率的4倍情形，也就是俗称的高利贷，属于法律的灰色地带，目前还没有明确的法律法规对其进行约束。

（二）投资者维权存在困境

由于数字金融平台对投资者不需要进行审核，平台资金链断裂就会波及很多人，投资者在平台出现问题后，现在普遍是通过网络借贷大本营之类的各个组织合伙成立投资者维权集团进行商讨。通过报案和公安介入的方式，又会使平台的资金转移，投资者仍然不能获得追偿。

（三）行业发展脱离中介内涵

由于数字金融平台为满足投资者提出的安全性要求都设定变相担保的条件，也就是想表明平台自身在承担风险，还有平台对投资者做出承诺，以平台先行垫付或购买坏账办法为投资者提供本息保障，这种小额担保其实已经超过了数字金融平台的合法经营范围。数字金融平台的此类业务并不符合金融脱媒的中介机构内涵。

（四）平台缺乏风险准备金

数字金融平台是具有金融服务性质的机构，目前除了拍拍贷以外，其他平台都脱离了真正的中介平台，即便某些风控较好的数字金融平台通过收取交易服务费作为风险准备金，还有不少平台存在资金池，没有接受第三方托管机构监督，所以需要规范风险准备金，防止引起社会局部动荡。

（五）缺乏个人信用征信体系

由于缺乏完善的征信机制，数字金融平台难以判断个人的信用情况，也无法给投资者信心从而进行资金注入。对此，我国的大多数字金融平台自己对借贷人进行信用评价。由于没有统一的指标体系，结果也有很大的差异性，各个平台的评级都没有第三方专业评估机构介入，其可靠性存疑。

（六）平台技术存在隐患

现在有大量的平台并没有进入门槛，只需要5000元就可以买个系统软件，再注册域名，这就造成大量的粗制滥造平台，这种低成本做法以前适用于网页游戏，而现在数字金融平台流通的是真实资金，这就面临着较为严重的平价技术安全问题，对于没有成熟技术系统支撑的低成本平台来说，很可能会成为黑客提款的犯罪工具。

第三节　数字金融平台的风险异化分析

数字金融是现代科技和金融领域相结合的产物，具有方便、快捷、开放的特点，数字金融的健康发展有利于推动利率市场化进程，缓解小微企业融资难的困境，也有助于民间金融的阳光规范化，实现金融普惠。但是，与此同时，我国数字金融刚刚起步，发展不成熟，缺乏监管和法律规范、数字金融平台出现了不少的异化，大量平台脱离了标准化的中介模式，演变成了影子银行、担保公司，甚至是非法集资或"庞氏骗局"。尽管数字金融平台的演化是适应社会需求的一种创新，但从整体来看，这种异化发展有可能会导致系统性风险，因此必须要加强数字金融交易的监管。

一、目前我国数字金融模式异化主要表现

（一）扩大服务对象范围

例如，数字网络借贷不再是个人对个人之间的借贷，而是个人对企业之间的借贷，也就是说由数字 P2P 演变为 P2B。在这种模式下，平台吸引了大量的个人投资者，将他们分散的资金归结起来，平台负责企业的资信审核和控制信用风险，虽然为企业解决了融资困境，但是违背了 P2P 点对点的初衷，随着中小企业的大量涉及，个人投资者相对于中小企业来说属于弱势群体，不利于该模式的健康发展。

（二）引入线下模式

目前我国的社会信用系统不成熟，无法获取可靠真实的个人信息，线上审核会有难度，所以数字金融就引入了线下模式，即在线下对借款人的信息进行实地考察，通过线下设立的网点与客户面对面签约以及进行贷中管理和贷后追踪。该线下模式提高了平台的控制能力，但是增加了平台的运营成本，线下签约也会阻碍交易双方的信息互换。

（三）向投资者提供担保

目前的数字金融平台都向投资者提供本金和收益承诺，即主动承担风险：一种是平台用自有资金进行担保，目前大部分承诺本金的平台并没有约定保障金的来源是自有资金还是风险准备金账户，这样平台就成为参与交易并会承担风险的担保中介了，增加了其运营风险。另一种是与小贷公司或担保公司合作，由小贷公司推荐借款项目，通过平台将借款项目进行出售，小贷公司承担连带担保责任，实质上是小贷公司打着数字金融平台的幌子，突破其放贷杠杆的限制，存在极大的经营风险。

（四）利用债权转让模式形成资金池

我国的数字借贷存在着与平台相关的第三方参与借贷，也就是居间交易。较为典型的是宜信公司，宜信平台已经不是中介平分，而是把现有资金贷出去，获得债权，以理财产品的形式将债权出售给投资者，即通过出售理财产品形成了"资金池"。宜信平台根据客户资信分别向借款人和出借人设定利率，以借贷双方的利息差来获取收益。

（五）随意拆标引起金额和期限错配

借款人的借款需求经过数字金融平台审核并发布，最重要的就是利率、借款金额、借款期限。事实上，借款人多是在做生意，因此借款期限较长，平台就将这叫借款标的进行拆分，并出售给不同的投资者，但平台还要不断地寻找新的投资者来弥补退出的资金，所以很容易遭到投资人挤兑和资金链断裂的风险。

（六）打着网络借贷平台的口号，进行企业自融资

很多缺少资金又具有大额负债且很难从其他渠道借得资金的企业，自己开始创立数字借贷平台，这些企业在平台上发布虚假的大额和利息高的借款标的，并采用借旧还新的"庞氏骗局"方法，短期内获得大量借款资金，用于自身经营，而实际上没有完善的风险控制措施和信贷部门，平台表面上是在搞数字 P2P，实际上是搞非法集资。

（七）循环信用融资和资金空转

现在市场上的净值标，就是投资者以投资金额为担保在平台上发布的一种借款标，这样投资者不断地以低息借入资金再高息贷出，以较低的资本获得数倍的融资，这种净值标就是网络借贷黄牛进行信用融资的工具，增加了平台的交易量和手续费收益有些平台大批发布秒标、天标等收益高、期限短的借款标的，这种标的一般是平台虚构出来的，24 小时内还本付息，超短期标的没有任何融资意义，但是会有大量的投资者利用这种资金空转方式进行套利。

（八）形式上与第三方支付平台保持合作，实质上没有执行资金托管

数字借贷平台通过将客户沉淀资金存放于托管机构，并对客户资金动向进行监管。而我国的传统金融机构合作成本较高，合作条件严格，使得大量数字 P2P 借贷公司选择了第三方支付平台进行合作，而实质上这些第三方支付平台的资质和实力均不够，它们只具备转账支付功能，数字网贷平台仍然能够管控并随时取走这些沉淀资金。

二、数字金融模式的异化动因分析

（一）借款人的抗风险能力弱

数字借贷的借款人大多是工薪族、私营业主、大学生、小微企业或农民，他们的经济状况非常不确定，相对于企业来说，不确定性更大，所以就有不能按时还本付息的风险，

因此一些平台认识到这一点后，就更希望借款人是非金融企业，数字 P2P 就演变为 P2B 形式。

（二）征信体系不完善，线上资信审核不准确

我国目前还没有全面的个人信用评价体系，央行的征信记录也不对非银行金融机构开放，数字借贷平台建立了自己的信用审核系统，自己对用户的信用资质进行评级，从目前来看，这种单纯的线上审核对用户的资信评价很不准确、有很大的欺诈风险，所以大量平台引入线下模式，对借款对象进行评估。

（三）互联网自身虚拟性太强，数字网络信贷概念缺乏

数字互联网技术具有高效便捷的特点，但是自身的虚拟性却制约了网络借贷的规范发展、借贷双方通过网络提交自己的资料，很有可能大量伪造、设立多个虚拟账户，平台之间并没有信息共享，一人在多个平台借贷非常常见。居民对数字借贷观念认识不够深入，投资者不愿意把钱借给未曾见面的陌生人。另外，国外数字借贷的人群主要是用来个人消费，中国的数字 P2P 借贷群体 90% 是小企业主。同时很多平台往线下模式方向转变，为了吸引投资者，大力宣传本金保障措施和担保措施。

（四）准入门槛空缺，法律监管不到位

数字金融平台的监管跟创新相比大为落后，2015-2017 年我国陆续出台《P2P 网络借贷中介管理办法》《网络借贷中介信息披露标准和法律规范》《网络借贷中介平台资金存管指引》，但是业界对这些监管办法的落实有很大的疑问，由于监管的缺乏，市场上出现了很多钻法律空子的模式创新，

（五）行业发展混乱，借贷双方直接交易效率不高

到 2016 年底，我国的数字金融借贷平台已经有 3000 多家，而发展成熟的欧美国家的数字金融借贷平台却很少，国内的数字借贷平台质量普遍较低，发展也相当混乱。借贷双方信息不对等，借款人和出借人根据平分的信用评级进行交易的匹配效果较差，国内的平台大多采取其他办法，选择与平台相关的第三方机构作为放贷人，脱离了作为信息中介的本质。

（六）资金第三方托管增加了平台运营成本

数字金融信贷平台本质上是信息中介平台，运营资金和客户借贷资金应当分离，但是大多数字金融信贷平台都宣布与第三方支付平台合作，但实际上这些第三方平台只进行简单的划分与支付。

三、数字金融模式的异化风险分析

数字金融经过短短几年的发展，解决了我国国内庞大的金融需求，但是众多平台为了壮大发展规模和吸引人气，对平台的发展进行了异化；当然这些异化也是适应特殊国情和市场需求的一种创新，在一定程度上控制了风险，但是也带来了大量的异化风险。

（一）数字 P2B 模式集中了大量的投资资金，加大了违约风险

P2B 是将众多分散的资金集中起来贷给企业，是多对一的借贷模式。与 P2P 相比，风险更大，企业如果不能还本付息，所有投资者都会损失，这就要求数字金融平台对企业进行贷前审核、贷中管理和贷后追踪，也就增加了对平台风险控制能力的要求。有些平台以固定利率吸收大量投资人的资金，再以更高的利率把这些资金贷给企业，涉嫌非法吸收公众存款罪。

（二）线下运营成本和风险上升

数字金融借贷平台为了降低风险，采用线下审核，增加了投资者对平台的信任，也有效地控制了借款人的违约风险，但是却增加了平台的运营成本，借款人的费用也会增加，平台运营风险随之上升，线下网点需要去实地审核，使得平台的跨地区优势不再存在，与小贷公司的业务有所重复。

（三）提供担保会引发破产风险和关联风险

我国的数字金融借贷平台为了吸引客户，大都声称会保障本金。一种是平台自担保，即平台以自有资金或向投资人收取风险准备金的形式来担保投资者的本金或利息，其实平台已经不是中介平台。这种不受正规监管的数字借贷平台的担保行为其实不像担保公司那样受 10 倍杠杆率的上限制约，实际会出现杠杆率被严重放大。另一种是引入担保机构，但是担保信息泄露不充分的话，可能存在关联交易。

（四）异化的借款标会导致信用风险和诈骗风险

数字金融信贷中有净值标、秒标、天标等异化标的，净值标是投资人利用原始出借额作为抵押然后频繁借入借出资金，杠杆率被不断放大，任何环节都可能导致信用链条断裂，引发杠杆风险和信用风险。秒标和天标都会在短时间内吸引大量资金，但这种资金空转行为和大规模运作只是平台繁荣的假象，实质上并没有将资金投向实体，

（五）中间账户监管缺位风险

目前数字金融借贷平台出现的频繁跑路和诈骗，也与交易过程缺乏第三方资金托管有关，中间资金账户处于监管缺位，数字借贷平台随时可以携款跑路。

第四节　各个分业态的风险形式与监管问题分析

本节主要从各个业态的视角来看待数字金融风险的表现形式，并揭示各个业态的风险点和风险监管中的突出问题

一、数字支付的风险形式与监管问题

（一）数字支付的风险形式

在数字金融业务中，数字第三方支付发展较早，目前监管也较为规范，监管主体是中国人民银行，监管依据是《非金融机构支付服务管理办法的实施细则》《支付机构客户备付金存管办法》。目前数字支付的风险较小，主要是法律风险和操作风险。

1.法律风险

数字支付已经被纳入央行的监管，数字支付在交易双方起到支付中介或信用担保作用，交易双方在数字支付平台上设立虚拟账户，随着日积月累，里面就会有大量的沉淀资金，那么这些沉淀资金的利息归属，将成为日后的法律问题。数字支付的注册具有一定的匿名性和隐蔽性，虚拟账户里面的资金可以随便跨地区、跨银行、跨境流动，数字支付机构无法辨别资金的真实流向，很容易促使洗钱等违法活动发生。数字支付平台如果经营不善就会退出市场，那么用户的资金补偿和个人信息资料保护将是重要的问题，很容易引发法律风险。

2.数字支付操作风险

数字支付的操作流程错误会带来严重的操作风险，第三方平台的新技术很可能会使得用户容易出现操作失误，第三方平台的内部管理也很容易产生漏洞，尤其是因用户的各种信息等敏感数据泄露造成重大损失。

（二）数字支付的风险监管问题

数字支付已经有了很完善的监管依托，《非金融机构支付管理办法实施细则》明确央行为数字支付的监管部门，对数字支付的市场准入、退出机制、风险管理进行明确的监督管理，《支付机构客户备付金存管办法》对数字支付机构备付金的存放、归集、划转进行详细规定。《支付机构反洗钱和反恐怖融资管理办法》对数字支付的反洗钱管理提出了详细要求。《支付机构跨境电子商务外汇业务试点指导意见》对跨境电子支付业务进行了规定，《关于加强商业银行与第三方支付机构合作业务管理的通知》对二者的合作业务也有具体规范。

数字支付的监管也面临以下突出问题：

1. 立法层级问题

《非金融机构支付管理办法实施细则》立法层级较低，没有规定监管行政部门的职责分工，对数字支付机构的惩罚力度也不够严厉。

2. 消费者保护问题

现有立法对数字支付机构市场退出、清偿债务等治理措施和消费者权益保护没有规定，所以数字支付的消费者权益很难获得保护。

3. 监管协调问题

数字支付业务覆盖多个行业，包括基金、理财、保险、借贷等，支付宝推出的产品涉及打车、代缴水电煤气、交通违章等费用。混业经营给监管工作带来了很大挑战，如何做好监管协调任务至关重要。

二、数字 P2P 信贷的风险形式与监管问题

（一）数字 P2P 借贷的风险形式

数字网络借贷的风险问题目前最为突出，当前各个数字 P2P 借贷平台的管理差异很大，因此数字网络借贷暴露出了很多问题和风险。

1. 信用风险

数字网贷的信用风险较高，比如：①对借款人的信用评级不够完善，社会信用体系不健全，借款人的身份、财务、资金用途、经营能力、负债、品行等信息无法共享"②信用数据共享机制缺乏。各个数字借贷平台之间的客户数据没有共享，借款人在不同的平台进行违规借贷，各个数字借贷平台根本无从得知。③发放净值标。净值标是以投资代收款账户额作为担保，在净值额度内发放借款需求的借贷标的，投资者可以频繁多次借入和借出。④平台信息披露不充分。对借款人信息披露不全面，平台自身年度财务报告不透明，投资人很难了解到平台的财务情况，一些平台经常会虚增信用，采用虚假债券大量投资和隐瞒资金去向。

2. 流动性风险

①平台的拆标行为。借贷双方的资金需求匹配不协调，平台就采取拆标的方式，进行期限错配、金额错配。②保本保息承诺。平台为了吸引更多的投资人，自身建立担保机制，有的平台还会承诺保本保息。不过，对于拆标行为和保本保息行为，平台需要承担垫付资金压力，一旦平台的自有资金不足以应对大量提现和挤兑，就会出现流动性风险。

3.法律风险

①合规风险。目前数字P2P网贷处于监管空白阶段，并没有法律法规明确数字网贷的业务性质、主体责任、经营范围。大多平台在工行局注册的经营范围是金融咨询和信息服务，实际上数字P2P平台目前所从事的担保、债权转让、风险准备金等都存在合规风险。②非法集资风险。有些平台建立了自己的"资金池"，将所融资的资金用于高风险投资，特别是提供保本保息的平台都有非法集资的可能。③资金存管风险。有些平台设立有第三方存管，但存管账户并没有真正监管，平台可能是在随意支配中间存管的资金，还有很多平台并没有建立资金第三方存管，更容易发生卷款跑路的行为。④洗钱风险。数字P2P平台难以判断投资人和借款人的身份信息，不法人员可能通过数字借贷平台从事洗钱活动。

4.技术风险

数字P2P平台的系统维护、病毒防护、数据备份等硬性条件要求较高：不少平台并不具备自主开发系统的实力，容易出现技术纸漏。平台的技术维护员工多数缺乏金融风险意识，对数字网贷的风险点和防范技术了解不够。

（二）数字P2P平台的风险监管问题

数字P2P平台的问题日益呈现，将会影响整个行业的发展，监管问题表现在：①法律定位不明。缺少专门的法规对数字P2P借贷平台进行明确规定，有很多数字P2P平台搞非法集资、设立"资金池"等。②监管主体缺失。工商行政管理局只是负责注册管理，工信部门负责平台的ICP备案，原银监管和央行都没有对数字P2P平台进行备案登记和业务规范，平台的日常运营更是没有监管。③征信困难。我国的征信体系落后，个人信息不完善，央行的征信系统只对传统银行开放，数字P2P平台无法接入央行征信系统的数据，而借款人的借款违约信息和信用逾期信息也不纳入央行征信系统，所以数字P2P平台难以全面评价借款人的信用风险。

三、数字众筹的风险形式与监管问题

（一）教字众筹的风险形式

1.数字众筹的法律风险

众筹是一种新的融资模式，从现有的立法中，很难找到相适用的法规，众筹的立法速度远落后于众筹的发展速度：众筹的法律风险表现有：洗钱诈骗风险、非法集资、突破债券发行限制、缺乏知识产权保护等。①洗钱诈骗。数字众筹平台的成立门槛很低，很容易出现诈骗和洗钱情况。②涉嫌非法集资。数字众筹平台通过互联网向公众推介，股权众筹承诺在一定时期内给予投资人股权回报，但这种模式与非法集资现象很吻合。

③突破证券发行限制。《证券法》规定：向不特定对象发行证券或向超过 200 人的特定对象发行证券都属于公开发行证券，而股权众筹向不特定对象推介项目，人次还常常超过 200 人，其发展势必也会受到法律的影响。④数字众筹项目的侵权问题。奖励众筹以创新性产品为主，在筹资过程中，产品的图片、详解、创新性内容很有可能会被盗版商仿造，率先上市进行销售。

2. 数字众筹的信用风险

项目发起人的信用问题主要是虚假身份和筹资成功后项目发起人不兑现承诺的问题。现行法律对发起人的资格和信息披露没有规定，平台对募资成功的众筹项目也缺乏后续监督。平台自身的资金流转也没有第三方监管，项目的风险评估、募资金额、信息披露都由数字众筹平台来决定，一旦平台的信用有很大问题，投资者的权益将受到很大的损失。

（二）数字众筹的风险监管问题

数字众筹是中小企业融资的新渠道，股权众筹已经得到国家层面认可，开展股权众筹试点也已写入政府工作报告，围绕如何监管众筹，证监会正在进行调研，《私募股权众筹融资管理办法》对众筹的准入资质、职责义务、投资者条件、信息报送等已有了明确规定。

数字众筹的风险监管问题：①立法供给不足。根据《中华人民共和国公司法》《中华人民共和国证券法》《中华人民共和国刑法》等法规，数字众筹很容易触犯非法集资和非法发行证券的红线，2013 年 9 月，证监会把淘宝网向社会发行股权众筹界定为非法证券活动。②监管体制缺位。证监会并没有实质地把众筹纳入到监管范围内，没有形成对众筹规则和流程的明确监管框架，众筹数据也没有被纳入央行监测管理系统。③信息披露有限。数字众筹发起人的项目运营情况和投资风险信息披露较少，众筹成功以后，募集资金的使用和回馈产品的进度还无法披露等。

四、数字理财的风险形式与监管问题

（一）数字理财的风险形式

1. 数字理财的市场风险

首先是利率风险，数字理财产品的高收益得益于市场资金偏紧、利率较高的外部环境，随着利率市场化，数字金融理财将难以获得这种高利差收益，其次是数字理财流动性风险。数字理财产品一般都与货币基金连接，实行"T+1"赎回方案，货币基金通常以期限错配的方式投资期限较长的协议存款，但一旦出现利空因素或突发事件，就会引起用户大量恐慌性赎回.基金机构短期内无法变现兑付用户的赎回需求，造成流动性风险。

2. 数字理财的法律风险

①数字理财产品的风险提示不足，销售时过多强调安全性和收益率。②违规超范围经营。有些平台公司并没有获得证监会的基金销售资质，存在打政策"擦边球"的行为，随着规模加大，受到金融监管的政策风险可能很大。

3. 数字理财技术风险

数字理财依赖于信息技术和 IT 技术网络平台，技术上的漏洞很容易引起信息泄露、账户资金被盗等技术风险，技术故障也会导致服务中断，引发消费者心理恐慌，产生对账户资金的安全担忧。

（二）数字理财的风险监管情况和问题

目前数字理财已经有了比较完善的监管体系。数字理财风险监管的突出问题：数字理财突破了各个业态边界，出现跨界经营和融合发展情况，目前的分业监管很难适应数字理财跨界监管的趋势，监管盲区和监管过严都会出现，监管的不适应性必然会制约数字理财的发展。

五、数字银行的风险形式与监管问题

（一）数字银行的风险形式

数字银行本身是商业银行，具有商业银行的风险特征，但在诱发动因、表现形式、危害程度等方面有所不同。

1. 数字银行的市场风险

数字银行通常比实体银行所付出的存款利息和收取的贷款利率更高一些，故利率变动很容易给数字银行带来风险。

2. 数字银行流动性风险

数字银行的支付结算和现金管理手续不需要提交纸质文件，面临的流动性风险会比传统银行更为突出，集中支付、网络谣言都会引起数字银行的挤兑现象，数字银行如果无法迅速变现投资的资产，那么将无法应对挤兑问题，迅速产生的流动性风险也将难以控制。

3. 数字银行的信用风险

大数据在解决信息不对等和降低信用成本方面具有重要作用，但是信用数据缺失严重，大数据分析的结果就不可靠，银行无法识别客户所隐瞒的信息，无法实地考察和调研借款人，这种纯网络信用很容易造成信用风险隐患。

4. 数字银行的技术风险

一切网络交易过程都很容易受到网络病毒攻击，所有的数字证书、数字签名等电子证据并没有法律依据，对客户来说具有较高的技术风险〉

5. 数字银行的声誉风险

数字银行具有互联网和民营银行的双重特点，其声誉风险取决于互联网的虚拟性和民营投资举措的安全性。

（二）数字银行的风险监管问题

数字银行风险监管存在以下突出问题：①监管体制不适应。数字银行没有物理网点。按属地原则对分支机构进行监管，将风险隔离在相对独立的区域，这些传统银行的监管办法可能也行不通。②监管方式不适应。数字银行的电子交易所带来的运行机制和风险来源都与传统银行不同，所以传统银行的监管办法无法实现对数字银行风险的监管。③监管指标不适应。数字银行集中挤兑的风险传播速度更快，传统银行的风险监管指标无法适应数字银行的风险监管方案。

第十章 数字金融产业集群的创新发展

第一节 数字金融产业集群的内容

一、产业集群理论

产业聚集是指在产业的发展过程中，处在一个特定领域内相关的企业或机构，由于相互之间的共性和互补性等特征而紧密联系在一起，形成一组在地理上集中的相互联系、相互支撑的产业群的现象。产业聚集理论一直为国内外学者所关注，他们分别从外部经济、产业区位、竞争与合作、技术创新与竞争优势、交易成本、报酬递增等角度探讨其形成原因与发展机理。由于研究背景及观察问题角度的不同，不同学者对产业聚集给出了不同的定义。综合起来看，产业聚集是指在产业的发展过程中，处在一个特定领域内相关的企业或机构，由于相互之间的共性和互补性等特征而紧密联系在一起，形成一组在地理上集中的相互联系、相互支撑的产业群的现象与这些产业基本上处在同一条产业链上，彼此之间是一种既竞争又合作的关系，呈现横向扩展或纵向延伸的专业化分工格局，通过相互之间的溢出效应，使得技术、信息、人才、政策以及相关产业要素等资源得到充分共享，聚集于该区域的企业因此而获得规模经济效益，进而大大提高整个产业群的竞争力。

（一）外部经济理论

早在古典政治经济学时期，比当·斯密（1776）在其著名的《国民财富的性质和原因的研究》中，根据绝对利益理论，从分工协作的角度，通过产业聚集对聚集经济做了一定的描述，他认为产业聚集是由一群具有分工性质的企业，为了完成某种产品的生产联合而组成的群体；大卫·李嘉图（1817）根据比较利益学说，研究了生产特定产品的区位问题，也指出了产业聚集所形成的聚集经济问题。阿尔弗雷德·马歇尔（1890）在其《经济学原理》一书中，首次提出了产业聚集及内部聚集和空间外部经济的概念，并阐述了存在外部经济与规模经济条件下产业聚集产生的经济动因。他指出，所谓内部经济是指有赖于从事工业的个别企业的资源、组织和经营效率的经济；而外部经济则是有赖于这类工业产业的一般发达的经济。作者提出了三个导致产业聚集的原因：一是聚集能够促进专业化投入和服务的发展；二是企业聚集于一个特定的空间能够提供特定产业技能的劳动力市场，从而确保工人较低的失业概率，并降低劳动力出现短缺的可能性；三是产业聚集能够产生溢出效应，使聚集企业的生产函数优于单个企业的生产函数，企业从技术、信息等的溢出中获益。马歇尔进一步指出，同一产业越多的企业聚集于一个空间，就越有利于企业所需生产要素的聚集，这些要素包括劳动力、资金、能源、运输以及其他专业化资源等等。而空间内诸如此类的投入品，或若说生产要素的供给越多就越容易降低整个产业的平均生产成本，而且随着投入品专业化的加深，生产将更加有效率，该空间企业也将更具有竞争力。因此，马歇尔相应提出了工业区的概念和工业区理论。而关于聚集经济的根源，马歇尔认为来自于生产过程中企业、机构和基础设施在某一空间区域内的联系能够带来规模经济和范围经济，并带来一般劳动力市场的发展和专业化技能的集中，进而促进区域供应者和消费者之间增加相互作用、共享基础设施以及其他区域外部性。但是，马歇尔强调因为更大的劳动力"蓄水池"，非贸易投入的可得性和知识外溢带来的外部性会使得一个产业聚集于某地，而其分析只适合于一个产业，无法解释不同产业的聚集。

（二）产业区理论

居能（1826）创造性地提出了一种强调区位运输差异的理论，开创了区位理论的先河。在其《孤立国同农业和国民经济的关系》一书中，作者寻求解释德国工业化以前某典型城市周围的农业活动的模式，最早用多种要素来解释聚集经济现象，其农业圈模型区位外生市场的假设，是规模收益不变和完全竞争的标准假设完美结合的典范，他更是因此而被称为边际主义的创始人。而阿尔弗雷德·韦伯（1909）在《工业区位论》一书中，首次提出了聚集的概念，并从微观企业区位选址的角度提出了产业区位理论。从企业最小生产成本出发，认为费用最小区位是最好的区位，而聚集能使企业获得成本节约，阐明了企业是否相互靠近取决于聚集的好处与成本的比较。他将聚集经济定义为成本的节约，并不特别关注产生聚集现象的原因，只是将其假定为内部规模经济的外部表现，其模型的目的只是解释为何这样的经济会导致聚集，而不是解释聚集经济本身。他把区位因素分为区域因素和聚集因素，其中聚集因素可以分为两个阶段：第一阶既通过企业自身的扩大而产生聚集优势，这是初级阶段；而第二阶段则是各个企业通过相互联系的组织而实现地方工业化，这是最重要的，也是高级聚集阶段。

勒施（1940）对产业聚集与城市的形成及城市化之间的关系进行了研究。他指出，大规模的个别企业的区位，有时也会形成城市，在这种场合，是一种综合生产几方面财货的大规模企业的区位。从区位论的观点来看，这所谓的几个方面的财货，也可以分别形成与之相关的几个产业区位。正是基于这些观点，勒施将城市定义为非农业区位的点状聚集。他认为，城市化是产业区位聚集的必不可少的要素，城市化的原因在于非农业区位的点状聚集，并且，他将这种区位的聚集分为自由聚集和受场所约束的聚集等两种形式：自由聚集是指在任何场合都能发生的聚集，如围绕大规模个别企业的聚集、同类企业的聚集、不同类型企业的聚集、纯消费者的聚集等等。而约束性聚集，则是指受场所约束的情况，它受历史上的人口密度、地形、财货等空间差异的影响，即受"沿袭"下来的因素的影响。通常认为，这种沿袭下来的因素与原材料、水力、劳动、资本、适宜的气候、河流汇合点等因素有关，并以已有的区位为前提，胡佛（1937）在探讨聚集经济时，将聚集经济分为三类：即内部规模经济；对企业是外部的，但对产业部门而言是内部经济的地方化经济；对企业和产业部门都是外部的，但因为产业聚集在某一个城市而产生的城市化经济。对于城市化经济，他认为群体以外的其他类型的产品供给或活动可能增进聚集优势，如公共投入的可供性在群体经济中则很可能成为一种密切联系活动的混合体。而不是一种活动的单位群，也即供给的多样性形成了城市化经济的比较优势。需要指出的是，地方化经济和城市化经济在特征上的差异是很轻微的。佩鲁（1955）的增长极理论同样与区域或城市的产业聚集观念紧密相关。佩鲁主要通过产业关联、外部性以及最终引起的产业聚集影响到经济增长的角度探讨了非均衡增长战略的状况。该理论认为整个行业体系包含某些有活力的部门或推进型的产业，而产业间的相互作用常常会打破平衡状态，所以要理解经济增长与变化，就必须把重点放在推进型产业上。由于这些产业规模大、市场力量强以及导致创新的能力巨大等原因而支配着其他产业或部门，也就吸引或引导其他经济资源以促进经济增长。佩鲁认为经济空间与地理空间没有任何关系，其增长极概念可以跨越国界。并且，由于人际接触与交往，产业的地区性集中给产业结构和增长带来了特殊效应，它会强化经济活动并相互影响，经济增长是通过生产的聚集及其辐射作用带动的。

（三）新竞争优势理论

新竞争优势理论其实是对产业聚集的一种合作竞争解释，其含义是指企业通过寻求合作的方式来获得共同发展，即使这些企业在发展新产品及市场竞争中互为竞争对手，企业也可以通过与竞争对手的信息交换以获得最小化风险与最大化企业竞争能力。新竞争优势理论中的协作行为规则基于相互之间的信任、家庭关系以及传统观念。这样使得企业（特别是中小企业）通过协作能够获得与大企业一样的内部规模经济，并在柔性专业化理论的基础上形成了20世纪70年代初兴起的新产业区理论。通过对一再产业区的研究发现，较小企业聚集是基本的经济趋势，而且这种趋势还影响到动态区域内企业间关系的社会及文化行为规则（主要是指制度因素）。当然，产业区内企业之间真正合作的例子并不多见，企业间的相互关系也许依赖于特定的情况或者文化氛围，而且企业行业的规则在不同的国家也大不相同。道格林与弗莱克（1997）指出了两种情况下企业可能会出现合作的可能性：一是准时制存货与配货系统的利用；二是区域产业群内企业之间相互交易的速度与频率，企业之间的交易越频繁、越迅速，就会有越多的企业确定其生产的方向及新的企业专业化产品。这两种情况也许只适宜于上下游企业之间，而不适合相互竞争的企业之间。正如奈特（Knight，1996）所指出的那样，由于潜在的成本及收益之间极大的不同，企业之间横向纵向之间的合作划分也是非常有必要的。他进而认为在游说、国外市场调查、联合出口促进、贸易份额划分及特定地区的专业化基础设施等方面，竞争性的企业可能合作；另一方面，他们又在生产、销售及新产品开发等方面进行竞争。

与传统的产业聚集理论将重点放在产业内部的关联与合作之上不同，迈克尔 - 波特（1990）从企业竞争优势的获得角度对产业聚集现象进行了详细的研究，并提出了新的理论分析基础。波特（1990）通过对德国、法国、英国、日本、美国等国家的产业聚集现象进行研究，从企业竞争优势的角度对这种现象进行了理论分析，提出了产业群的概念，同时还利用"钻石"模型对产业聚集及产业群进行了分析。他认为，竞争不是在不同的国家或产业之间，而是在企业之间进行，而且贸易的专业化并不能通过要素禀赋状况而得到合理的解释。因此，他将分析的重点放在企业上，并从创新能力的角度来探讨了产业的聚集现象，其整个理论分析框架包括四个方面：即需求状况、要素条件、竞争战略、产业群（或者说相关及支持性产业）。这是因为，如果一个产业在国际上要具有竞争力，就必须具备以下几个条件：国内较好的需求状况；要素投入的质量；促进企业在其产业内部迅速超越其他企业的竞争压力；特定产业供应商与顾客之间的联系。在波特的钻石模型中，创新在理解企业的竞争优势中起着关键的作用，产品创新或工艺创新是企业创新市场或获得及保持市场份额的核心。该理论认为，产业群通过三种形式影响竞争：一是通过提高立足该领域公司的生产力来施加影响；二是通过加快创新的步伐，为生产力的增长奠定坚实的基础；三是通过鼓励新企业的形成，扩大并增强产业群本身来影响竞争。其实，产业聚集可以说是外部经济条件下企业区位选择的具体体现，产业群通过以上三种方式影响竞争与马歇尔的外部经济及规模经济观念基本相似。如产业群的产生为企业获得雇员与供应商提供了更好的途径，产业群内的企业能够获得企业化信息的途径，产业群为创新也提供了许多容易捕捉的机会，并且，由于产业群内部企业能够更了解各顾客的消费需求，更接近于市场从而能够更有效地进行创新。此外，由于产业群不仅包括相互竞争的同行业产业实体，而且还涉及到顾客与一些辅助性机构及政府提供的一些基础性设施，这样会导致产业群内企业可以进行较低成本的试验。所以，对于溢出效应起决定性作用的行业来说，企业的区位选择应该趋于地理上的集中，从而聚集现象就必然发生。

（四）新制度经济的交易费用理论

新制度经济学主要用交易费用理论来解释产业聚集现象，其核心思想是：企业是作为市场的替代物而产生的，并通过形成一个组织来管理资源，从而节约市场运行成本。科斯（1937）认为，在企业外部靠市场价格机制协调控制生产，在企业内部，由于交易被取消，市场交易的复杂过程和结构将由企业内部的管理者来代替控制生产，这些都是协调生产过程的不同方式，本质上是一样的。科斯提出交易费用理论并用它来分析组织的界限问题，其目的是说明，企业或其他组织作为一种参与市场交易的单位，其经济作用在于把若干要素所有者组织成一个单位参加市场交换，这样减少了市场交易者数量，从而降低信息不对称的程度，有利于削减交易费用。该理论其实从一个侧面说明了产业聚集（企业的聚集）所产生的经济效益（交易费用的降低）。在科斯之后，威廉姆森等许多经济学家又进一步对交易费用理论进行了发展和完善。威廉姆森（1977）将交易费用分为事前的交易费用和事后的交易费用，事前的交易费用是指由于未来的不确定性，需要事先规定交易各方的权利、责任和义务，在明确这些权利、责任和义务的过程中就要花费成本和代价，而这种成本和代价与交易各方的产权结构的清晰度有关；而事后的交易费用是指交易发生以后的成本，这种成本表现为各种形式：其一，交易双方为了保持长期的交易关系所付出的代价和成本；其二，交易双方发现事先确定的交易事项有误而需要加以变更所需付出的费用；其三，交易双方由于取消交易协议而需支付的费用和机会损失。在此基础上，威廉姆森（1980）分析了交易费用的影响因素，他认为交易费用的影响因素主要是环境的不确定性、小数目条件、组织或人的机会主义以及信息不对称等，这些因素构成了市场与企业间的转换关系。该学者又于1985年解释小数目条件与市场机制的关系，认为小数目条件即市场上的角色数目越少，则市场机制就越失效，并于1994年建立了基于区域之间动态的交易费用模型。按照科斯和威廉姆森的观点，产业聚集有助于减少环境的不确定性、改变小数目条件、克服交易中的机会主义和提高信息的对称性，从而降低交易费用。杨小凯（1991）则从劳动交易和中间产品的交易角度区分了企业和市场，认为企业是以劳动市场代替中间产品市场，而不是用企业组织替代市场组织。后来，杨小凯在1995年又进一步研究认为，企业和市场的边际替代关系取决于劳动力交易效率和中间产品交易效率的比较。所以，按照科斯、威廉姆森及杨小凯等制度经济学派学者的观点，从交易角度看，市场和企业只不过是两种可选择的交易形式和经济组织形式，它们之间并没有什么本质区别，而 H 在它们之间，还存在着多种其他中间组织形式，产业聚集就是处于市场和企业之间的一种中间组织形式。

马丁（1999）探讨了存在聚集经济条件下序列区位竞争的结果，他通过模型得出了这样的结论：存在聚集经济时，赢得第一次的区位竞争，将使得一个区域对未来企业的进入更具有吸引力。所以，第一个企业可能获得较高的财政激励，而对于以后的企业来说，即使获得的财政补贴较少，但却能够从产业聚集的外部经济中获得利益。所以，马丁的模型对企业的区位选择及产业的地理集中作出了预测。由于对较早的投资吸引所获得的动态效果将可能超出直接的经济效果，即能够对以后的产业吸引形成一种区域环境，存在第二个企业选择与第一个企业相同区位的可能性，最终导致产业聚集，在同一区位的企业随着外生的（自然的）相对成本优势与内生的（后来获得的）聚集优势增加而增加。

这样，各区域为获得长期利益而竞相采取优惠措施吸引外部资金或企业的投入，各区域之间的"优惠政策"之争也就在所难免。总之，新制度经济理论所强调的重点是社会关系的重要性，该理论认为，不管在企业内部还是企业之间，社会关系一方面可以降低管理费用，另一方面又可以提高企业的创新活力。这种社会资本，是形成产业聚集的出发点之一，也是产业聚集能够带来竞争优势的条件之一。

（五）新经济地理学规模报酬递增理论

近年来，以保罗·克鲁格曼、藤田昌久等人为代表的新经济地理学学派从全新的角度产业聚集理论来研究聚集经济和产业聚集现象，该理论从一般性的角度研究聚集并提出了一个普遍适用的分析框架，进一步解释了在不同形式的递增报酬和不同类型的运输成本之间的权衡问题，并对企业聚集现象提出了经济学的解释。

新经济地理学以 Dixit-Stiglitz（D-S 模型）的垄断竞争分析框架为基础，借助新贸易理论和新增长理论的核心假定——收益递增思想，建立了描述产业聚集的"中心—外围"模型。该模型的基本假定为：一个国家，两种产品（农产品和制造品）。农产品是同质的，其生产是规模报酬不变的，密集使用的生产要素是不可移动的土地，因此农产品的空间分布很大程度上由外在的土地分布情况决定；制造业包括许多有差异的产品，其生产具有规模经济和收益递增的特征，很少使用土地"而正是由于规模经济的存在，每种制造品的生产将只在为数不多的地区进行，从而实现了产业的聚集。因此，我们可以看出，"中心—外围"模型依赖于外部经济，即规模经济、收益递增以及运输成本和需求的相互作用。尽管这些学者已经开始为产业聚集现象寻求不同于传统理论的解释，但是他们并没有阐明聚集发生的具体机制，而且其模型一开始就假设存在一个市场规模较大的中心地区（同时强调两地区间从人均水平看没有比较优势），从而也不能解释"中心—外围"模式的形成。该学派此后的研究，开始寻求"中心—外围"模式的内生解释，并阐释"循环因果"形成的具体机制。在考虑收益递增、垄断竞争和贸易成本的一般均衡分析框架中，通过劳动力的跨地区流动来探讨聚集发生的机制。在该模型中，其假定有两个地区和两个部门：规模收益不变的以农业劳动力为投入的完全竞争的农业部门和规模收益递增的以工人为投入的垄断竞争的制造业部门，制造品的贸易存在运输成本。该模型还假定农业人口在两地平均分布，工人可以自由流动，工人流动的动力来自两地的工资差异。在引入了这样的工人流动机制，通过求解厂商和消费者最大化问题，得到均衡时两个地区工人的工资之后，分析了在什么条件下会出现产业聚集的均衡结果：工人完全流向一个地区即制造业聚集于一个地区（当然也会出现其他的均衡结果，如产业完全分散或部分分散），以及均衡是否唯一，是否稳定。在均衡形成和演化的过程中，规模经济（在该模型中用替代弹性来衡量）、运输成本（也就是贸易成本）和制造业份额（即需求因素）这三个变量起着决定性作用。

二、金融产业理论分析

（一）国家金融中心理论

当前，世界级的国际中心主要包括纽约、东京、伦敦以及香港等，这些城市经济发展起步比较早，能够为世界其他金融中心建设提供重要的参考依据和经验。国际中心理论研究鼻祖，肯德伯格最早在 1974 年给国际金融中心下了定义，明确其重要功能，认为国际金融中心就是银行证券业汇集的地方，具有很大的资金储量。我国学者认为徐枫认为跨国公司成为国际金融中心的指标要具有港口、交通基础设施完善，具有发达的商业条件。陈铭仁从香港实际出发，不断总结香港在争夺金融中心的经验教训，认为在面对金融中心发展机遇过程中，要重视政策方面的调整，坚持自由化理念。经过近些年的发展，我国的香港和上海逐渐城市国际新兴市场的金融中心，促进了学术界对我国国际金融中心理论的研究。曾刚认为上海地理位置优越，海陆空交通十分便利，具有坚实的经济基础，与国外联系十分密切，在国际金融领域具有较强的影响力。李倩认为在建设金融中心过程中，需要优化资源配置，合理使用资金，提升金融中心的服务能力，激发金融中心的发展潜力。薛文礼认为在国际金融中心未来发展过程中，需要多方面的合作与交流，保证金融行业稳定发展前提下，合理地控制金融中心的发展规模，从而产生更大的附带效应，推动科技、新能源等行业的迅速发展。在建设我国金融中心过程中，要不断借鉴纽约、伦敦等国际大城市金融中心发展建设的经验，促进金融产业集群，不断创新管理模式，提升金融资源的优越性，促进现代服务行业与制造业的结合。

（二）金融地理学理论

对金融地理学而言，涉及学科交叉，主要从空间和地理两个角度研究金融集群问题。1955 年，法国学者 Jean Labasse 从地理学的视角描述了里昂地区银行网络的发展，以及中心城市间的金融联系，这是最早将金融学与地理学联系起来的论述；到了 20 世纪 80 年代，对金融地理学的研究才逐步多了起来，但对其概念和领域并没有统一的界定。20 世纪 90 年代，众多学者开始关注主流经济学的分支"新经济地理学"，其特征包括对经济行为的社会根植性分析，以及研究消耗背景在塑造经济行为等方面所起的作用。新经济地理学家克鲁格曼系统地论述了产业集群和集群经济的形成原因，并用经济学的方法系统全面地解释和分析了产业集群现象，其理论对于金融地理学的发展方向产生了深远的影响。

1. 信息腹地理论

Porteous 主要从"信息不对称"和"信息腹收集整理地"两个角度论述金融产业集群的发张 uochegn 中，并进一步指出，信息腹地就是在金融城市中心地区，能够挖掘出非常有价值的信息。信息在传递过程中，受到距离、方式等因素的影响，导致出现一些偏差，影响信息的质量。对信息腹地而言，可以在花费较少的前提下，获得准确的信息，距离近的金融中心更加具有优势。在金融中心建设发展过程中，潜在的机会和收益主要依赖于准确及时有效的信息，是城市金融中心发展集群的关键因素。因此，金融中心在建设过程中，要考虑到政治因素、经济因素、信息腹地因素，朝着中心城市聚集，尽力功能完善的金融集群区。

但在金融建设过程中，受到信息意义不明确的影响，再加上金融市场潜在的经营风险，作为金融机构要结合实际情况，及时有效地掌握市场运行信息，结合区域经济发展水平，有效搜集准确的金融信息，提高金融企业的收益水平，提升敏感度，加快信息传播速度。在金融中心，要建立信息搜集相关机构，降低成本，从而搜集有效的金融信息。

2. 信息不对称理论

由于信息本身的特殊性，金融地理学将信息分为标准化信息（公开信息）和作标准化的信息（内部信息）。由于市场上充满着大量的非标准化信息，才会引起金融市场的剧烈波动，由于资金供求双方在信息资源获得上的不对称性，对非标准信息的追逐就会更加激烈。信息不对称效应促使金融类企业向信息源聚集，这使得金融类企业可以及时获得信息，并从中获得收益。

运用市场摩擦理论经过大量的实证研究，得出以下结论：一是某个区域金融活动在地理空间上的集群与相邻区域内金融活动在地理空间上的分散趋势是并存的；二是不对称信息，一方面是塑造信息腹地和决定金融集群的重要因素，另一方面是区域间经济发展差异和全球经济结构差异的重要影响因素；三是针对信息内容的不同对金融活动进行分类具有实际意义，证券交易由于对信息敏感性更强，则更倾向于聚集在信息集中、易获得和交易成本更低的地区。

通常情况下，距离越远，收集和核实信息的成本就会不断增加，并且随着信息消费者和信息生产者之间距离的增加，非标准化政策信息的潜在作用和质量将会快速衰退。由此，金融机构对非标准化信息的追逐将驱动其集群到非标准信息的密集地。由于，一个地区的政策、法规、惯例等，通常情况下是受本地区经济、政治、文化等因素的影响；同时，当地的机构要远比外来机构更了解当地市场规则。由此，政治中心、经济中心、交通中心等地理因素对非标准化信息的第群具有重要的影响力。

3. 信息外在性理论

从本质上讲，金融机构依靠经营信息赚取相应的利润，获取相应的收益。金融集群区不仅是金融机构、金融资源和金融人才的汇聚地，还是信息流的汇聚和发源地信息，在一定程度上具有公共产品的性质且传播速度快、成本低，那么巨大的"信息外在性"会使金融机构的集群在信息量的倍增中获益，从而产生信息的套利活动，Davis 实证调研了金融服务业，得出结论：一是在金融集群地区，各个层次的金融服务机构都倾向于集群发展，包括金融辅助性行业，如法律咨询、财务管理、保险精算、风险评估、保险中介等行业；二是金融机构与交易市场接近，不仅会大大减少交易成本，而且能够促使将金融机构互相学习，同时也将产生技术外溢，引发技术创新。同时，Davis的研究还指出，技术创新与外部经济和优质的信息流密切相关，如果金融服务和金融工具的定价具有更大的竞争力的，则金融资源流动性和金融交易效率将会更高，并且随着金融市场高度相关，产业之间的相关度也将不断提高。

4. 路径依赖理论

路径依赖又译为路径依赖性，它的特定含义是指人类社会中的技术演进或制度变迁均有类似于物理学中的惯性，就是人们一旦进入某一路径（无论是"好"还是"坏"）就可能对这种路径产生依赖。金融集群的形成过程与路径依赖有着很大的关系。如果人们做了某种选择，就好比走上了一条不归之路，惯性的力量会使这一选择不断自我强化，并让你轻易走不出去，产生极为严重的依赖性。Arthur认为，集群是特定的递增收益、"路径依赖"或历史的累积和区位的"锁定"，作为产业集群特殊类型的金融业，空间集群的路径依赖特征更为突出。

5. 金融地理学概述

金融地理学理论把地理位置、距离与空间等地理因素引入对金融的研究中，同时考虑由于地理因素的差异而产生的不同的社会人文因素对金融集群的影响，解释了金融集群形成机制。一是金融地理学用地理学的概念、方法和理论作为研究金融的工具，用地理学的方式表述金融学，分析地理与金融环境关系。其中，"地理"是广义概念，包括社会人文环境和自然地理，强调事物发展的大背景；二是金融地理学将非标准化信息和不对称信息视为形成金融集群和集群程度的决定性因素；三是金融地理学认为，金融集群的过程与路在依赖有关。一方面，以历史、特殊事件等偶然性因素形成的路径依赖，依靠实体经济发展并不断累积，自发吸引金融机构迁移，逐渐形成集群；另一方面，政府的战略部署、发展规划和扶持政策等，也是吸引金融机构聚集的主导力量。

但随着经济全球化和互联网、信息技术的飞速发展。一些学者对金融地理学提出了质疑，认为地理区位对经济活动的影响在日益削弱。O'Brien提出："地理区位在国际金融关系中对经济发展状况的决定不再重要、或不如以前重要。"Caimcross从电子通信对距离成本影响角度，表述了类似的观点。很多学者对此进行了反驳，认为这种观点太过狭隘，Martin提出，经济金融全球化并没有削弱国家边界的影响。Clark认为："即使电子信息技术使金融系统的地理性减弱，但地理性依然存在，特别是市场信息的地理差异仍然较为明显。"劳拉詹南在《金融地理学》中指出，"尽管金融服务具有很大的自由流动性，但实际上不同地区的金融景观是完全不同质的，具有极端的异质性和不规则性，金融服务业是具有明显地理特征的经济活动。"此外，从我国当前金融集群趋势看，尽管经济金融全球化、信息化飞速发展，但地理区位对金融集群仍起着重要作用，特别是人文地理的作用。

（三）金缺市场集群理论

在 1974 年，肯德伯格认为，在金融中心发展过程中，经济发展是原动力，由于信息市场发展的不协调性，导致金融产业出现集群的现象，经济的迅速发展能够带动相关产业和信息的发展。W. 梅认为，对纽约、东京和伦敦等金融城市而言，各种金融产业和中介会大规模地向城市中心集群，从而建立完善的金融中心，形成集群效应。杰拉德乔治认为（2003）与传统行业相比，金融产业发展更具有集群倾向。随着金融市场经济的发展，出现了大量的金融产品、证券、基金以及其他金融衍生品等，它们与货币一样能够进行等价交换，具有很强的流通性和便利性。在当前信息化时代下，金融信息传播速度更快，涉及范围更广，可以增强金融资产的敏感度，有效地降低金融产品交易的程成本，给投资用户带来巨大的经济收益"

三、金融产业集群与比较优势

（一）比较优势理论与金融资源地域运动

1. 比较优势理论

（1）传统贸易理论

包括英国古典经济学家亚当·斯密的绝对优势理论大卫·李嘉图的相对优势（比较成本）理论以及瑞典经济学家赫克歇尔和俄林的要素票赋理论（简称 H-O 理论）"亚当·斯密的绝对优势理论认为，社会各经济主体按自己的特长实行分工，进行专业化生产，然后通过市场进行交易，从而在总体上实现社会利益最大化，这一理论虽然解决了国际贸易产生的重要动因，但却无法回答一个问题，即如果一个国家在任何商品生产上都没有绝对优势，那么这个国家还能不能参加上述国际分工？大卫·李嘉图的相对优势理论认为，不论一个国家的经济处于怎样的状态，经济力量是强是弱，技术水平是高是低，都能确定各自的相对优势，即使总体上处于劣势，也可从诸多劣势中找到相对优势。比较成本的关键在于比较。李嘉图的相对优势理论回答了斯密绝对优势理论无法回答的问题，但到底是什么原因造成了各国在生产不同产品上的比较成本差别呢？瑞典经济学家赫克歇尔和俄林的要素禀赋理论（简称 H-O 理论）对此作出了解释。该理论认为，在不同国家同种商品之生产函数相同的条件下，比较优势产生的根源在于各国或区域生产要素相对禀赋的不同，以及不同商品生产在要素使用密集形式上的差别。因此，各国应当生产出口那些密集使用本国相对充足要素的产品，而进口那些密集使用本国相对稀缺要素的产品。

在斯密和李嘉图的贸易理论中，劳动是唯一的生产要素，生产技术是给定的外生变化，生产规模报酬不变，市场结构为完全竞争。作为古典经济学理论体系的一部分，这两个理论被称为"古典贸易理论"。H-O 理论的前提假定是各国之间单位生产要素的生产效率都是相同的，即各国的生产函数都是相同的。而李嘉图的理论则认为各国比较成本的差异是由各国生产要素的生产效率之差别造成的，也即各国的生产函数是不同的，而且一定时期内这类不同性保持不变。在 H-O 理论中，劳动不再是唯一的投入，但生产规模报酬仍然不变，市场结构仍为完全竞争。H-O 理论被称为"新古典贸易理论"。

（2）新贸易理论

由于传统贸易理论是以"生产规模报酬不变"和"完全竞争"为基本假定的，故很难解释 1945 到 1975 年间出现的大量新现象：国际贸易的垄断竞争、新技术保护主义、产业内贸易等。事实上，这些现象都可以用"规模经济""产品差异""不完全竞争"予以概括。针对传统贸易理论的不足，以不完全竞争为假设前提的新贸易理论应运而生。除了产品差异化以外，该理论中最重要的一个核心概念就是规模经济，即指企业在不完全竞争条件下因参与国际贸易导致市场扩大从而使长期平均成本随着产量的增加而下降口与传统贸易理论相比，新贸易理论大量运用产业组织、市场结构、不完全竞争、规模经济、产品差异等概念和思想来构建新的理论模型，使国际贸易理论取得了新的重大进展。然而，直到 20 世纪 80 年代初期，建立在规模经济基础之上的新贸易理论仍然没有兼容传统的比较优势，故其对贸易现实的解释能力仍然没有一般化。1985 年，赫尔普曼和克鲁格曼的《市场结构和对外贸易》一书的出版，标志着新贸易理论趋于成熟，该书综合了各种新的贸易理论，提出了一个系统的分析框架，从而把新贸易理论提升到基础理论的高度，使其适用性进一步增强，该书提出的一个贸易模型不仅导入了规模经济、产品差异因素，符合垄断竞争假设的条件，而"还兼容了传统比较优势，从而使新贸易理论更一般化，解释力更强。该模型表明，第一，产业间贸易是建立在比较优势和要素禀赋基础之上的，劳动力资源丰富国之所以成为劳动密集型产品的净出口国和资本、技术密集型产品的净进口国，起决定作用的主要因素仍然是比较优势。第二，产业内贸易则是建立在规模经济和产品差异基础上的，即使两国具有同等的技术水平和相同的资本—劳动比率，两国同产业的厂商仍将生产异质产品，消费者对外国差异制成品的需求仍将引致产业内贸易。

（3）竞争优势理论与广义比较优势理论

竞争优势理论。迈克尔·波特认为，一国的产业国际竞争力取决于四个基本因素：即生产要素需求、相关支持产业、企业的经营战略、组织结构与竞争方式。除此之外，还有两个辅助因素，即机遇和政府作用，他认为，竞争优势和比较优势是相互对立的范畴，提出竞争优势理论的目的就是取代比较优势理论"波特提出的有关竞争优势的上述决定因素对于一国提高其产业国际竞争力有重要的借鉴作用，同时也对广义比较优势概念内涵的拓展提供了有益的思路。但是，波特竞争优势理论的局限性在于制度因素为给定的前提而没有予以关注。

广义比较优势。张小蒂认为，比较优势有广义和狭义之分。广义的比较优势包括三个层次：一是资源禀赋与比较成本。任何一国对外贸易的发展都会受其国内资源禀赋与比较成本的制约。二是外部经济与后发优势。表现为促进技术进步的动态优势和避免走"先发"国家的弯路，外部经济与后发优势可以构成中国经济广义比较优势的重要组成部分。三是竞争优势与制度创新，在不完全竞争的当代世界经济中，国际贸易是按照包括了竞争优势在内的广义比较优势进行的，他认为，广义比较优势可以兼容竞争优势。传统的比较优势理论是建构在完全竞争的世界里的，而竞争优势是建构在不完全竞争的世界里的。在完全竞争的世界里，不存在非价格竞争等，故比较优势直接体现为价格竞争优势，因此比较优势和竞争优势是完全一致的但在不完全竞争的世界里，价格竞争优势不但源于比较优势，还可能来自于规模经济、产品差异等因素。将竞争优势概念纳入到广义的比较优势体系中去，有利于从理论上更好地指导今后中国经济的发展。

（4）内生比较优势与外生比较优势理论

杨小凯将比较优势划分为内生比较优势和外生比较优势。他认为，亚当·斯密的绝对优势是内生的比较优势，因为斯密认为生产不同商品的个人之间的生产率上的差异是分工的结果而不是分工的原因。而大卫·李嘉图的比较优势是一种基于技术差距的外生比较优势，被称为"外生技术比较优势"。同样，赫克歇尔—俄林的要素禀赋学说也是外生比较优势，它是一种基于要素禀赋的比较优势，被称为"外生禀赋比较优势"。杨小凯认为，经济发展的驱动力和微观机制是外生比较优势与交易成本、内生比较优势与交易成本、规模经济与交易成本之间的两难冲突。

王世军（2007）对内生比较优势和外生比较优势做了更清晰的定义。他认为，内生比较优势是指分工前参与主体完全平等，没有任何优势或劣势，分工后由于生产技术提高、要素节约或规模扩大等内在原因，导致参与主体在分工产品上具备优势。内生比较优势可以分为两类：基于生产规模差异的内生比较优势和基于技术差异的内生比较优势。外生比较优势是指分工前交易参与主体已经具有优势或劣势，分工后选择具备优势的产品。外生比较优势主要包括基于技术差异的外生比较优势和基于要素差异的外生比较优势。

2. 比较优势与金融融资地域运动

金融产业是金融地域运动与具体地域空间融合而成的有机实体。金融资源主要包括金融资源具有突出的层次特征：基础核心层的货币资金、实体性中间层的工具体系和组织体系、整体功能层的制度和法规等。各层次金融要素间分工严谨、紧密相关，存在相互相合的性能关联。货币资金与金融工具体系是金融功能借以实现的客体，前者接受利率引导，选择和改变地域投向的运动非常明显，后者接受价格引导，地域普及和创新的动机强烈。所有金融要素按照一定比例参与地域运动，通过专业部门的运作，构建出完整、独特的价值运动系统，凝聚成具有统一属性的产业集合，即金融产业。金融产业不是虚拟经济，而是一种复合型组织体系，它一般由银行业、证券业和保险业等专业部门构成。金融产业是创造价值的实体，通过金融产业各部门的组织和运作，在投入与产出之间产生"整体大于要素之和"的特征；同时它也是开放的、具有推动力的产业，与其他产业保持密切的关联，促进利于导向其他产业的革新与发展，成为经济发展的启动器。

对于金融资源还有另外一种界定方法，金融体系的要素主要包括业务、机构和市场、制度，三者也分别即金融资源、组织和环境，因此狭义的金融资源主要是指金融业务。金融资源主要是在资金价格的引导下在区域间运动，金融资源集中于最能发挥潜力和实现最高经济效益的地区。产业部门总要落实在具体区域上地理位置、交通信息、社会经济等地理因素的客观差异形成了产业的地域特色，金融产业也概莫能外，金融产业成长与区域经济总体状态存在着一种相互需求的内在关联：一方面，金融产业虽在一定程度上并不绝对依赖于实物运动，但也不能完全脱离实物运动而独立存在区域经济发展水平是金融产业成长的重要地理约束条件，为其提供了发展空间。另一方面，金融产业成长是介入区域经济发展的动力性条件和重要力量，是推动区域经济非均衡运行的启动器和神经中枢。

金融资源的地域运动形成金融产业集聚现象可以用产业的自组织系统理论来阐释"耗散结构论"创始人普利高津和他的同事最早准确提出和使用了"组织"的概念，用其描述了那些自发出现或形成有序结构的过程。"协同学"创始人哈肯准确地定义自组织为："如果一个体系在获得空间的、时间的或功能的结构过程中，没有外界的特定干涉，我们便说该体系是自组织的。"这里"特定"一词是指，那种结构或功能并非外界强加给体系的，而且外界是以非特定的方式作用于体系的。另一个更为清晰的定义是由我国的苗东升教授给出的，他认为"自组织指一种有序结构自发形成、维持演化的过程，即在没有特定外部干预下由于系统内部组分相互作用而自行从无序到有序、从低序到高序、从一种有序到另一种有序的演化过程。"

产业经济系统中存在非平衡性。首先，各子系统之间从要素（劳动和资本等）的收益率到产业之间的增长速度、需求扩张和作用地位都存在差异。所以产业系统是非平衡的，并且随着时间的推移和开放度的增大而远离平衡态。其次，企业之间也是非平衡的，企业之间的生产要素在质量上，以及收益率上都存在着差异，一部分企业由于规模大、生产技术水平先进，在产业发展中居于主导地位，而另一部分企业则处于从属地位。企业间在信息获取、市场占有率等方面也是非平衡的。在开放条件下，由于内外因素的作用，开放逐渐加大，非平衡的作用逐步加强，产业系统逐渐从近平衡区走向远离平衡的非线性区，使产业系统远离平衡态。

"非平衡是有序之源"，产业经济系统资源在不停地流动的，系统逐渐从非平衡向平衡方向发展。为适应需求的变化和更有效地对技术加以利用，劳动和资本总是从生产率较低的产业部门向生产率较高的产业部门转移。因此，生产要素在企业间的流动并不是朝着均匀方向发展，而是由劳动生产率低、效益差的企业向劳动生产率高、效益好的企业流动。当然，对于产业经济系统，非平衡是常态，而平衡态常常是难以维持的。

因此，金融产业集聚作为金融产业的一种空间组织形式，是金融资源地域运动的结果：金融资源受经济效益和价格机制的引导而在区域间运动，产业经济系统中基核的存在使得系统内资源从无序到有序，产业经济系统也逐渐从不平衡走向平衡。

（二）内生比较优势与金融产业集聚

金融资源地域运动的最终目标是追求更高的收益率，但地区之间投资收益率的差距归根结底取决于各地区的比较优势。区域比较优势主要包括内生比较优势和外生比较优势，前者包括外部经济、贸易需求、路径依赖；外生比较优势包括地理区位、基础设施、制度、人才、历史及偶然因素等。不同区域对于这些因素各具优势，在此影响下，金融资源在不同地域之间运动，从不均衡到均衡方向发展。

1. 外部经济

内生增长理论认为，经济外在性和递增规模收益与空间集聚和专业化相关。主要包括递增收益、相关产业熟练劳动力的空间集聚，以及技术创新提供了增长和竞争的主要元素。

韩国经济学家帕克（Y.S.Park）将微观经济学的规模经济理论应用于国际银行业的发展和国际金融中心的成因分析上不仅规模经济，范围经济也是影响金融产业集聚的重要因素，因此，用外部经济的原理来分析金融产业集聚更为恰当。外部经济是指微观经济单位在空间上彼此接近时所产生的降低成本和增加收益的经济效益。它是促成生产和经营单位空间聚集的主要动因。以国际金融中心来说，外部经济主要表现在以下几个方面：①行业内银行之间的协作多个银行的空间聚集，可以加强银行间的协调和配合、降低成本，提升经营能力。特别是从 20 世纪 60 年代以来，批发市场贷款业务逐渐成为国际银行业的主要利润来源。由于这些贷款数额大，风险高，特别要求银行间的密切配合。国际金融中心提供了这种配合的良好环境。②金融机构之间共享基础设施各部门的空间聚集，可以共同建设和使用基础设施和服务设施，从而可以减少投资，降低成本。同时，还可以形成一个多样化的劳动市场，方便各产业部门的人才交流。一个国际金融中心往往是多部门的空间聚集，拥有先进的技术装备和良好的基础设施。这些设施是花费巨大成本建立的，金融、交通运输、工业生产各部门同时使用它，无疑是物尽其用、效率较高的。③生产者与消费者之间的邻近金融服务业是生产和消费同时性的产业，国际金融中心使生产者和消费者在空间上彼此接近，减少流通环节，起到方便生产和消费的作用。④信息沟通的快捷对于需要参与者面对面进行的金融市场交易活动而言，金融中心使他们在空间上彼此接近，可以沟通和传递信息，减少旅行的时间和成本，有助于提高效率。

2. 贸易需求

制造业是经济发展的基础和根本动力。金融产业作为服务业，金融企业的"客户追随"导致金融企业集聚的产生。由于金融产业首先是在对生产者即制造产业服务的基础上发展起来的，金融集聚的发生和制造业中心的转移密不可分。国际贸易学用"追随客户"理论来阐述这一现象，即金融企业跨国经营的主要动机是配合国际贸易的进行。金融机构在主要贸易伙伴国设立分支机构，可方便贸易结算与支付。提高本国出口竞争力，并从中获取稳定的中介收入，提高企业的业务量及利润。

金融机构的主要竞争优势来源于其客户信息，那些从事制造业的跨国公司为了避免减少企业核心信息的泄露，因此总是选择与较少的金融机构进行业务往来，一般都会选择长期契约进行合作。因此金融企业随着其重要客户全球布局点的迁移而发生转移这一现象，不仅可以根据其理论框架提出一个合理的假设，即"防御扩张假说"，也可以很容易地获得相关数据指标来对所谓"追随客户"现象进行实证。Brimmer&Dah 最早将"防御扩张"一词引入跨国银行"追随客户"的现象，Bush（2002）对金融产业中的核心产业银行业的跨国转移的相关研究文献的归纳梳理发现 FDI 和贸易是与银行进入最密切的两大因素，因此可以看出客户追随是跨国金融企业对外投资的最重要原因之一，也是金融产业集聚地变迁转移的核心因素。

从国际金融中心形成的决定因素来看，国际贸易的发展带动了银行支付、信用证、贸易融资等业务的发展。实证研究表明，一个国家或地区的人均收入水平越高，国际贸易余额越大，金融部门规模就越大。进口与金融部门的发展有明显的正相关关系，而出口与金融部门的发展则呈现出负相关关系，一种可能的解释是，出口商用买方货币作为计价单位，以规避外汇风险，因此，出口通常利用进口国银行提供的金融服务，从而缩减了本地金融业的规模。

另外，金融部门的规模与一个城市的跨国公司数目、规模和业务范围也具有相关关系。

（三）外省比较优势与金融产业集聚

1. 地理

交通中心、时区、政治中心等地理因素对金融中心的布局存在影响。交通中心为实体经济运行的枢纽，这里汇聚了最多的"非标准化信息"，纽约、伦敦、东京、新加坡都是交通中心。上海与香港都是优良的海港，守住了中国与世界的商业信息走廊的咽喉，将是中国国际金融中心最好的选择。纽约 - 伦敦 - 东京之间的三大洲的时差可以使全球的金融交易在正常工作自内都不会停息。金融中心跟政治中心也有着紧密的联系，"圣彼得堡的金融事务源于其政治地位，在圣彼得堡的政治功能输给莫斯科后，金融业同样转向了莫斯科，并壮大了莫斯科的经济实力。具备收集、交换、重组和解译信息的能力是国际金融中心最根本的特征。收集能力很大程度上依赖于中心外部的因素：早期形成的河流交叉点和经济航线；后来建成的铁路、地下电缆和高速公路枢纽；以及今天的先进的航空联系和卫星通信。相反，交换、重组和解译功能由中心自身条件决定。

由于面对面的接触仍是决策中非常重要的方式，节点城市的集聚优势对于公司选址十分重要。公司喜欢移至或待在具有以下特征的地点：①具有充分交通和通信基础设施的战略节点；②有特定范围的劳动力市场尤其是具有熟练信息处理技能的人员能够提供高质量的外部服务；③丰富的社会和文化愉悦；④好的社会制度因素包括人们的工作态度、忠诚度、生产率及技能等。

2. 制度因素

交易成本和集聚经济正相关。政府在某城市的优惠政策也能吸引跨国公司的地区总部并产生集聚。政府可以创造税收和投资激励以产生支持项目，这些鼓励和便利了本地生产者及外地购买者之间的联系。

这里的制度主要包括监管环境与税收制度。监管与税收制度是一个地区或城市投资环境质量的主要方面。对存贷款利率的限制、业务许可和存款准备金要求方面的差异对资金的国际流动和金融机构业务发展的地理分布产生重大影响。

例如美国 20 世纪 70 年代严格的分业经营和银行监管直接促进了欧洲美元市场的形成，对于监管制度，其具体界限非常重要，既能够对市场强制实行有效的控制，同时监管制度的限制性不能太强，否则它将会促使市场转移到其他地方。金融机构通常欢迎保持市场秩序，维持公众信心的监管制度与措施，但对业务和利率的限制，导致金融机构成本上升的监管措施持抵触态度，监管机构批准新产品的速度也成为监管环境质量的重要指标（潘英丽，2003）。税收是金融机构判断投资环境质量方面的一个重要因素。通常金融机构在已经作出迁移决策后，则会测算不同地区的相对税收负担公司所得税、个人所得税、销售税、财产税以及公用事业税和物业所用税等其他税收。如果政府对金融业采取自动化和国际化政策，并提供税收方面的优惠和便利，那么对于金融产业集聚的促进作用是相当大的。例如 1968 年新加坡开放离岸金融业务，并以低税收、提供便利等来吸引和鼓励外资银行在新加坡营业。外资银行纷纷登陆新加坡经营亚洲美元业务，亚元市场及亚元债券市场形成；金融的国际化带动国内金融业的发展，资本市场、保险市场、外汇市场得以完善和发展。到了 20 世纪 80 年代，新加坡已成为亚洲主要的国际金融中心。

3. 经营信息因素

（1）经营成本

日益激烈的竞争已明显增强了金融机构对经营成本的敏感性在各类成本中，"空间成本"如办公楼租金、不动产价格、建筑成本成为金融机构选址时考虑的重要因素。随着计算机技术的运用，能源作为经营总成本的一部分已变得越来越重要因此，公共事业费用和能源来源的可驱性成为金融机构相当关注的问题。

（2）信息技术

通信服务的价格、可获得性、质量和可靠性在决定一个地区是否具有潜在吸引力时也较为重要。随着信息技术的发展，金融机构倾向于通过现代信息技术方面的调整努力加强与客户的联系。信息技术主要是指现代通信和电子技术一项调查显示，银行与金融机构平均每年电信费用预算至少比其他行业高29%。但是与成本相比，电信服务的质量与可靠性变得越来越关键。接收股市或外汇市场即时行情信息的短暂延迟或一笔资金电子转账交易或结算的失败可能意味着一家金融机构数百万元的损失。电话与网络银行，电话与网上交易的发展也充分显示了金融市场开发、金融服务分销与金融交易效率的提高对电信服务的依赖性。电信设施的质量取决于这样一些因素：设施内利用现代技术的程度，升级现有设施的投资规模（它预示着未来技术水平的高低），地区电信公司对业务需求的反应程度和能力（电信公司提供专业化解决方案和服务的合理定价能力，安全新设施的及时性，为客户提供维修和服务的能力），政府对电信业特别是鼓励网络投资的态度和政策（包括税收政策、折旧补贴、激励技术升级的规章或政策）。

4. 人才因素

人力资源是金融服务业的核心资源，人才的优势也是金融机构最重要的竞争优势。对于金融产业集聚来说，人才的聚集效应变得日益重要。有才能和创业精神的投资银行家、基金经理和货币交易员如果聚集到一起并且相互影响，他们在进行交易、开发产品、拓展投资、寻找机会、发现客户等方面的表现将会更为出色"掌控金融交易不仅需要一流的金融和商务人才，还需要法律、会计、项目管理和信息技术方面的一流人才。随着金融产品的复杂化，对金融工程师的需求十分强烈，金融工程师需要掌握丰富的知识，包括法律、税收、会计、计算机、统计、经济学、数理经济学、金融产品知识等。因此，一个同时具有多种类型人力资源供给的地区对金融机构总部或各业务部门都具有吸引力金融业或金融中心吸收的高学历人才要比其他行业或地区多。城市生活费用和生活质量的差异也对金融机构能否吸引和留住高层次人才产生影响。劳动力成本及间接影响劳动力成本的城市生活费用水平，对金融机构选址决定有一定影响，但是劳动力的素质与专业技能也是金融机构十分重视的因素。通常金融机构关注的是工资产出比率，而不是简单地比较不同地区员工绝对工资水平的相对差异。

5. 历史、偶然因素

历史与偶然因素也可以导致金融产业集聚的形成威尼斯金融中心就是其中的一例，从13世纪开始，威尼斯就成为当时世界的金融中心，其银行业、票据交换、货币兑换等行业已经非常发达。在15世纪之前，威尼斯凭借其东西方贸易枢纽地位以及发达的结算信贷系统，一直占据着世界金融中心的位置。

威尼斯之所以能够发展为金融中心，主要得益于中世纪欧洲教会对金融行为限制的历史背景。在整个中世纪，欧洲教会都明文禁止附带利息的资金借贷行为早在公元325年，基督教的第一个大公会议一尼西亚大公会议通过的教会条例中即禁止借放高利贷的行为，在这之后的 15 个世纪，高利贷一直被严令禁止，并且成为基督教教义的核心思想之一。威尼斯的政治体制近似于一种寡头垄断的议会制，议会由多个领导家族派出的代表操控。议会代表多数都出身于大商人和银行家等货族集团，他们在长期的经商贸易中积累了巨额财富，并利用议会操纵政策走向。在商业利益和封建教条产生冲突的时候，他们更倾向于对原有教义的重新诠释在这种体制下，威尼斯成为少数几个受禁止高利贷教规影响较小的城邦国家之一。从公元 1164 年开始威尼斯政府即利用公债进行融资，并且随着公债规模的扩大，威尼斯还建立了公债二手交易市场，这在当时欧洲其他地区是不可想象的。因此，可以说威尼斯金融中心是在特定历史条件下，特殊的议会体制下偶然形成的。

外生比较优势是金融产业集聚形成的最初吸引力，而内生比较优势是金融产业集聚发展的内在动力。金融产业集聚是外生比较优势和内生比较优势共同发生作用的结果，这一点从世界金融中心的发展途径得到反映工从世界各层级金融中心的发展历史来看，金融产业集聚形成包括有两条有效途径：一种是借助历史和特殊事件等偶然性因素所形成的路径依赖，依托所在实体经济的发展积累，自发吸引金融企业迁移而形成集聚，早期的区位优势一旦形成，必然通过前向和后向产业关联的乘数效应形成锁定，从而进一步巩固集群的稳固性，扩大集聚地的辐射效应和吸引力；另一种则是主要依赖国家的相关扶持性产业政策，由政府根据经济发展战略进行空间布局，按照相关标准对城市进行评估比较选择出具有金融产业集聚潜力的城市，并给予相当宽松灵活的产业政策进行发展配套，明确企业选址投资的方向。

第二节　数字金融产业集群对区域经济发展的影响

一、金融产业集群对区域经济发展的理论与实证研究

（一）理论方面的研究

早在 18 世纪初期，国外学者就针对金融产业集群与经济发展二者之间的关系进行研究。在 1912 年，美国学者休斯·彼得就撰文写道，企业的发展离不开现金流，而持续不断的现金流则有赖于金融技术，因此他提出了著名的观点，即"金融业的发展带动整个经济体的发展"。后来，经过经济学者长期的研究，最终由美国耶鲁大学经济学会提出，金融业发展和经济发展是互相促进的，金融发展依托于经济发展的整体背景，而经济发展的活力很大程度上要靠金融发展来推动，他们引入了"供给引导机制"和"需求引导机制"两个概念。英国学者指出，金融业的产业集群是不可能在区域经济发展落后的地方产生的、因为经济落后的地方通常缺少支持金融业发展的必要条件，更不用谈

形成金融中心。他以伦敦，纽约和东京为例，由于这三个城市的经济实力无论是在区域内还是在全球都位居前列，因此有足够的资源支撑金融业的发展和集群。这个说法不仅得到了学术界的认可，也得到了实务界的一致同意。博格特则认为完善金融体系可以有效提高资金的利用率，促进经济的增长。熊彼特从银行家和资本家的角度，分析金融体系在采用新科技方面的重要性，并进一步指出，完善的金融体系在很大程度上能够推动科技的创新进步，促进经济的快速发展。另一位学生麦金农年也认为完善的金融体系能够推动实体经济的发展，二者是相互作用的。我国对金融产业与经济发展之间关系研究历史比较短。我国学者周立重点阐述了金融产业系统促进经济增长的理论，在金融系统运行过程中，通过风险管理和信息揭示等手段，从根本上提升实体经济发展的效率，进一步拉动经济的增长。谈儒勇在论文中指出，尽管早期股票市场的发展和经济增长的宏观背景呈现负相关关系，但随着股票市场的不断发展，二者之间已经逐渐呈现正相关关系，这一说法对后来我国股票市场发展，乃至整个金融行业的监管不断优化改革，以及我国社会经济发展有十分重要的意义。其后有学者进而使用金融相关比率和金融市场化比率两个指标作为量化衡量区域经济发展和区域内金融发展水平。由于其客观真实，并且量化到位，因此其得出的结论在国际上得到了广泛的认可，即"金融发展水平和经济发展水平呈现明显的正相关性，而且金融业的集群现象发生在经济水平相对发达的地区。"

（二）实证方面的研究

我国的学者研究的重点主要集中在资本流动导致区域发展横向对比和同一地区金融发展与经济增长之间的纵向对比"比如唐旭对某一区 10 年间资本流动样本区间，大致分析了这一区域内资本流动与区域经济发展的基本情况，认为在区域经济增长过程中，与资本流入量成正比例关系。汪兴隆认为，货币资金配置失衡会导致区域经济发展失衡，并且认为区域历史资金数据在很大程度上代表了金融行业的发展水平：随着市场经济和金融行业的发展，我国学者把研究的重点放在区域经济发展的时间序列和面板数据。比如马正兵认为金融行业的发展与经济发展之间密不可分，具有高度的关联性，金融产业的发展直接推动了第三产业的发展，优化社会资源配置，推动技术创新，产生很多正面的经济效应，带动了经济的发展。

（三）区域经济发展对金融业产业集群的影响

金融本身是商品经济发展到一定阶段的产物，因此金融业的产业集群也应当在经济较为发达的地区进行。而且金融业是经济发展的一个方面，区域经济发展必然带来金融业的发展。就一个区域而言，金融集群应当在区域的经济中心。2008 年美国次贷危机后，全球主要经济体都受到了一定程度的打击，有的国家甚至发生了中央银行破产的现象，金融领域可谓是进行了一次"大洗牌"。美国纽约华尔街遭到重创，雷曼兄弟公司破产，花旗银行失去银行界老大的地位，伦敦金融机构破产的更多。这导致在金融危机发生之后，世界的金融中心的实力和布局都发生了很大变化。

首先是伦敦和纽约传统的集群效应有所削弱，上海、东京、新加坡等地的金融集群效应开始日益显现，尤其是上海，由于金融危机中中国政府对市场有力的支持，不仅让中国平稳度过了金融危机，还创造了经济增长率"保8"的奇迹，因此其作为金融中心的潜力大增，未来预期看好。深圳、台北的集聚效应也有所增强，分别位居世界第23和25位。由于"金砖四国"在经济危机后恢复较快，而且金融创新和金融监管不断发展到位，因此得到了投资者们的认可，而传统的金融中心由于监管不力等原因失去了投资者的信任。此外，2010年世界银行报告中国经济实力居于全球第二，超过日本，因此，上海、香港等地的金融业集群效应将会进一步发挥。

其次是发展中国家大力推进离岸货币发展，传统美元新权再度受到影响，尤其是人民币离岸市场的建立和发展，依托香港和上海自贸试验区，目前取得了阶段性的成果，中国经济实力的迅速提高，也带动了上海集聚国际金融业的能力和实力。2013年国家提出"把上海建设成为与人民币地位相适应的国际金融中心"，就是这种现象的写照。由于当前发展中国家的经济发展势头强劲，因此将会有越来越多的金融中心在这些国家产生。由于金融危机冲击了发达国家的经济发展，随之而来的是这些国家的货币也纷纷失去原有的霸权地位，而发展中国家由于受到金融危机的创伤小，尤其是中国在金融危机中脱颖而出，人民币国际化进程逐渐加快。这说明，宏观经济实力是金融集聚的根本动力。

再有，从我国国内来看，提出建设区域金融中心，并且得到地方政府和中央政府支持的有20多个城市。经过笔者总结归纳发现，这些城市都是省会城市。由于省会城市往往是一个省的经济、政治、文化中心（广东除外，广州并没有提出建设区域金融中心概念，而是由深圳提出，这和深圳的经济特区定位有关），因此经济实力雄厚，政策支持有力，能够吸引人才、资本等汇聚，形成金融集群效应，进而建立区域金融中心。这说明政府决策者在制定政策时，也充分考虑到区域经济中心才具有足够的资源支持金融业的集群，才能真正推动金融集群的落地。

二、金融产业与经济增长之间的关系

随着经济的迅猛发展，金融应时而生，金融依附于经济生存，并作用于经济的发展，金融对经济的增长既有推动作用亦有不好影响。政府要十分重视金融宏观调控和金融监管，力图通过有效的宏观调控实现金融总量和经济总量的均衡，控制金融机构的经营风险，防止金融泡沫，保持金融安全，实现经济的持续、稳定、协调发展。

（一）经济增长决定金融发展

1. 金融在商品经济发展过程中产生并伴随着商品经济的发展而发展。

在经济发展初期，人们不需要金融来进行商品交易，人们只是进行简单的物品对物品，物品对货币、货币对物品的简单交换来满足自身要求。随着商品经济的不断发展，产生的许多复杂的金融需求，金融规模也日益扩大。为了满足经济发展需求，金融必须采取现代化的手段为社会经济提供金融产品和服务，例如：推出新的金融工具和金融手段来满足投资者和筹资者。金融要依附于经济生存。

2. 商品经济的不同发展阶段对金融的需求不同，由此决定了金融发展的结构、规模和层次。

从结构上看，经济发展的结构对金融有决定性影响。如现代部门与传统部门并存的二元经济结构决定了二元金融结构，从规模上看，经济规模决定金融规模。一定时期的货币供给量主要受制于当期的商品供给量。从阶段上看，经济发展阶段决定了金融发展的阶段。在经济发展的低级阶段，只有简单的金融需求，金融活动只能解决货币流通、资金融通和支付清算等基本金融问题，金融发展亦处于初级阶段。

（二）金融发展对经济增长的作用

金融发展对经济增长的作用主要体现在金融对经济的推动作用；通过金融运作为经济发展提供各种便利条件。金融正是通过自身的运作特点为现代经济发展服务，如提供货币促进商品生产和流通、提供信用促进资金融通和利用、提供各种金融服务便利经济运行，等等，为现代经济发展提供必要的条件。通过金融的基本功能为经济发展提供资金支持如通过吸收存款和发行有价证券、向外国借款等为经济发展组织提供来源；通过发放贷款、贴现票据、购买有价证券等为经济发展提供资金注入。通过金融机构的经营运作来提高资源配置和经济发展的效率节约成本通过科技提供资金支持和金融服务，促进技术进步和科技成果的普及应用，从而大幅度提高社会生产率；合理配置资源，节约交易成本，提高经济发展的效率。通过金融业自身的产值增长直接为经济发展做贡献金融产业值得快速增长，直接增加了国内生产总值，提高了经济发展水平。

受到市场经济发展的影响，导致金融行业发展存在的一定的风险，会对经济发展产生负作用。因金融总量失控出现的通货膨胀、信用膨胀导致社会总供求失衡，因金融业经营不善使金融风险加大，将破坏经济发展的稳定性和安全性，引发经济危机。因信用过度膨胀产生的金融泡沫，刺激过度投资，增大投资风险，对经济发展有很大的破坏性。20 世纪 80 年代末，日本的银行体系在"泡沫经济"破灭后形成了巨额坏账。据日本大藏省 1998 年 1 月公布的数据显示，该国 146 家银行的不良债权总额高达 76.6 万亿日元，巨额坏账问题已经严重威胁到其国内金融体系的稳定与发展。法国著名的里昂信贷银行，1994 年底公布的呆、坏账总额就达到 500 亿法郎。

现代经济社会中金融与经济发展之间存在着一种相互影响和相互作用的关系。当金融业能够有效地动员和配置社会资金促进经济发展。随着经济的迅猛发展，金融应时而生，金融依附于经济生存，并作用于经济的发展，金融对经济的增长既有推动作用亦有不好影响。而经济的蓬勃发展加大了金融需求并刺激金融业发展时，金融和经济发展就可以形成一种互相促进和互相推动的良性循环状态。政府要十分重视金融宏观调控和金融监管，力图通过有效的宏观调控实现金融总量和经济总量的均衡，控制金融机构的经营风险，防止金融泡沫，保持金融安全，实现经济的持续、稳定、协调发展。

三、金融产业集群对经济发展的影响

在通常情况下，金融集群区功能越来越明显，能够产生巨大的网络倍增效应，促进区域经济的发展。下面就针对金融产业集群对经济发展的影响展开论述。

（一）强化金融功能

就目前而言，金融产业集群是金融产业发展的必然趋势，需要不断地强化金融功能，建立完善的金融中心。

第一，强化金融系统吸收储蓄功能：在金融企业的总部，金融区域管理部门的集群能够有效地提升金融吸收储蓄功能，建立完善的信息溢出机制和人力储备机制另外一方面，随着金融集群程度不断提升，竞争压力不断增加，需要金融集群区域内金融企业进行金融产品创新，完善金融产品体系，增加产品收益，鼓励投资用户科学理财，强化金融系统的吸收储蓄的功能，增强金融集群区内部的资本数量，加快资金流动速度，深化资本在促进区域经济发展过程中重要作用，

第二，强化金融系统信息揭示功能。在金融集群内部，地理邻近带来的经济效益在很大程度上可以强化企业金融系统的信息揭示功能曾受到地缘优势的影响，信息提供者周围的企业数量会不断增加，这就有效地降低了信息提供者的推广成本，降低了信息获取的成本，不断强化金融系统信息揭示功能。

第三，强化金融系统吸收储蓄功能 3 通过金融集群，可以增强金融集群区内部证券流动速度，有效地降低了监管成本，强化了金融系统治理功能。在金融产业集群过程中，是伴随着市场和资源的整合而发展的，通过金融集群，可以把割裂的市场整合到一个整体化的市场体系中，可以增强证券的流动性，为企业招募更多的社会资金创造良好的条件。随着金融集群区域信息溢出和人力储备，可以为广大的金融机构提供多样的客户信息，维持公司的正常的业务经营，做好金融产业集群区公司的监督与治理。

第四，强化金融系统风险管理功能。在金融产业集群过程中，建立信息溢出和创新等多种方式的渠道，在很大程度上强化了金融系统的风险管理功能，实现金融信息的共享，保证金融机构之间的合作更加的科学合理，能够找到特定的企业风险的途径，提升研究的专业化程度，提升对风险识备的精确度，从根本上把控金融风险。金融集群区可以利用相互之间的竞争合作关系，不断研发全新的风险管理产品方式，不断转移风险，提升风险管理水平。

第五，强化金融系统便利交易功能。在金融集群区总部和管理中心，能够有效提升结算的效率，充分利用机房和云终端等大型服务设备，大大降低实际运营过程中的成本，促进服务手段创新，为金融系统交易提供便利。

第六，加强资本形成转化投资。金融产业集聚在区域内的发展，促使区域内加快资本流动，构建高效的资本形成机制。当提及资本形成机制时，始终离不开储蓄的变动，西方经济学在研究微观经济时，经常将储蓄作为经济模型的有效变量。储蓄作为金融产业最大的资本来源，一直承担着资本始源的角色。但是储蓄不能直接转化成为资本，必须经过金融产业对储蓄的合理分配，通过储蓄转变成企业和私人贷款，企业和私人贷款部分转化成投资，进而形成资本曾在这个过程中金融产业发挥着重要的中介服务作用。金融产业集聚加快了储蓄转化成投资的速度也提高了储蓄向投资转变的转化率，从而促进了区域内资本流动速率，加快了资本使用效率，并形成高效的资本形成机制。

第七，升级劳动力水平。科学发展观提出，以人为本。人作为生产者在各个领域发挥着至关重要的作用。一地区较高的劳动力水平意味着较高的劳动生产率，金融产业的发展离不开人力资本的供应。在教育水平不断上升的现代社会，每个产业都在重视人力资本在生产中所发挥的作用。金融产业集聚不仅仅是经济的集聚，也是人力资本的集聚，大量的优秀人才汇集在同一发达区域，各自优势互补形成了良好文化氛围，同时也提高了工作效率。在中国，北京、上海是国内两大金融中心，而北京、上海也是全国高校最为集中的地区，同时还在不断吸引着其他地区大批的金融人才。由此可见，金融产业集聚为劳动力水平的提升起到推动作用，一方面通过吸收高素质人力资本，进而从存量上提升劳动力水平；另一方面，金融产业集聚通过促进区域经济发展，提高本地区的教育水平形成高效的人才培养机制，从而进一步提升本地就业水平。

第八，加速技术进步金融产业集聚有利于加快技术进步，从而带动区域经济增长与社会发展。主要表现在以下三个方面：一是有利的技术环境。由于金融产业集聚区内聚集了大量的高素质人才和有效的信息，具备了丰富的科技创新资源，形成有利于技术进步的区域技术创新环境。二是激励区域内竞争。金融产业集聚区域内汇集了各种相关产业大量的厂商，彼此成为竞争对手，将自然形成一种激烈的市场竞争环境，也为厂商之间为谋求市场占有率带来强烈的创新动力，促使企业加快技术创新的步伐。第三，提高技术进步效率。在金融产业集聚区内，企业与企业之间、个人与个人之间、企业与个人之间能够进行近距离的信息交流，加快了信息流动效率，同时也为实体产业的技术进步提供了有力的支持。

（二）金融产业集群的网络倍增功能

在金融产业集群过程中，更加依赖网络产业，因此，金融集群不仅强化了传统的金融产业的功能，还会在集群过程中通过网络倍增效应，促进区域经济增长。金融集群网络倍增效应最早由经济学家罗尔斯夫提出，他通过研究电信网络，认为用户从通信服务获得效用，会随着系统人数的增加而增加。这个理论后来被引进到经济学领域，根据现代网络经济学理论，网络作用发挥与网络参与者数量有着密切联系，在通常情况下，参与者数量越多，网络集群效应就会越明显，在达到一定程度之后，产生网络倍增效应。从金融网络角度分析，金融集群产生之前，信息流、资金流以及金融产品，建立在金融企业各自建立的经营网络基础之上。通过金融产业的集群，能够保证金融机构在相对较小的环境下，充分发挥地缘优势，利用区域经济发展，推动金融行业的进步。随着金融集群区域范围不断扩大，很多金融企业为了获得更多的经济效益，就会以金融集群区位节点，不断扩大金融机构的网络结构，从而产生网络倍增效应，加快金融信息和金融资本的共享，扩大交易机会，降低投资成本，实现网络要素运行的标准化和现代化，进一步提升整个金融系统的运行效率，推动当地区域经济的发展。

在金融产业出现集群情况以后，集群对区域经济发展影响方式主要以金融网络为主，因为金融网络不仅包括电子渠道等，还包括了物理网点和自助网点，这属于广义上的网络。其中节点主要包括区域内的次级城市和三级城市，这些城市成为信息网络的中继点，也是物理渠道集群的区域，对建设金融中心和加快经济发展起到非常重要的作用，因此，在金融产业集群过程中，要发挥网络倍增效应，重视重要金融节点的建设和打造。

（三）金融集群对区域经济的作用

通过以上论述，在金融产业集群过程中，产业集群主要通过强化金融系统的固有功能推动当地区域经济的发展，促进金融集群区信息外溢、信息共享、人才培养、竞争合作以及产品创新等方式，可以大大降低金融企业的运行成本，有效地回笼闲散资金，对资本流动进行引导，发挥金融系统信息揭示功能，优化金融企业资本优化配置，提升金融企业的治理，加快企业制度创新，促进企业的原始资本积累。

在金融产业集群以后，不仅发挥其重要的传统功能，而且进一步产生了网络倍增效应，加快金融产品标准化建设步伐，有效地实现了资本的优化配置，提升实际运作效率发挥对经济发展的重要作用。

第三节　数字金融产业集群与金融产业的创新发展

作为金融发展的重要内容，金融产业成长是量变、质变和功能变化的过程。

金融产业集聚通过极化效应和扩散效应促进了产业成长，不仅促进金融资源的集聚和业务规模的扩大，而且加速了金融创新，促进了区域发展，可以说金融产业集聚这种生产组织形式，促进了金融产业的成长。

一、金融产业成长的内容

金融产业成长的概念是金融成长概念在中观领域的延伸，是将金融研究落实到产业层次，对金融成长概念加以发展提出的。金融产业成长既表现为一种量的增长，量的增长就是金融资源（金融资源是金融价值体的总称，它是相对于实物资源而言的）存量与流量相对规模的扩展；同时也表现为一种质的发展，质的发展就是在注重技术进步、科学管理和人力资本全面开发的前提下，由金融体制变革带来金融产业本身结构升级优化，引起导向经济要素空间配置效率提高，二者融合具有生成、导向和支撑经济向高级化发展的趋势。

张杰明确提出了金融成长的概念："如果我们把金融资源规模的大小看作金融成长量的规定性，把金融资源配置结构与配置效率以及与之相对应的文化基础归纳为金融成长的质的规定性，那么，金融成长本身便是质与量的有机统一体。于尚艳认为"金融产业成长既表现为一种量的增长，量的增长就是金融资源存量与流量相对规模的扩展；也表现为一种质的发展，质的发展就是在注重技术进步、科学管理和人力资本全面开发的前提下，由金融体制变革带来金融产业本身结构升级优化，引起导向经济要素空间配置效率提高，二者融合具有生成、导向和支撑经济向高级化发展的趋势"。

产业发展存在着周期性，在产业发展生命周期里，产业经历着规模扩张的量变过程，也不断进行着结构变迁的质变。产业规模扩大、结构高度化和结构合理化是缺一不可的，三者的共同提高才意味着产业成长。也就是说，产业成长是在产业结构高度化和合理化基础上的规模扩张，当产业仅仅表现为规模扩张，而结构水平和部门构成未呈现高度化和合理化倾向时，就不能称之为产业成长。金融产业成长主要包括以下几个方面：

第一，金融产业规模扩张，产业集中度提高，竞争力增强。金融产业生产能力提高，产业外延扩大，一方面金融机构数量增加，规模扩大，金融产业在国民经济中的直接贡献度提高，同时，参与经济的广度和深度都有所增强；另一方面，在国际竞争体系中，金融产业的竞争力优势不断得以累积，金融产品具有一定的市场地位。此外，金融产业系统的风险机制逐步完善，抵御风险能力增强。

第二，金融产业结构高度化。金融产业结构高度化过程中，表现出以下特点：①在整个产业结构中，以银行业为载体进行的间接融资比重逐渐减少，以证券业、保险业、基金业等为载体进行的直接融资比重不断增加，实现融资市场化。②金融产业中，正式金融比重提高，逐渐减少甚至取消非正式金融活动，促进金融机构化。③金融创新速度与力度加强，金融产品不断涌现，技术含量不断提高，捕捉并创造更多的市场需求，实现金融工具多样化，同时，金融产业组织方面不断创新，拓宽产业功能发挥的途径。

第三，金融产业结构合理化。金融产业结构合理化，表现在金融产业内部各行业之间、金融产业与国民经济其他产业之间的关系协调。通过有效的产业协调机制，使金融产业内部各行业间建立合理的比例关系，以保证对金融资源的合理配置。在不同的地区、不同的经济条件下，合理直接金融与间接金融的比例关系。同时，金融产业与其他产业之间的结构关系，既是金融产业成长的外部环境，也是衡量金融产业成长状态的重要标准。金融产业不能脱离实体经济而过度膨胀，也不能滞后于其他产业的发展而成为"瓶颈"因素。产业之间合理比例的确定是在发展过程中不断碰撞调整实现的。

第四，金融产业空间结构优化。金融产业在形成之初，就已经进行了地域选择：不同地域由于金融产业形成的先后、地域条件的限制等，自然会导致金融产业成长的区域差异。同时，有别于其他产业，金融产业在空间上的排布状态体现了金融产业内部纵向与横向网络交织的层级关系。因此，空间结构的优化必然成为金融产业成长的重要含义。是否能够形成由不同层级的区域统一金融市场联结的金融产业空间体系，是金融产业成长的主要标志之一。金融产业成长是以上四个方面的综合统一体。从系统论的角度出发，金融产业成长是产业系统在运动中规模不断扩张、结构不断改进的过程。

二、金融产业成长阶段及其特征

张作荣从三个层面对金融产业成长时空运动规律进行了阐述，具体包括以下几个方面：①金融产业成长有序演进规律表明，随着劳动地域分工的不断发展，金融产业成长功能存在着由简单向复杂、由低级向高级有序演进的趋势。②金融市场空间运动规律揭示，由于存在金融市场的时序构成和地域分异，资金流空间运动方式和所达到的地理边界自然有所不同。当非均衡经济得到发展时，由资金等若干要素完善起来的金融市场，必然实行梯度扩张和网络扩张。③金融中心区域迁移规律是导致经济活动进行优区位选择的重要规律，不同层级的金融中心沿着地方性金融中心—区域性金融中心——全国性金融中心——国际性金融中心的路径进行域内垂直迁移，形成经济要素转换聚扩基地。垂直迁移累积到一定程度，会自然引发域内外水平迁移，其结果是改善了区域性或全球性空间结构，促进经济发展由绝对非均衡向相对非均衡转化。

张凤超（2003）认为，金融产业在区域产业系统中扮演的角色决定了金融产业成长阶段的划分。如果金融产业仅仅属于基础产业，发挥基础保障作用，虽是产业结构中不可缺少的部门，但所占的比重较小，则说明金融产业尚处于低级成长阶段；如果金融产业已经成为支柱产业，对区域社会经济发展起支撑作用，在产业结构中占较大份额，则意味着金融产业已经成长到中级阶段；如果金融产业上升为主导产业，在产业结构系统中居于带头作用，在很大程度上决定产业结构未来的发展方向和发展模式，则表示金融产业已经处于高级成长阶段；如果区域产业结构越来越不协调并且无法实现优化，或者金融产业成长的地域条件发生变化，尤其是区位优势的消减和产业政策调整的负作用导致金融产业成长的前景黯淡，金融产业将不可避免地衰退，在成长轨迹上标示为后高级成长阶段。

区域金融成长中十分甫要的理论是威廉姆森的"倒U形"假说。20世纪60年代威廉姆森提出经济增长的"倒U形"假说，他认为在经济发展的早期地区经济差距扩大，后期地区经济差距缩小，地区经济差距的轨迹为倒U型。"倒U形"假说同样适用于对区域金融成长的分析。如我国学者张杰指出，区域金融增长同样遵循"倒U形"曲线，政府收敛作用的介入，只能修正金融成长的威廉姆森走势（亦使之变得平缓），但不能改变这种走势。殷得生，肖顺喜也引用了这一曲线，论证了区域金融发展的非平衡性。从总量、结构上的分析都在一定程度上揭示了金融产业成长的内涵和阶段特征，但是还有更能体现金融产业成长的指标，那就是金融产业功能的变化。白钦先、孙伟祖认为金融功能具有客观性、稳定性、稀缺性、层次性和互补性的特征。虽然金融结构、金融产业组织、结构、空间布局各异，但是金融功能却是客观和稳定的，能够准确地衡量金融产业成长。不断提升的金融产业功能是金融产业成长的重要标志，完备的金融功能是金融产业成长的最终目标。量性区间与质性区间的判断是依据金融产业功能实现方面，后性成长与质性成长的贡献程度。

综上可以得出，金融产业功能实现途径之一就是金融产业量性扩张，表现在量性成长指标上，最直接的反映就是金融资源总量对经济总量的贡献。金融产业成长首先表现在量的扩张上，即量性指标的放大。随着金融产业量性成长，金融资源总量随时间日益增加。在金融资源量性扩张一定程度之后，金融产业会因创新等因素的介入而进入质性成长阶段。此时，金融产业成长更多地表现在结构优化与效率提高，从而使金融产业功能实现方式得以转换，金融产业对经济的贡献没有出现报酬递减，而是将边际报酬递增阶段继续维持。一旦金融产业量性成长成为经济增长瓶颈，即金融产业量性成长乏力时，需要通过创新来使金融资源配置效率提高，即进入了以集约为特征的质性成长阶段。在金融产业成长过程中，无论是量性成长还是质性成长，金融资源总量始终保持了扩张趋势，并且由于金融效率的提高，金融产业对经济增长的支持作用越来越强，金融产业在产业系统中的地位自然越来越重要。结合金融产业成长生命周期，金融产业成长阶段越高级，质性成长的贡献越大。

三、金融产业集群与产业成长

（一）产业集群与规模扩张

佩鲁提出了增长级理论并引入推动性单位的概念来说明区域非均衡增长。他认为，"这种可见的经济增长并不像均衡增长模式那样平稳有规律，而是以结构变化为特点的。

在一个时期内，各种产业此长彼消，在总产值中比例变化"。他还认为，不同的产业有不同的增长率，一种产业的增长扩散到其他产业。所谓推动单位就是一种起支配作用的经济单位，当它增长或创新时，能诱导其他经济单位增长。推动性单位可能是一个工厂，或是同部门的一组工厂，或是有共同关系的某些工厂的集合。

"如果一个由支配效应发生的经济空间被定义为力场，那么位于这个力场中的推动单位就被描述为增长极"，"增长极是在特定环境中的推动性单位"，"它是和周围联系的推动性单位。"推动性单位能够诱使经济活动的其他部分增长的五个原因：①一种产业的发展可能获得如塞托夫斯基所提出的"成本的外部性"，即增加那些投入部门或产出部门的利润；②如熊彼特所提出的，一种新产业的建立可能刺激其他产业的模仿和创新；③通过里昂惕夫的投入—产出关系，一个部门的发展对另一个部门产生乘数效应；④在求大于供的市场结构中，一个支配企业可能通过经济斗争诱使另一些企业实行创新和削价战略；⑤一种产业新的投资可能对经济有乘数效应和加速效应。

（二）产业集群与金融创新

从历史发展的角度来看，一国或者一个地区的金融成长史，就是一部金融创新的演变史。如果没有一个自由而有序的鼓励金融创新的环境和制度基础，区域金融成长很难有可持续发展的动力。金融创新推动了产业结构升级和产业结构的高级化，而产业集群能够有效地促进金融创新从而推动了区域金融产业结构的高级化。中国金融成长体制环境的改善，还将取决于进一步的体制变革措施对文化因素的触动程度或改变程度。这说明金融成长过程并不仅仅是经济体制的创新过程，它同样是文化因素的变革和创新过程。

熊彼特在《经济发展理论》一书中提出了经济创新的思想。他认为，不屈不挠的企业家具有挑战阻力和风险的精神，企业家是创新的主体；创新的内容包括技术创新和制度创新等方面；创新的前提是适宜的社会环境和经济条件。Feldman认为，有五种因素影响产业集群的创新：不确定性、复杂性、对于基础科学的依赖、"干中学"的重要性、已有的积累。而且他认为网络创新可以共享处理相同的技术经验，是降低不确定性风险的有效途径。

创新活动是知识编码物质化的过程，作为创新主体，在客观上要求具备两个重要条件，一是要有高密集的知识浓度；二是要寻求市场导向。创新是多元化的，可以是内部的自主研发创新，也可以从外部购入；主体可以是企业、高校、科研机构。高校和科研机构的比较优势源于高浓度的知识密集度和前沿的理论信息，但缺乏与市场的对接能力；企业的比较优势源于丰富、及时、有效的市场需求信息，但相对缺乏知识浓度和研究能力。因此高校和科研机构更适合于原理性、知识型创新；企业更适合于应用性、技术型创新。技术创新需要知识创新作指导，知识创新需要通过技术创新来物化。

早期人们一般认为科技投入是创新的主要推动力，但随着创新过程研究的深入，人们越来越认识到R&D资源的投入规模也不是决定创新绩效的主要因素。近年来，演化论和自组织学习的观点对创新的影响非常大，人们逐渐认识到创新是一个个体和群体共同参与的演化过程，创新一方面是特定部门、特定技术的个体活动，另一方面也是一种集体行动，不同部门、企业之间的互动学习在其中起着重要的作用。现代经济中多数关键性的创新不可能由单个企业完成，企业创新所需要的知识只有部分来自于企业内部，更多的新知识来自于企业外部。

（三）金融创新、金融组织与产业升级

金融创新是全方位的。国家金融体系的创新，不仅有金融观念的创新，而且还有金融组织的创新、清算支付系统的创新、金融工具的创新、金融市场的创新等。

金融组织首先是指金融组织的界面层（协调层）。这种金融界面的作用在于协调金融组织各个组成部分之间的关系。其次是金融组织内部各组成部分以及各金融机构相互之间在联结方式、金融市场的分割、支付、清算、资金的划转及相关业务的委托代理方面。再次是金融机构内部各职能部门关系的确定，功能的平衡和前后业务关系的衔接，包括职能部门的设置、人员的配备、技术的武装。

金融组织创新并不只是体现在金融组织结构的合理化上，它还体现在金融组织界面关系的重新规定、组织机构内部职能部门职能的增减、新的职能部门的设立和国家管理机构的建立上。因此，金融组织创新促进金融产业升级主要体现在如下方面：第一，金融组织内部相关职能部门职能的增减改变和影响了金融机构的性质和作用，也影响到了整个金融业的结构及其比例关系。第二，金融组织内部机构的增设完善了金融组织的经营功能。第三，金融组织间关系的重新界定提升了金融组织的运行效能，第四，金融组织机构的设立，健全和完善了我国的金融体系。

产业集群促进了创新的实现。一是产业集群内不仅存在大量有创新压力的企业和研究机构，而且拥有稳定的促进学习、交流和进步的共生机制。产业集群为企业和各种组织的创新活动提供了一种合作过程，为创新活动提供了个体和群体两方面的优势。与单个企业不同，集群创新能力大小的决定因素不仅取决于某个创新主体，同时也取决于产业集群的结构和共生机制，取决于集群内部组织之间知识的生产和分配，取决于对基础知识的依赖和利用程度，取决于完成创新并产生经济价值的整个系统。二是产业集群环境有利于知识和技术的传播和扩散由于交通通信和信息技术的发展，虽然编码化知识易于在更大地理空间上交流与扩散，但是对于占据整个知识的绝大部分且决定创新能力的是隐含经验类知识，这类知识个人属性较强，一般难以用语言表达、用编码化的知识传播与扩散，而集群内企业、机构通过地理接近性和相似的产业文化，便捷了企业间通过人员流动和私人交流等形式建立稳定和持续的关系，为组织内部及不同组织之间的隐含经验类知识准确地传递与扩散提供了基础条件，从而有利于提高创新速度。另外，集群内可以提供一些来自于非正式渠道但对创新往往起到重大作用的关键信息，克服了正式渠道具有时滞性的缺陷。三是产业集群内同行企业的集聚，系统内竞争激烈程度远超过

分散的个体，优胜劣汰的自然选择机制在集群内充分发展，所以企业设法通过持续不断地创新来获得竞争优势是一种绝对压力，包括竞争性压力、同等条件压力、持续不断的比照压力。激励与压力并存，使企业不断加强自我学习。巴顿指出，地理上的集中能给予企业很大的刺激去进行改革。有很多理由可以说明革新与集中相关联。首先是地理上的集中必然会带来竞争，而竞争促进了革新。其次地理上的集中本身就有助于在商品制造者、供给者与顾客之间产生了一种更为自由的信息传播，相当数量的革新正是由于正确了解顾客的需要，以及发现供给上的特殊问题而产生的结果。最后，通信工具在大的集中地是比较优越的，这样就能使该地区所有企业很快采纳这种革新。

（四）金融产业集聚与区域金融发展

在规模经济、较低交易费用和区域比较优势的驱使下，金融集聚区集聚了大量的金融资源，其聚集资源主要是通过极化效应和扩散效应来实现的。极化效应是指通过引力作用，各类要素和人口向城市的集聚现象；扩散效应是指城市达到一定能量后要素的扩散和能量辐射的现象：二者相辅相成，同时并存，辩证统一为区域金融发展的机制。

第四节　我国数字金融产业集群发展及对策

一、中国金融产业发展情况

中国金融业发展壮大的历史，就是一部打破"大一统"金融体制，转型为多层次、多主体、多元化的金融业的历史。正是得益于三十余年金融业的改革发展，在 2008 年的全球金融危机中，中国金融业不但全身而退，更反超了西方的金融巨头。与 GDP 规模位居世界第二相一致，中国金融业成长为国际金融体系中不容忽视的重要力量。

中国金融市场平稳较快发展。国外金融信息化起步较早，经过了长期的发展，我国金融信息化建设起步晚于西方发达国家，但也得到了蓬勃发展。银行、保险、证券等金融机构随着信息化建设工作不断推进，主要业务活动都依托信息系统展开，信息化建设为促进金融业的发展发挥了重要的作用。

随着国内金融市场的开放度不断提高，与国际金融市场日益融合，竞争也变得愈加激烈，国内金融机构需要了解国际金融软件开发服务与管理模式。在借鉴国外金融软件开发经验的同时，国内金融机构通过将金融软件开发与信息化服务工作外包给专业软件开发商，从而将现有资源集中于核心业务，提升自身的核心竞争力。

当前，信息技术已经成为金融变革的主要推动力量之一。随着大数据、云计算等新兴技术的不断发展，以互联网金融为代表的金融创新蓬勃发展，正推动着金融行业进一步快速发展和变革。金融机构开始更多关注自身核心业务的发展创新和整体经营效益的提升，呈现出核心业务和非核心业务、前台业务和后台业务、标准流程业务和非标准流程业务加快分离的趋势，原有自主运营的业务链正逐渐向专业化方向发展，金融软件开发及信息化服务外包正成为金融行业未来发展的趋势。由此可见，金融行业软件开发市场空间广阔。

二、中国金融产业集群发展措施

（一）完善金融市场体系

"建设统一开放、竞争有序的市场体系，是使市场在资源配置中起决定性作用的基础。"扩大金融业对内对外开放，在加强监管前提下，允许具备条件的民间资本依法发起设立中小型银行等金融机构。推进政策性金融机构改革。健全多层次资本市场体系，推进股票发行注册制改革，多渠道推动股权融资，发展并规范债券市场，提高直接融资比重。完善保险经济补偿机制，建立巨灾保险制度。发展普惠金融，鼓励金融创新，丰富金融市场层次和产品。

（二）大力加强金融人才队伍建设

1. 加大金融人才引进集聚力度

根据人才强工作要求，围绕发展主题，突出以人为本，依托法人金融机构、总部型金融机构作为人才集聚的重点平台，充分发挥政府主导和企业主体作用，强化政策保障，有效推进吸引金融高层次、紧缺人才工作，为我国金融业转型发展提供重要保障和核心支撑，制定引进高层次人才的政策，建立相应的评审工作机制并安排资金用于海外高层次金融人才、创新型领军和拔尖金融人才，以及高端金融创业创新团队的引进工作。加大对紧缺金融人才引进的扶持。经金融人才认定专家委员会认定，属于航运金融、物流金融、离岸金融等紧缺金融专业人才。加大对柔性引进高层次人才的支持。鼓励和支持我国金融机构以兼职、顾问、合作等方式柔性引进海外高层次金融人才、创新型领军和拔尖金融人才。对柔性引进的海外高层次金融人才、创新型领军和拔尖金融人才承担的对金融业发展有重要作用的研究项目。

2. 加大金融人才培养力度

以金融人才培养四大工程为抓手，构建完整的金融人才培养体系，实施金融人才分类培养计划，有重点地开展金融人才培养工作，培养一支能够满足我国建设海洋金融服务中心、航运物流金融服务中心、民间资本服务中心需要的高素质的金融人才队伍。

3. 构筑金融人才培养平台

第一，打造金融人才培养基地。由金融研究院牵头，借助国内外高校、研究及培训机构的资源，充分发挥高等院校的金融学科专业优势，联合金融监管部门和金融机构共同打造培养各类应用型人才的"金融专门人才培养基地"；重点支持开展紧缺金融专业人才的培养工作。物流金融、贸易金融等重点领域的高技能、应用型人才培养基地。

第二，搭建金融专业学生实习、就业平台。金融机构要主动吸纳金融专业的毕业生、实习生进本单位实习和工作，建立金融实习实训基地和就业基地，集聚金融后备人才。对与国家重点院校结成紧密合作关系，并被国家重点院校确定为实习基地的金融机构，每年组织进行综合评价，并将评价结果纳入政府对金融机构的综合考评。

4. 搭建金融人才集聚服务平台

建立健全金融人才队伍建设服务保障机制，稳定金融人才尤其是高层次金融人才队伍，营造良好的人才发展环境。

第一，建立高层次金融人才储备平台。以"高层次人才储备计划网"为平台，开设金融高层次人才板块，将非本但有意来工作、洽谈合作的金融高层次人才纳入我国"高层次人才储备计划"。

第二，建立金融人才引进交流平台。组织有需求的金融企业赴上海、深圳、香港等国内金融发达城及国外金融中心城开展各类金融人才招聘活动，建立金融企业与金融人才的直接交流平台，提高人才引进效率。改善金融人才文化生活环境。依托金融业联合会，定期举办咨询研讨、信息发布交流、沙龙联谊等活动，为金融机构高级管理人员提供管理、创新、技术等对话和交流平台，促进学术问题和业内动态的交流与探讨，加快我国金融业改革发展步伐。

加强对金融人才队伍建设的组织领导，建立科学规范的金融人才认定机制，形成引进培养高层次、紧缺金融人才的强大合力。

三、重视金融基础设施建设

金融基础设施是指金融运行的硬件设施和制度安排，主要包括支付体系、法律环境、公司治理、会计准则、信用环境、反洗钱以及由金融监管、中央银行最后贷款人职能、投资者保护制度组成的金融安全网等。根据 IMF 的调查结果显示，一国金融基础设施的发展与经济增长、技术创新、金融制度的变革息息相关。有效的金融基础设施建设能够促进居民储蓄转化为生产资本，提升资本配置效率，从而推动经济的可持续增长。

第十一章 数字时代金融服务的安全

第一节 电子金融服务的安全认识

随着信息技术日新月异的发展，人类已经进入以网络为主的信息时代，基于Internet开展的金融服务已经逐渐成为人们进行金融活动的新模式。但随之而来的安全问题也变得越来越突出。如何建立一个安全、便捷的电子金融服务环境，保证整个过程中的信息安全，使基于Internet的电子交易方式与传统交易方式一样安全可靠，已经成为在电子金融服务中所重视的重要技术问题。

一、电子金融服务安全的重要性

电子金融服务安全从整体上来说，可分为两大部分：计算机网络安全和商务交易安全。计算机网络安全的内容包括计算机网络设备安全、计算机网络系统安全、数据库安全等。其特征是针对计算机网络本身可能存在的安全问题，以保证计算机网络自身的安全性为目标，实施网络安全增强方案。商务交易安全则紧紧围绕商务活动在互联网络上应用时产生的各种安全问题。商务交易安全是在计算机网络安全的基础上保障交易过程的顺利进行，实现信息的完整、保密、可鉴别，使其不可篡改、不可伪造和不可抵赖。

电子金融服务安全是影响电子金融广泛应用和健康持续发展的重要因素之一，保证电子金融的安全性已成为当前促进电子金融快速发展的当务之急。具体而言，电子金融安全的重要性主要体现在以下几个方面。

首先，电子金融安全是吸引更多社会公众和经济主体投身电子金融的保证。在网络环境下开展电子金融服务活动，客户、商家、银行等诸多参与者都会担心自己的利益是否能够真正得到保障。

其次，保障电子金融安全是帮助市场游戏规则顺利实施的前提。因为市场竞争规则强调的是公平、公正和公开，如果无法保证市场交易的安全，就可能导致非法交易或者损害合法交易的利益。

再次，电子金融安全是电子虚拟市场交易顺利发展的保证。虽然网上交易可以降低交易费用，但如果网上交易安全性无法得到保证，造成合法交易双方利益的损失，可能导致交易双方为规避风险而选择比较安全的传统交易方式。

最后，电子金融安全与国家经济安全相关。作为国家基本经济活动的商务活动如果受到破坏、攻击，甚至产生混乱，社会生活就不得安宁。国家的经济体制与秩序安全、金融与货币安全、产业与市场安全、战略物资与能源安全、对外贸易与投资安全就不能在越来越作为国家经济运行支柱的网络环境中得到有效保障。

二、电子金融服务的安全性需求

（一）信息的保密性

信息的保密性是指信息在存储、传输和处理过程中，不被他人窃取（无论是无意的还是恶意的）。要保证信息的保密性，需要防止入侵者侵入系统；对商业机密（如信用卡信息等）要先经过加密处理，再进行网络传输。

信息的完整性包括信息在存储中不被篡改和破坏，以及在传输过程中收到的信息和原文发送信息的一致性。信息的完整性将影响到贸易各方的交易和经营策略，数据输入时的意外差错或欺诈行为可能导致贸易各方信息的差异，数据传输过程中的信息丢失、信息重发或信息传送次序的差异也会导致贸易各方信息不相同。因此，要预防对信息的随意生成、修改和删除，同时要防止数据传送过程中和重复信息并保证信息传送次序的统一。

（三）信息的不可否认性

信息的不可否认性是指信息的发送方不可否认已经发送的信息，接收方也不可以否认已经收到的信息。由于商情的千变万化，交易一旦达成应该是不能被否认的，否则，必然会损害一方的利益。因此，要求在交易信息中为参与交易的个人、企业或国家提供可靠的标志，使原发送方在发送数据后不能抵赖；接收方在接收数据后也不能抵赖。

（四）交易者身份的真实性

网上交易的双方很可能素昧平生，相隔千里，要使交易成功首先要确认对方的身份是真实存在的。对于为顾客或用户开展服务的银行、信用卡公司和销售商店，为了做到安全、保密、可靠地开展服务活动，都要进行身份认证的工作。

银行和信用卡公司可以采取各种保密与识别方法，确认顾客的身份是否合法，同时，还要防止发生拒付款问题，以及确认订货和订货收据信息等。

（五）系统的可靠性

系统的可靠性是指电子商务系统的可靠程度，是指为防止由于计算机失效、程序错误、传输错误、硬件故障、系统软件错误、计算机病毒和自然灾害等所产生的潜在威胁，采取的一系列控制和预防措施来防止数据信息资源不受到破坏的可靠程度。它主要包括信息传输的可靠性网络的硬件或软件可能会出现问题而导致交易信息传递的丢失与错误、信息存储的可靠性和抗干扰能力（各种外界物理性干扰，如地理位置复杂、自然灾害等，都可能影响到数据的真实性和完整性）。

三、电子金融服务安全的主要研究内容

（一）安全技术

针对电子金融服务所面临的各种安全问题以及电子金融服务持续快速发展的安全需求，电子金融服务必须利用有关安全技术为电子金融服务活动参与者提供安全可靠的电子金融服务。具体可采用的安全技术主要有数据加密技术、通信加密技术、数字签名与认证技术、密钥分发与管理技术、信息认证技术、电子认证技术、身份认证与访问控制技术、数字水印与数字版权保护技术等。同时，在电子金融服务活动过程中，许多商务信息需要经过计算机平台的信息处理与传输，要保证不会因信息传输、电子支付等相关技术协议的不足或缺陷而出现安全问题，就需要选择和使用安全可靠的技术协议。常用的安全协议主要有电子邮件安全协议、安全超文本传输协议、安全套接层协议、安全电子交易协议、电子数据交换协议等。

（二）安全管理

安全是发展的、动态的，而不是绝对的，若电子金融服务系统管理员与用户不遵守电子金融服务安全管理条例和使用规范，再好的安全技术措施也无济于事。因此，这就需要不断检查、评估和调整相应的安全措施与管理策略。电子金融服务安全管理是识别、控制、降低或消除电子金融服务安全风险的活动，能够对电子金融服务企业的关键资产进行全面系统的防护，使企业定期地考虑新的威胁和脆弱点，并对电子金融服务系统进行及时检测和升级维护。电子金融服务安全管理需要一套防范信息传输风险、信用风险、管理风险和法律风险的完整的综合安全保障体系，不仅涉及企业的管理体制规范、信息化建设、员工素质等，而且还涉及国家相关法律法规和商业规则。

（三）相关的法律法规

除了使用技术手段和管理手段之外，还需要建立和完善相关电子金融服务安全的法律法规，使得电子金融服务安全有法可依。电子金融服务安全法律法规涉及信息安全、网络安全、交易安全、安全管理等各个方面。

第二节　数据加密技术

一、数据加密的相关概念

明文：需要加密的信息称谓，用n或m表示；明文的全体称为明文空间，用P或M表示。

密文：加密后的信息，用C表示；密文的全体称为密文空间，用C表示。

密钥（Key）：在进行信息加密和解密的过程中，通常用一个参数来控制加密或解密算法的操作，这个参数就称为密钥，通常用A表示。密钥的全体称为密钥空间，用K表示。

密码的加密和解密过程：将明文变换为密文的函数称为加密算法，变换的过程称为加密，通常用E表示加密过程。加密算法和解密算法所对应的密码方案称为密码体制。通常要求密码体制中的加密变换和加密变化互为逆变换。

密码系统：用于加密与解密的系统，就是明文与加密密钥作为加密变换的输入参数，经过一定的加密变换处理以后得到的输出密文，或者基于密文与解密密钥，经过解密变换恢复明文。一个密码系统涉及用来提供信息安全服务的一组密码基础要素，包括加密算法、解密算法、所有可能的明文、密文、密钥以及信源、信宿和攻击者（或敌手）等构成。

影响密码系统安全性的基本因素包括：密码算法复杂度、密钥机密性和密钥长度等。所使用密码算法本身的复杂程度或保密强度取决于密码设计水平、破译技术等，它是密码系统安全性的保证。对于一个密码系统，如果要求能够保护信息的保密性并能够抵抗密码分析的攻击，那么需要满足下列要求：首先，密码系统即使达不到理论上是不可破的，也至少要达到实际上是不可破的；其次，系统的安全保密性不依赖于加密体制或算法的保密，而只取决于密钥的安全保密；最后，密码系统应该易于实现和使用。

衡量一个密码系统的安全性可以从两方面进行：一方面，系统所使用的密码算法本身的保密强度。密码算法的保密强度取决于密码设计水平和破译技术等，可以说一个密码系统所使用的密码算法的保密强度是该系统安全性的技术保证。另一方面，密码算法之外的不安全因素。密码算法的保密强度并不等价于密码系统整体的安全性，一个密码系统必须同时完善技术与管理要求，才能保证整个密码系统的安全。

二、对称密码体制

对称密码体制是一种传统密码体制，也称为私钥密码体制。在对称加密系统中，加密和解密采用相同的密钥。因为加解密密钥相同，需要通信的双方选择和保存他们共同的密钥，各方必须信任对方不会将密钥泄密出去，这样就可以实现数据的机密性和完整性。

（一）DES 加密算法

DES 是一种对二元数据进行加密的算法，数据分组长度为 64b（8B），密文分组长度也是 64b，没有数据扩展。密钥长度为 64b，其中有 8b 为奇偶校验，有效密钥长度为 56b。DES 的整个体制是公开的，系统的安全性全靠密钥的保密。算法主要包括：初始置换 IP、16 轮迭代的乘积变换、逆初始置换 IP-1 以及 16 个子密钥产生器。

（二）AES 加密算法

AES 加密算法的 128 位版本进行十轮的处理。每一轮都对 128 位的数组（State）执行可逆替换。

建立每一轮的四个基本步骤如下：

第一步：SubBytes 步骤：S 盒替换步骤。

第二步：ShiftRows 步骤：置换步骤。

第三步：MixColumns 步骤：矩阵乘法（希尔密码）步骤。

第四步：AddRoundKey 步骤：使用从 128 位密钥派生的轮密钥的 XOR 步骤。

AES 典型的软件实现优化了执行速度，使用多个查找表来实现每一轮的基本步骤。查找表将函数的所有可能值存入数组，由函数的输入索引该数组。可以证明：AES 算法的 128 位版本正好可以使用八个查找表实现，每个查找表将输入字节（Byte，8 位字）映射到输出整数（32 位字）。因此，每个查找表都存储 256，32 位整数。在加密和解密过程中对查找表进行预计算和访问。

（三）RC4 加密算法

RC4 加密算法是 Rou Rivest 在 1987 年设计的密钥长度可变的流加密算法簇。之所以称其为簇，是由于其核心部分的 S-box 长度可以任意，但一般为 256 字节。该算法的速度可以达到 DES 加密的 10 倍左右。RC4 算法是一种在电子信息领域加密的技术手段，用于无线通信网络，是一种电子密码，只有经过授权（缴纳相应费用）的用户才能享受该服务。

（四）A5 加密算法

A5 加密算法是欧洲数字蜂窝移动电话系统 GSM 中采用的加密算法。A5 加密算法由三个级数不同的稀疏的本原多项式构成的线性反馈移位寄存器组成，它们的级数分别为 19、22 和 23。它的初始状态由密钥独立地赋给，输出则是三个线性反馈移位寄存器输出的异或。它采用可变钟控方式，从每个线性反馈移位寄存器的中间附近选取控制位。如果控制位有两个以上的取值为 1，则产生这种位的线性反馈移位寄存器移位；如果控制位有两个以上的取值为 0，则产生这种位的线性反馈移位寄存器不移位。在这种工作方式下，每个线性反馈移位寄存器移位的概率为 3/4，所以，走遍一个循环周期大约需要（$2^{23}-1$）× 4/3≈1.43 × 10^9 个时钟。

A5 加密算法有三种变种：A5/1、A5/2 和 A5/3。A5/1 和 A5/2 两种流密码用于空中语音的保密性。A5/1 是在欧洲范围使用的强力算法，而 A5/2 则是在其他国家使用的弱强度算法。在两种算法中的严重漏洞都已经被发现，均已被破译。A5/3 算法是由 3GPP 与 GSM 联合会合作开发并用于 GSMCTM）系统的，该算法将为手持式移动电话机（俗称手机）用户提供更高级别的防偷听保护。

三、非对称密码体制

公共密钥加密使用两个不同的密钥，因此是一种不对称的加密系统。用在非对称算法中的密钥在数学上是相关的，一个密钥不能从另一个计算出来。在非对称加密体系中，密钥被分解为一对（一把公开密钥即加密密钥和一把专用密钥即解密密钥）。这对密钥中的任何一把都可作为公开密钥（加密密钥）通过非保密方式向他人公开，而另一把则作为专用密钥（解密密钥）加以保存。公开密钥用于对机密信息的加密，专用密钥则用于对加密信息的解密。专用密钥只能由生成密钥对的一方掌握，公开密钥可广泛发布，但它只对应于生成该密钥的一方。

第三节　认证技术

买卖双方在开放的互联网上进行交易，其交易过程中交换的各种重要信息，如银行账号、交易金额、信用卡号码和交易人身份等都需要得到安全保护。电子金融服务中常用的认证技术包括数字签名技术、消息认证技术、电子认证技术和身份认证技术等。

一、数字签名技术

（一）数字签名概述

数字签名又称为公钥数字签名或电子签章，是指附加在数据单元上的一些数据，或是对数据单元所做的密码变换。这种数据或变换允许数据单元的接受者用以确认数据单元的来源和数据单元的完整性并保护数据，防止被人（例如接受者）伪造。

数据签名一般具有完整性、不可伪造性和不可抵赖性 3 种特性。完整性是指能够证明签署人在签署文件后，文件未做任何的非法改动，完好如初，不可伪造性是指能够对签署人的身份进行认证，能够证明文件确实是签名者本人签署。不可抵赖性是指能够防止交易中签署人对签署的文件的抵赖和说谎行为。

数字签名应满足以下 4 种需求：

（1）数字签名的产生必须使用双方独有的一些信息以防伪造和否认；

（2）数字签名的产生应该比较容易实现；

（3）数字签名的识别和验证应该比较容易实施；

（4）对已知的数字签名构造一个新的消息，或者对已知的消息构造一个新的数字签名，在计算机上都是不可行的。

数字签名是保证数据可靠性，实现认证的重要工具。实现数字签名的技术手段有多种，主要包括：基于 PKI 公钥密码技术的数字签名；以生物特征统计学为基础的生物特征识别；能识别发件人身份的密码代号、密码或个人识别码 PIN 等。它在信息安全、身份认证、数据完整性、不可否认及匿名性等方面有着广泛的应用。

（二）数字签名技术的工作原理

数字签名利用了双重加密的方法来实现信息的真实性与不可抵赖性。首先，数据文件用安全散列算法编码数据，产生 128bit 的数字摘要。然后，发送方用自己的私用密钥对摘要再加密，形成数字签名。同时将原文和加密的摘要同时传给对方。接收方用发送方的公共密钥对摘要解密，同时对收到的文件用 SHA 编码加密产生又一摘要。最后，将解密后的摘要和收到的文件在接收方重新加密产生的摘要相互对比。如两者一致，则说明传送过程中信息没有被破坏或篡改过。

数字签名技术是不对称加密算法的典型应用。一个数字签名算法主要由两部分组成：签名算法和验证算法。签名者可使用一个秘密的签名算法签一个消息，所得的签名可通过一个公开的验证算法来验证。数字签名应用过程是：数据源发送方使用自己的私钥对数据校验和或其他与数据内容有关的变量进行加密处理，完成对数据的合法"签名"，数据接收方则利用对方的公钥来解读收到的"数字签名"，并将解读结果用于对数据完整性的检验，以确认签名的合法性。

接收方在获得发送方的签名结果后进行签名验证，其具体操作为：接收方获得数字签名的结果包括数字签名、电子原文和发放公钥，即待验证的数据。接收方首先用发送方公钥解密数字签名，导出数字摘要，并对电子文件原文做同样的哈希算法得到新的数字摘要。将两个摘要的哈希值进行比较，若结果相同，那么签名得到验证，否则签名无效。

（三）数字签名的分类

1. 直接数字签名

直接数字签名是在数字签名者和数字签名接收者之间进行的。数字签名者用自己的私钥对整个消息或消息的散列码进行数字签名。数字签名接收者用数字签名者的公钥对数字签名进行验证，进而确认数字签名和消息的真实性。另外，可以通过对整个消息和数字签名进行加密来实现消息和数字签名的机密性，加密的密钥可以是签名接收者的公钥，也可以是双方共有的密钥。目前已有的直接数字签名方案存在一个共同的弱点，即数字签名的有效性依赖于数字签名者私钥的安全性。数字签名者可以通过声称私钥丢失等其他原因来否定他的数字签名。

2. 仲裁数字签名

仲裁数字签名是在数字签名者、数字签名接收和仲裁者之间进行的。仲裁者是数字签名者和数字签名接收者共同信任的。数字签名者首先对消息进行数字签名，然后送给仲裁者。仲裁者首先对数字签名者送来的消息和数字签名进行验证，并对验证过的消息和数字签名附加一个验证日期和一个仲裁说明，然后把验证过的数字签名和消息发给数字签名接收者。因为有仲裁者的验证，所以数字签名者无法否认他签过的数字签名，解决了直接数字签名中存在的弱点，即数字签名者能否定他签过的数字签名。

二、消息认证技术

消息认证技术主要用于保证通信双方的不可抵赖性和信息的完整性。在电子金融服务应用中，对于所发生的业务或交易，我们可能并不需要保密交易的具体内容，但是交易双方应当能够确认是对方发送（接收）了这些信息，同时接收方还能确认接收的信息是完整的，即在通信过程中没有被修改或替换。

消息认证技术根据密码体制的不同主要分为基于私钥密码体制的消息认证和基于公钥密码体制的消息认证两种。

（一）基于私钥密码体制的消息认证

假设通信双方为 A 和 B。A，B 共享的密钥为 K，M 为 A 发送给 B 的信息。为防止信息 M 在传输信道被窃取，A 将 M 加密后再传送。

（二）基于公钥密码体制的消息认证

基于公钥体制的消息认证技术主要利用数字签名和哈希函数来实现。假设用户 A 对信息 M 的 HASH 值 H（M）的签名为 SigSA（dA,（H（m）））,其中心为用户 A 的私钥。用户 A 将 M||SigSA（dA,（H（m）））发送给用户 B，用户 B 通过 A 的公钥来确认信息是否由 A 所发出，并且通过计算 HASH 值来对信息 M 进行完整性鉴别。如果传输的信息需要保密，那么用户 A 和 B 可以通过密钥分配中心（KDC）获得一个共享密钥 KAB，A 将信息签名和加密后再传送给 B。

三、PKI 技术

公钥基础设施是一种遵循标准的利用公钥加密技术为电子商务提供的一套安全基础的平台技术。PKI 技术利用公钥理论和技术建立并提供网络信息安全服务的基础设施，它的管理平台能够为网络中所有用户提供所需的密钥管理，用户可以在 PKJ 平台上实现加密和数字签名等密码服务。

一般电子金融服务的交易过程都可以在 PKI 所提供的安全服务下进行，从而达到安全、可靠、保密和不可否认的目的。

一个完整的 PKI 系统应具备以下几个部分。

（1）认证机构（CA）。CA 也称数字证书认证中心，作为具有权威性、公正性的第三方可信任机构，是 PKI 体系的核心构件。CA 提供网络身份认证服务、负责证书签发及签发后证书生命周期中的所有方面的管理，包括跟踪证书状态且在证书需要撤销（吊销）时发布证书撤销通知。CA 还需维护证书档案和证书相关的审计，以保障后续验证需求。

（2）数字证书库。数字证书又称数字凭证，是用电子手段来证实一个用户的身份和对特定网络资源的访问权限。在网络金融服务交易中，如果双方出示了各自的数字证书，并用它来进行交易操作，那么双方都不必为对方身份的真伪担心。数字证书库（简称证书库）是网上可供公众进行开放式查询的公共信息库，主要对任何一个主体的公钥进行公证，证明主体身份以及它与公钥的匹配关系的合法性。

（3）密钥备份及还原系统。如果用户丢失密钥，会造成已加密的文件无法被解密，针对这一情形，PKI 提供了密钥备份与还原机制。密钥备份和还原只能针对加 / 解密钥，而无法对签名密钥进行备份。数字签名是用于支持不可否认服务的，有时间性要求，因此不能备份或还原签名密钥。

（4）证书撤销系统。由于用户身份变更或密钥遗失，需要停止对证书的使用，所以 PKI 提供了证书撤销系统，来帮助回收用户对证书的使用权限。证书撤销的实现方法主要有两种。一种是利用周期性发布机制（如证书撤销列表，CRL）进行撤销。另一种是利用在线查询机制（如在线证书状态协议，OCSP）进行撤销。

（5）PKI应用接口。PKI研究的初衷就是令用户能方便地使用加密、数字签名等安全服务，因此一个完善的PKI必须提供良好的应用接口系统，使得各种应用能够以安全、一致、可信的方式与PKI进行交互，确保安全网络环境的完整性和易用性。

四、身份认证技术

用户在访问电子金融服务系统之前，首先经过身份认证系统识别身份，然后系统根据用户身份和授权情况决定用户是否能够访问某个资源和服务。身份认证的主要任务是检验系统用户身份的合法性和真实性。身份认证通常包括身份识别和身份验证两部分。身份识别是用户向系统出示自己身份证明的过程，身份验证是核实用户身份证明的过程，实质上是查明用户是否具有他所请求资源的访问和使用权。

常用的身份认证方式主要有以下几种。

（一）基于用户名/密码的认证方式

用户名/密码是最简单也是最常用的身份认证方法，它是基于"What you know？"的验证手段，每个用户的密码是由这个用户自己设定的，用户进行登录或者交易时只需要输入正确的用户名和静态密码即可完成系统登录，系统就认为他就是这个用户名和密码的所有者。然而，用户名/密码方式的安全强度较低，因为许多用户为了防止忘记密码，经常采用诸如自己或家人的生日、电话号码等容易被他人猜测到的、有意义的字符串作为密码，或者把密码抄在一个自己认为安全的地方，这存在着许多安全隐患，极易造成密码泄露，即使能保证用户密码不被泄露，由于密码是静态的数据，并且在验证过程中需要在计算机内存中和网络中传输，而每次验证过程使用的验证信息都是相同的，很容易被驻留在计算机内存中的木马程序或网络中的监听设备截获。因此，用户名/密码方式一种是极不安全的身份认证方式。

（二）基于动态口令的认证方式

动态口令技术是一种让用户的密码按照时间或使用次数不断动态变化，每个密码只使用一次的技术。它采用一种称之为动态令牌的专用硬件，内置电源、密码生成芯片和显示屏，密码生成芯片运行专门的密码算法，根据当前时间或使用次数生成当前密码并显示在显示屏上。认证服务器采用相同的算法计算当前的有效密码。用户使用时只需要将动态令牌上显示的当前密码输入客户端计算机，即可实现身份的确认。由于每次使用的密码必须由动态令牌来产生，只有合法用户才持有该硬件，所以只要密码验证通过就可以认为该用户的身份是可靠的。而用户每次使用的密码都不相同，即使黑客截获了一次密码，也无法利用这个密码来仿冒合法用户的身份。但是，如果客户端硬件与服务器端程序的时间或次数不能保持良好的同步，就可能发生合法用户无法登录的问题；而且用户每次登录时还需要通过键盘输入一长串无规律的密码，一旦看错或输错就要重新来过，用户使用非常不方便。

（三）IC 卡认证

IC 卡是一种内置集成电路的卡片，卡片中存有与用户身份相关的数据。IC 卡由专门的厂商通过专门的设备生产，可以认为是不可复制的硬件。IC 卡由合法用户随身携带，登录时必须将 IC 卡插入专用的读卡器读取其中的信息，以验证用户的身份。然而由于每次从 IC 卡中读取的数据还是静态的，通过内存扫描或网络监听等技术还是很容易截取到用户的身份验证信息。因此，静态验证的方式还是存在一定的安全隐患。

（四）USB Key 认证

基于 USB Key 的身份认证采用软硬件相结合一次一密的强双因子认证模式，很好地解决了安全性与易用性之间的矛盾。USB Key 是一种 USB 接口的硬件设备，它内置单片机或智能卡芯片，可以存储用户的密钥或数字证书，利用 USB Key 内置的密码学算法实现对用户身份的认证。基于 USB Key 身份认证系统主要有两种应用模式：一是基于冲击 / 相应的认证模式；二是基于 PKI 体系的认证模式。

（五）生物特征认证

生物特征认证是指通过自动化技术，利用人体的生理特征和（或）行为特征进行身份鉴定。目前，利用生理特征进行生物识别的主要技术有：指纹识别、虹膜识别、手掌识别、视网膜识别和脸相识别；利用行为特征进行识别的主要方法有：声音识别、笔迹识别和击键识别等。从理论上说，生物特征认证是最可靠的身份认证方式，因为它直接使用人的物理特征来表示每一个人的数字身份，不同的人具有相同生物特征的可能性可以忽略不计，因此几乎不可能被仿冒。但是，目前生物特征识别的准确性和稳定性还有待提高，且成本昂贵，主要适合于一些安全性要求非常高的场合如银行、部队等使用，还无法做到大面积推广。

第四节　网络安全技术

一、网络安全需求

对一般用户而言，涉及个人隐私或商业利益的信息尤为重要，在网络上传输时需要受到机密性、完整性和真实性的保护，以免其他人或对手通过窃听、冒充、篡改等手段对用户信息的损害和侵犯，同时也希望用户信息不受非法用户的非授权访问和破坏。而网络运行和管理者则希望对本地网络信息的访问、读写等操作受到保护和控制，避免出现病毒、非法存取、拒绝服务和网络资源的非法占用及非法控制等威胁，制止和防御网络"黑客"的攻击。通过采用各种技术和管理措施，使网络系统正常运行，从而确保网络数据的可用性、可控性、完整性、保密性、可审查性和可保护性。为数据处理系统建立和采取技术和管理上的安全保护，保护计算机硬件、软件和数据不因偶然和恶意的原因遭到破坏、更改和泄露。

不同环境和应用的网络安全包括以下几方面的内容：

（1）系统运行安全。系统运行安全主要是保证信息处理和传输系统的安全。它侧重于保证系统正常运行，避免因为系统的崩溃和损坏而对系统存储、处理和传输的信息导致破坏和损失，避免由于电磁泄配产生信息泄露，干扰他人或受他人干扰。

（2）系统信息安全。包括用户口令鉴别，用户存取权限控制，数据存取权限、方式控制，安全审计，安全问题跟踪，计算机病毒防治，数据加密等。

（3）信息传播安全。侧重于防止和控制非法、有害的信息进行传播，避免公用网络上大量自由传输的信息失控。

（4）信息内容安全。侧重于保护信息的保密性、真实性和完整性。避免攻击者利用系统的安全漏洞进行窃听、冒充、诈骗等有损于合法用户的行为。本质上是保护用户的利益和隐私。

网络安全的研究是高技术课题，也是各国亟待解决的重大社会问题，其必将得到足够的重视和更快的发展。国际社会和各国都相继建立了各种学术团体、行政与研究机构以及相应的标准化组织，广泛地开展了计算机网络数据安全的研究。这些研究包括数据安全技术、数据安全标准、威胁机理、风险与评测理论、数据安全的管理与控制、数据安全有关法律、道德规范与教育等，为建立一个安全的计算机网络系统提出了各种对策。

根据对网络安全威胁的分析，可以确定需要保护的网络资源，对资源攻击者、攻击目的与手段、造成的后果进行分析；从而提出网络安全模型，并根据层次型的网络安全模型，提出网络安全解决方案。网络安全防护技术的研究涉及防火墙技术、入侵检测技术与防攻击技术、防病毒技术、安全审计与计算机取证技术，以及业务持续性技术。密码应用技术的研究涉及包括对称密码体制与公钥密码体制的密码体系，以及在此基础上主要研究的消息认证与数字签名技术、信息隐藏技术、公钥基础设施 PKI 技术。网络安全应用技术研究主要包括 IP 安全、VPN 技术、电子邮件安全、Web 安全与网络信息过滤技术等。系统安全的研究则涉及到网络的物理安全、操作系统安全与数据库安全等。

二、防火墙技术

防火墙是一种网络安全防护技术，它能将内部网和外部网分开，并且能限制被保护的网络与互联网及其他网络之间进行的信息存取和传递等操作。

（一）网络防火墙组成

防火墙是软件或硬件系统，在两个网络之间实现访问控制。防火墙一般由服务访问政策、验证工具、包过滤和应用网关四个部分共同组成。

1. 服务访问政策

服务访问政策用以确定受限的网络许可、明确拒绝的服务以及如何使用这些服务及例外条件。通过确定服务访问政策，可以确定如何使用互联网、如何控制外部网络访问等全局性问题，需要强调的是，这种政策是一个部门有关保护信息资源政策的延伸，通常应在部署防火墙前拟定。

2. 验证工具

验证工具用以保护用户的口令等信息免受入侵者监视和盗用。由于防火墙可以集中控制网络访问，因此是安装验证工具的理想场所，虽然许多验证措施也可以应用到每个主机，但把各项验证措施集中于防火墙中实现更贴合实际，更便于管理。

3. 包过滤

包过滤的原理在于监视并过滤流入流出的 IP 包，拒绝发送可疑的包。过滤的依据主要包括 IP 源地址、IP 目的地址、封装协议、TCP/UDP 源端口、ICMP 包类型等。其功能主要包括从属服务过滤和独立于服务的过滤。对基于特定端口的远程连接进行过滤是从属服务过滤的典型例子，而独立于服务的过滤可以有效阻止地址欺骗攻击、源路由攻击、残片攻击等。

4. 应用网关

为了克服包过滤的某些弱点，防火墙需使用应用软件来转发和过滤网络服务的连接，这种应用称为代理服务，相应的系统即应用网关。具有应用网关特征的防火墙具有更高的安全性和灵活性。

防火墙一方面对经过它的网络通信进行扫描，过滤掉一些可能攻击内部网络的数据。另一方面防火墙可以关闭不使用的端口，能禁止特定端口通信，封锁特洛伊木马。它可以禁止来自特殊站点的访问，从而防止来自不明入侵者的所有通信。

（二）防火墙的分类

在包交换网络里，单个消息被划分为多个数据块，这些数据块称为包，它包含发送者和接收者的地址信息。然后这些包沿着不同的路径在一个或多个网络中传输，并且在目的地重新组合。防火墙按照其分析网络包的协议深度可分为三种：包过滤型防火墙、应用代理型防火墙和状态监测防火墙。

包过滤型防火墙工作在 OSI 网络参考模型的网络层和传输层，它根据数据包头源地址、目的地址、端口号和协议类型等标志确定是否允许通过。只有满足过滤条件的数据包才被转发到相应的目的地，其余数据包则被从数据流中丢弃。

状态监测防火墙检查的包的内容不局限于 IP 包头，而是深入到更高层协议。状态监测防火墙具有跟踪 TCP 连接的能力，可记录每个连接的状态，根据这些信息对包进行过滤。并且采用动态设置包过滤规则的方法，避免了静态包过滤所具有的问题。这种技术后来发展成为包状态监测技术。状态多层检测允许检查 OSI 七层模型的所有层以决定是否过滤，而不仅仅是网络层。目前很多公司在它们的包过滤防火墙中都使用状态多层检测，也称为基于内容的过滤。

应用代理型防火墙工作在 OSI 的最高层，即应用层。其特点是完全"阻隔"了网络通信流，通过对每种应用服务编制专门的代理程序，实现监视和控制应用层通信流的作用。

（三）防火墙的实现技术

1. 包过滤技术

基于协议特定的标准，路由器在其端口能够区分包和限制包的能力叫包过滤。包过滤技术是在路由器技术的基础上出现的，因此包过滤防火墙在网络层上工作，根据一组过滤规则（访问控制表），逐个检查 IP 数据包中的源地址、所用端口、协议状态等因素，确定是否允许通过，通常包过滤防火墙简称为屏蔽路由器。

包过滤防火墙（屏蔽路由器）与普通路由器在系统虽然在结构上是一致的，但是他们有其他方面的区别。一般说来，普通路由器只对数据包的 IP 报文头进行处理，将数据包通过最佳路由转发出去，对传输层报头不进行任何处理；而屏蔽路由器不仅处理数据包的 IP 报文，而且同时还要检查 TCP 报文的端口号字段。因为包过滤规则一般是基于 IP 和传输层头部的字段，其内容通常包括：源 / 目的 IP 地址、源 / 目的端口号、协议类型、协议标志、服务类型和动作。因此屏蔽路由器不仅将数据包转发到指定的目的网络中，还要决定它应不应该转发。要进行转发的关键是根据指定的包过滤规则，首先对接收的数据包进行分析，按照每一条过滤规则加以判断，符合包转发规则的包被转发，不符合规则的包将被丢弃。

2. 代理服务技术

代理服务是运行在防火墙主机上的一些特定的应用程序或者服务器程序。它是基于软件的，和过滤数据包的防火墙、以路由器为基础的防火墙的工作方式稍有不同。代理服务也称链路级网关或 TCP 通道，也有人将它归于应用级网关一类。它是针对数据包过滤和应用网关技术存在的缺点而引入的防火墙技术。

代理防火墙对互联网暴露，又是内部网络用户的主要连接点。代理程序将用户对互联网络的服务请求依据已制定的安全规则向外提交。代理服务替代了用户与互联网络的连接。在代理服务中，内外各个站点之间的连接被切断了，都必须经过代理方才能相互连通。代理服务在幕后操纵着各站点间的连接。

代理服务器是客户端 / 服务器的中转站，代理服务器必须完成的功能：能够接收和解释客户端的请求；能够创建到服务器的新连接；能够接收服务器发来的响应；能够发出或解释服务器的响应并将该响应传回给客户端。

3.状态检测技术

状态检测技术采用的是一种基于连接的状态检测机制，将属于同一连接的所有包作为一个整体的数据流看待，构成连接状态表，通过规则表与状态表的共同配合，对表中的各个连接状态因素进行识别。这里动态连接状态表中的记录可以是以前的通信信息，也可以是其他相关应用程序的信息。与传统包过滤防火墙的静态过滤规则表相比，状态检测技术具有更好的灵活性和安全性。状态检测防火墙是包过滤技术及应用代理技术的一个折中。

状态检测的根本思想是对所有网络数据建立"连接"的概念，既然是连接，必然是有一定顺序的，通信两边的连接状态也是按一定顺序进行变化的，就像打电话，一定要先拨号对方电话才能振铃。防火墙的状态检测就是事先确定好连接的合法过程模式，如果数据过程符合这个模式，则说明数据是合法的，否则就是非法数据，应该丢弃。如果数据包不属于一个已建立的连接，数据包与连接状态表不匹配，那么防火墙会检查数据包是否与它所配置的规则集匹配。大多数状态检测防火墙的规则仍然与普通的包过滤相似。也有的状态检测防火墙对应用层的信息进行检查。

状态检测技术具有非常好的安全特性，它使用了一个在网关上实行的网络安全策略的软件模块，称为检测引擎。检测引擎在不影响网络正常运行的前提下，采取抽取有关数据的方法对网络通信各层实时监测。检测引擎将抽取的状态信息动态地保存起来，作为以后执行安全策略的参考。检测引擎维护一个动态的状态信息表，并对后续的数据包进行检查，一旦发现任何连接的参数有意外的变化，连接就被终止。

三、计算机病毒防范技术

（一）计算机病毒的相关认识

计算机病毒是一种人为编制的特殊程序，具有自我复制和传播的能力，它能通过某种途径潜伏在计算机的存储介质（或程序）里，当达到某种条件时即被激活，通过修改其他程序的方法将自己的精确复制或可能演化的形式放入其他程序中，从而感染其他程序，对计算机软硬件资源进行破坏。

传染性是计算机病毒最基本的特性，也是病毒赖以生存的繁殖条件，如果计算机病毒没有传播渠道，则其破坏性小，扩散面窄，难以造成大面积流行。计算机病毒必须要"搭载"到计算机上才能传染系统，通常它们是附加在某个文件上。

计算机病毒的传播主要通过文件复制、文件传送、文件执行等方式进行，文件复制与文件传送需要传输介质，文件执行则是病毒传染的必然途径。

计算机病毒的完整工作过程一般应包括以下几个环节：①传染源：病毒总是依附于某些存储介质。例如，U盘、硬盘等构成传染源。②传染媒介：病毒传染的媒介由工作的环境来定，可能是计算机网。也可能是可移动的存储介质，例如，U 盘等。③病毒触发（激活）：指将病毒装入内存，并设置触发条件，触发的条件是多样化的，可以是内部时钟、系统的日期、用户标识符，也可能是系统一次通信等。一旦触发条件成熟，病毒就开始作用——自我复制到传染对象中，进行各种破坏活动。④病毒触发：计算机病毒一旦被激活，立刻就发生作用，触发的条件是多样化的，可以是内部时钟、系统的日期、用户标识符，也可能是系统一次通信等。⑤传染：病毒的传染是病毒性能的一个重要标志。在传染环节，病毒复制一个自身副本到传染对象中。

（二）计算机病毒的检测方法

分析计算机病毒的特性，可以看出计算机病毒具有很强隐蔽性和极大的破坏性。因此在日常生活中如何判断病毒是否存在于系统中是非常关键的工作。

1. 特征代码法

特征代码法早期被应用于 SCAN、CPAV 等著名病毒检测工具中。国外专家认为特征代码法是检测已知病毒的最简单、开销最小的方法。

特征代码法的实现步骤如下：首先，采集已知病毒样本，病毒如果既感染 COM 文件又感染 EXE 文件，对这种病毒要同时采集 COM 型病毒样本和 EXE 型病毒样本。其次，在病毒样本中抽取特征代码。遵循如下原则：抽取的代码比较特殊，不大可能与普通正常程序代码吻合。抽取的代码要有适当长度，一方面维持特征代码的唯一性，另一方面又不要有太大的空间与时间的开销。如果一种病毒的特征代码增长 1 字节，要检测 3OOO 种病毒，增加的空间就是 3000B。在保持唯一性的前提下，尽量使特征代码长度短些，以减少空间与时间开销。在既感染 COM 文件又感染 EXE 文件的病毒样本中，要抽取两种样本共有的代码。将特征代码纳入病毒数据库。最后，打开被检测文件，在文件中搜索，检查文件中是否含有病毒数据库中的病毒特征代码。如果发现病毒特征代码，由于特征代码与病毒一一对应，便可以断定被查文件中感染有何种病毒。

特征代码法的优点是检测准确快速、可识别病毒的名称、误报警率低、依据检测结果，可做解毒处理。特征代码法的缺点是不能检测未知病毒、需搜集已知病毒的特征代码、费用开销大、在网络上效率低。

2. 校验和检测法

大多数的病毒都不是单独存在的，它们大都依附或寄生于其他的文档程序。所以被感染的程序会有档案大小增加的情况或者档案日期被修改。这样防毒软件在安装的时候可以自动将硬盘中的所有档案资料做一次汇总并加以记录，将正常文件的内容计算其校验后，将该校验和写入文件中或写入别的文件中保存。在每次使用文件前，检查文件现在内容算出的校验和与原来保存的校验和是否一致，因而可以发现文件是否被感染，这种方法叫校验和法。

运用校验和法查病毒采用三种方式：首先，在检测病毒工具中纳入校验和法，对被查的对象文件计算其正常状态的校验和，将校验和值写入被查文件中或检测工具中，而后进行比较。其次，在应用程序中，放入校验和法自我检查功能，将文件正常状态的校验和写入文件本身中，每当应用程序启动时，比较现行校验和与原校验和值，实现应用程序的自检测。最后，将校验和检查程序常驻内存，每当应用程序开始运行时。自动比较检查应用程序内部或别的文件中预先保存的校验和。

校验和法的优点是方法简单，能发现未知病毒，被查文件的细微变化也能发现。校验和法的缺点是发布通行记录正常态的校验和，会误报警，不能识别病毒名称，不能对付隐蔽型病毒。

3.行为监测法

利用病毒的特有行为特征来监测病毒的方法，称为行为监测法。通过对病毒多年的观察、研究，有一些行为是病毒的共同行为，而且比较特殊。在正常程序中，这些行为比较罕见。当程序运行时，监视其行为，如果发现了病毒行为，立即报警。

行为监测法的优点是可发现未知病毒，可相当准确地预报未知的多数病毒。行为监测法的缺点是可能误报警，不能识别病毒名称，实现时有一定难度。多态性病毒每次感染都变化其病毒密码，对付这种病毒，特征代码法失效。因为多态性病毒代码实施密码化，而且每次所用密钥不同，把染毒的病毒代码相互比较，也无法找出相同的可能作为特征的稳定代码。虽然行为检测法可以检测多态性病毒，但是在检测出病毒后，因为不知病毒的种类，难于做消毒处理。

（三）计算机病毒的技术防范

1.加强使用者的防范意识

由于操作人员防范意识过于薄弱，造成许多本可以预防病毒入侵计算机遭到病毒入侵。因此增强操作者的安全防范意识，是防止计算机信息感染病毒和信息失窃的重要环节。日常工作中，大部分操作人员的计算机安全防范意识薄弱，存在侥幸心理。要改变这些情况的发生首先就要加强对操作者安全意识的增强，从单位内部加强对使用者安全意识的灌输。定期组织安全意识学习及计算机使用的培训，加大计算机安全宣传避免造成不可挽回后果或由此创造的重大经济损失。

使用者的防范失误包括如下几点：操作计算机时离开岗位不及时退出业务系统，致使用口令限制用户登录失去了意义；操作后没能及时地将存储介质从计算机上拔下来；设置开机或登录口令简单，不符合规定或不定期更改；人员调离或兼职后，没有及时对口令或登录密码进行删除和重设；凭个人关系相互间进行串岗操作，造成一人知多号或多人用一号；没能定期使用杀毒软件对计算机进行自检；对来往的邮件先进行安全检测再使用；上网时没有开防火墙；只要自己能使用就安全的观念很普遍，计算机不进行定期病毒查杀，只会在计算机出现问题时才想起是否感染病毒，结果计算机病毒通过信息交换而导致其他计算机也感染病毒等。

2. 建立多层次的、立体的网络病毒防护体系

网络环境下仅对单台计算机病毒进行检测及清除是徒劳无功的，必须将整个网络看作一个整体。同时进行检测和清除。因此，需要建立多层次、立体的病毒防护体系，做到远程安装、集中管理、统一防病毒策略、统一病毒防护。在每个台式机上安装台式机的反病毒客户软件。在服务器上安装基于服务器的反病毒软件，如采用防火墙技术。在Internet 网关上安装基于 Internet 网关的反病毒软件，并且各种防病毒软件要做到最快的升级。这样就做到从工作站到服务器、网关的全面保护，才能保证整个企业网不受计算机病毒的侵害。具体措施主要有：

安装使用计算机病毒预警监测系统，实时掌握网络病毒传播情况；及时从软件供应商下载、安装安全补丁程序和升级杀毒软件；新购置的计算机和新安装的系统，一定要进行系统升级，保证修补所有已知的安全漏洞；必须使用高强度的口令，并经常变更各种口令；关闭不必要的端口和服务；选择、安装经过公安部认证的防病毒软件，定期对整个系统进行病毒检测、清除工作；加强对内网的整体安全防范措施，如使用防火墙、防病毒网关；加强对内网内部各系统的安全防护措施，如安装使用个人防火墙、防病毒软件；空闲计算机不要接入互联网；注意保护各类敏感信息，防止失泄密；加强对各类账号的管理，可采用键盘保护产享；设置显示所有文件和已知文件类型的扩展名；定期检查系统配置和关键文件是否正确；阻断邮件的附件；对电子邮件中的 URL 地址，不要轻易点击访问，防止网络钓鱼；正确配置、使用病毒防治产品。

3. 规范计算机操作行为

首先，不使来历不明软件，在使用移动存储设备之前应先查杀病毒，对一些来历不明的邮件及附件不要打开，并尽快删除，不要上一些不太了解的网站，尤其是那些诱人名称的网页，更不要轻易打开，这些必要的习惯会使计算机更安全；经常升级操作系统的安全补丁，定期到微软网站去下载最新的安全补丁或是设置自动更新，以防患于未然；使用复杂无序的密码，有许多网络病毒就是通过暴力破解的方式攻入系统的，因此使用复杂无序的密码，将会大大提高计算机的安全系数。

其次，及时将受感染的计算机脱离网络，当计算机发现病毒或异常时应立即切断网络，然后尽快采取有效的查杀病毒措施，以防止所处的局域网内计算机受到更多的感染；安装正版专业的防病毒软件进行监控，用户在安装上反病毒软件后，应该实时升级至最新版本。并定期查杀计算机，将杀毒软件的各种防病毒监控始终打开；安装正版的网络防火墙，安装较新版本的网络防火墙，并随系统启动一同加载，可以防止大多数黑客进入计算机偷窥、窃密或安置黑客程序。

最后，关闭或删除系统中暂时不需要的服务，操作系统在默认安装情况下，大多会安装一些辅助服务，如 FTP 客户端、Telnet 和 Web 服务器，这些服务为攻击者大开方便之门，而又对用户没有太大用处。如果删除他们，会大大减少被攻击的可能性；定期优化、整理磁盘，对于重要的数据信息要加密而且经常备份，以便在机器遭到破坏后能及时得到恢复。尽管病毒和黑客程序的种类繁多，发展和传播迅速，感染形式多样，危害极大，但是还是可以预防和杀灭的。计算机病毒及其防御措施都是在不停地发展和更新的，因此应做到认识病毒，了解病毒，及早发现病毒并采取相应的措施，进而确保我们的计算机能安全工作。

第五节　防范风险的安全技术

风险是指在某一特定环境下，在某一特定时间段内，某种损失发生的可能性。金融风险指的是与金融有关的风险，如金融市场风险、金融产品风险、金融机构风险等，是一定量金融资产在未来时期内的预期收入遭受损失的可能性。一家金融机构发生的风险所带来的后果，往往超过对其自身的影响。金融机构在具体的金融交易活动中出现的风险，有可能对该金融机构的生存构成威胁；具体的一家金融机构因经营不善而出现危机，有可能对整个金融体系的稳健运行构成威胁；一旦发生系统风险，金融体系运转失灵，必然会导致全社会经济秩序的混乱，甚至引发严重的政治危机。

一、电子金融风险的类型

电子金融的特点决定了与传统金融业不完全相同的风险影响及引发这些风险的因素。因此，除了具有传统金融业经营过程中存在的流动性风险、市场风险和利率风险等之外，电子金融还存在着其他风险。

（一）一般风险

（1）流动性风险。流动性风险指资产在到期时不能无损失变现的风险。当电子金融机构没有足够的资金满足客户兑现电子货币或结算要求时，就会面临流动性风险。一般情况下，电子金融机构常会因为流动性风险而恶性循环地陷入信誉风险中。

（2）市场风险。市场风险是指因市场价格变动，金融机构资产负债表内外的资产与负债因为各项目尺寸不一样或资产组合不合适而遭受损失的可能性。市场风险包括商品价格风险、利率风险、汇率风险等。

（3）利率风险。利率风险指电子金融机构因利率变动而蒙受损失的可能性。

提供电子货币的电子金融机构因为利率的不利变动，其资产相对于负债可能会发生贬值，电子金融机构因此将承担相当高的利率风险。

（二）业务风险

（1）法律风险。法律风险来源于违反相关法律规定、规章和制度的可能性，或者来源于有关交易各方的法律权利和义务的不明确性。电子金融业务牵涉到的商业法律，包括消费者权益保护法、财务披露制度、隐私保护法、知识产权保护法和货币发行制度等。

（2）信誉风险。信誉风险主要源自电子金融自身，可能来自电子金融出现巨额损失时，或是在电子网络金融的支付系统出现安全问题时，社会公众难以恢复对电子金融交易能力的信心，使金融机构无法建立良好的客户关系。一旦电子金融提供的虚拟金融服务品种不能满足公众所预期的水平，且在社会上产生广泛的不良反应时，就形成了电子金融的信誉风险。

（3）市场信号风险。市场信号风险指由于信息非对称导致的电子金融机构所面临的不利选择和道德风险引发的业务风险。如由于电子金融机构无法在网上鉴别客户的风险水平而处于不利的选择地位，网上客户利用他们的隐蔽信息和隐蔽行动做出对自己有利但损害电子金融机构利益的决策，以及由于不利的公众评价使得电子金融机构丧失客户和资金来源的风险等。

（三）系统风险

（1）操作风险。操作风险指来自于系统重大缺陷而导致的潜在损失的可能性。操作风险可能来自于网络金融机构客户的疏忽，也可能来自于网络金融机构安全系统及其产品的设计缺陷及操作失误。操作风险主要涉及网络金融机构账户的授权使用、网络金融机构的风险管理系统、网络金融机构与其他金融机构和客户间的信息交流、真假电子货币的识别等。

（2）技术选择风险。任何电子金融机构都必须选择一种技术解决方案来支撑网上业务的开展，因而存在所选择的技术在解决方案设计上可能出现缺陷被错误操作的风险。例如，在与客户的信息传输中，如果电子金融机构使用的系统与客户终端的软件互相不兼容，那么，就存在着传输中断或速度降低的可能。当各种网络金融的解决方案纷纷出台，不同的信息技术公司大力推动各自的解决方案时，金融机构选择与哪家公司合作，采取哪种解决方案来进行网络金融业务的开展，都将存在的一种潜在风险。

二、电子金融风险的特点

（一）风险扩散速度加快

高科技的网络技术所具有的快速远程处理功能，为便捷快速的金融服务提供了强大的技术支持，但也加快了支付清算风险的扩散速度。网络内流动的并不是现实货币资金，而是数字化符号信息，因此当风险在非常短的时间内爆发时进行预防和化解甚为困难。一旦局部市场出现网络金融风险，将很难像传统市场那样通过政策调控手段加以控制。

（二）风险监管难度提高

网络金融的交易过程通过网络完成，交易的虚拟化使金融业务失去了时间和地域的限制，交易对象变得模糊，交易过程更加不透明，致使金融风险产生的形式更加多样化。由于被监管者和监管者之间的信息不对称，金融监管机构难以准确了解金融机构资产负债的实际情况，难以采取针对性的、切实有效的监管手段。

（三）风险"交叉传染"的可能性增加

网络金融中物理隔离的有效性正在大大减弱，金融业和客户的相互渗入和交叉，使金融机构间、国家间的风险相关性日益提升，网络金融风险"交叉传染"的可能性大大增加。随着混业经营的发展，网络金融正打破在国内由来已久的分业经营局面，非金融机构也在涉足"类金融业务"，传统金融机构则在大势推动下也积极地探索新的业务形态，形成错综复杂的关系。未来网络金融某个领域爆发风险，其影响将远远超乎想象。

（四）金融危机的突发性和破坏性加大

网络时代，一些超级国际金融集团可以利用国际金融交易平台进行大范围的国际投资与投机活动。这些集团熟悉金融监管法律与法规，能利用相关的法律、法规的差异及漏洞逃避金融监管，加之拥有先进的通信设施和巨额资金，有一定能力操纵市场、转嫁危机，这些都加大了金融危机爆发的可能性和突然性。

（五）引起网络金融风险的因素扩大

网络金融机构提供的金融服务都是通过网络进行，除了金融系统本身，系统外部的因素也会引起金融风险。如网络金融业务从业者经营状况、管理水平，市场操作层面也是不确定因素的主因。日常运营中，网络金融系统的安全与金融风险的相关度更高。来自外部的影响，则可能是这种风险的主因。现实的情况是，目前面临的外因来源、影响路径和影响范围上都已多元化，后果也更严重。

三、电子金融风险管理方法

（一）评估风险

评估风险是一个不断进行的过程，是管理和监控风险的前提，它通常包括如下三个步骤：①通过分析来识别风险，管理人员应该对风险做出合理的、防御性的判断，包括风险对金融企业的影响（包含最大可能的影响）和这类事件发生的可能性。②高级管理人员在对特定问题发生时金融企业能够承受的损失进行评估的基础上确定金融企业的风险承受能力。③金融企业管理人员将银行的风险承受能力与风险大小评估相比较，以确定风险暴露是否在金融企业的承受能力之内。

网络金融服务业所潜在的、与技术相关的风险及其快速变化的特征加大了金融企业识别风险的难度。如何正确、及时地认识与技术相关的风险，将是金融企业面临的一大难题。

（二）管理和控制风险

在对风险进行评估之后，金融企业应该采取恰当的步骤来管理和控制风险。风险管理程序应该包括：实施安全策略与安全措施；系统的评估与升级；采取措施来控制和管理外包风险；信息披露和客户培训；制订应急计划等。

安全性依赖于金融企业是否针对内部运行、与外方之间的通信制定并实施了恰当的安全策略和安全措施（通俗地讲，安全策略就是设定安全性的目标；安全措施就是实现这些目标的方式）。安全措施通常包括加密、认证机制、防火墙、病毒控制机制、雇员监管等。

（三）监控风险

监控风险是风险程序的一个重要方面。系统测试和审计是其中两个要素。系统测试将有助于发现异常情况。避免出现严重的系统故障或中断，而审计为发现系统不足和减少风险提供了一种重要的、独立的控制机制。

四、第三方电子支付的风险防范

目前很多第三方支付平台客观上已经具备银行的某些特征，第三方机构开立支付结算账户，提供支付结算服务，它们可能为非法转移资金和套现提供便利，具有潜在的金融风险。

（一）第三方电子支付的风险

1.虚拟货币发行

虚拟货币是由私人机构发行的"货币"，它的主要功能是代替货币定义现金的流通，对金融体系的影响主要集中在以下几个方面。

（1）第三方支付事实上从事金融业务，影响现实金融体系，法律应明确规定主体性质为非银行金融机构，从而将之纳入金融监管体系中，同时，因其性质的复合性，所以，应同时明确各监管机构的监管职责范围。

（2）第三方支付基于虚拟网络，许多关于金融控制假设都不再成立，货币发行多元化、违法手段隐蔽化和用户人群随机化，使得金融风险多样化、复杂化，而且难以控制。

（3）在第三方支付竭力摆脱银行依附的斗争中，发行虚拟货币主动向社会公众吸收资金是其一种不可遏制的集体冲动。在目前的规模下，虚拟货币的流通受限，但已对现实金融产生了冲击。

（4）Q币等虚拟货币商家可无限发行，虚拟货币代替人民币成为网上交易的一般等价物，必会冲击我国的金融秩序。

2. 在途资金占用

作为一个有资金流动的支付系统，第三方支付系统中也存在着在途资金，并且由于第三方支付系统支付流程的独特性，其在途资金也呈现出了不同的特点。在银行支付系统中，在途资金的产生来自于银行业务处理的异步以及周转环节，并且其产生可以通过一定的方式尽量避免，而在第三方支付系统中，支付流程是资金先由买方到第三方平台，等支付平台得到买方确认授权付款或到一定时间默认付款后，再经第三方平台转手给收款方，这样的支付流程就决定了支付资金无论如何都会在第三方支付平台作一定时间的支付停留成为在途资金，从而使支付系统本身受到一定程度的影响。

（二）第三方电子支付的风险防范

需要在网络上建立具有保护功能、检测手段、攻击反应和事故恢复能力的完善的安全保障体系，这里涉及的安全技术有以下几项。

（1）虚拟专用网。即指在两个支付系统间建立的专用网络，适合于电子数据交换（EDL）。还可在网中使用较复杂的专用加密和认证技术，以提高支付的安全性。

（2）加密技术。即采用数学方法对原始的支付信息再组织，使得加密后在网络上公开传输的支付信息对于非法接收者来说成为无意义的文字，而对于合法接收者，因为其掌握了正确的密钥，可以通过解密过程得到原始信息，这样可以防止合法接收者之外的人获取系统中机密的支付信息。

（3）认证技术。认证是为了防止非法分子对电子货币支付系统的主动攻击的一种重要技术，在 SET 协议的工作流程中最主要的环节就是认证，现在认证也被引入 SSL 体系之中。

（4）防火墙技术。防火墙是在内部网和外部网之间界面上构造的保护层，并强制所有的连接必须经过此保护层，在此进行检查和连接，只有授权的支付信息才能通过。防火墙技术可以防止非法入侵，并对网络访问进行记录和统计，当发生可疑事项。防火墙还能够报警并提供网络是否受监测和攻击的详细信息。

第六节　网络安全监管

金融监管是金融监督与金融管理的复合称谓。金融监督是指金融监管当局对金融机构实施全面的、经常性的检查和督促，并以此促使金融机构依法稳健地经营、安全可靠和健康地发展。金融管理是指金融监管当局依法对金融机构及其经营活动实行的领导、组织、协调和控制等一系列的活动。网络金融安全监管应该是金融管理部门对电子金融的业务经营机构实施的全面的、经常性的检查和督促，并以此促使金融机构依法稳健地经营、安全可靠和健康地发展。

一、网络安全应急体系建设

近年来，软件自身的安全逐渐受到业界的广泛关注，软件向高可信方向发展，也使信息安全工作从事后被动防护走向事前预防，逐步形成预防、防护一体化的技术保障体系。我国政府十分关注网络空间安全问题及技术研发，目前正加强和完善网络空间安全应急保障体系建设，以应对严峻的网络空间安全问题。

目前，面对开放的互联网，自我封闭已行不通，需应用开放的思维、开放的体系去应对。国家计算机网络应急技术处理协调中心负责人对此提出了国家应急体系下的大型安全事件解决之道，主要有以下四点：

（1）建立相互协作、统一协调的工作机制。为应对大规模突发网络安全事件，要建立开放协作的应急体系。

（2）构建开放协作的安全技术框架。实现各网络安全系统间的资源共享、能力自生长；拟定标准规范、系统接口，实现资源整合；建立一点受攻击、多点支援的协作体系。

（3）知识共享。利用集体智慧，实现人才联盟化，遇到大规模网络安全事件的时候，发挥团队力量维护网络安全。

（4）安全服务专业化。云计算、云安全是计算机网络安全发展的大势所趋，只有专业的人才能做专业的处理，不可能每个部门都建立专业的安全服务。因此，可构建基于互联网的云安全服务能力，通过细分网络安全服务，形成专业化的网络安全应急服务体系。

二、我国网络信任体系建设

网络信任体系是以密码技术为基础，以法律法规、技术标准和基础设施为主要内容，以解决网络应用中身份认证、授权管理和责任认定等为目的的完整体系。网络信任体系主要从以下三个方面开展工作：一是身份认证，解决网络空间中业务参与各方的身份识别问题。就目前技术体系而言是基于 PKI/CA 的电子认证；二是授权管理，解决信息资源的访问权限和处理权限，综合利用身份认证、访问控制、权限管理等技术措施。三是责任认定，解决网络事件的责任核查和追究，综合利用电子签名与认证、网络日志审计等技术方式。

目前，我国网络信任体系建设的情况如下：

（1）积极推广电子签名在国民经济和社会生活各个领域中的应用。《中华人民共和国电子签名法》（以下简称《电子签名法》）自 2005 年 4 月 1 日起施行，2015 年 4 月 24 日第十二届全国人民代表大会常务委员会第十四次会议通过修订，《电子签名法》

的立法目的：一是为了规范电子签名行为；二是为了确立电子签名的法律效力；三是为了维护有关各方的合法权益。通过确立电子签名的法律效力和签名规则，设立电子认证服务市场准入制度，加强对电子认证服务业的监管，通过立法规定电子签名安全保障制度，规定各方在电子签名活动中的权利义务，规定违反法定义务和约定义务的当事人要承担相应的法律责任等，来完善网络信任体系的建设。

（2）以责任认定为核心的审计监控体系较完整地解决了责任认定并延伸到基于网络的授权管理，与解决身份认证的 CA 等技术共同构建了完善的网络信息安全内部保障体系。

①审计监控体系构建了完整的责任认定体系。

一个完整的强有力的责任认定体系是保障电子商务建设顺利进行的非常重要的一环。责任认定体系是和身份认证体系、授权管理体系互相并列的，是保障网络安全的重要举措。责任认定体系主要分为两个方面：对合法操作行为的责任认定和对非法操作行为的责任认定。

A. 对合法操作行为的责任认定。传统的手段是通过查阅应用程序的操作日志和通过审计其他设备的操作日志来反映合法操作行为的责任认定。这部分的责任认定是整个完整的责任认定体系中的一部分。它不能解决所有的责任认定问题。相反，由于各产品缺乏有效的协调性，记录的信息无法互通，所以在很大程度上，这部分的责任认定一直是整个信息安全建设中的一个软肋。

B. 对非法操作行为的责任认定。现有的手段是通过审计监管技术来实现责任认定。由于这部分的责任认定针对性强，目的明确，又有实时响应、警告及时等特点，所以在电子商务建设中越来越被重视。审计监控体系是对电子商务网络中的非法操作行为进行审计。对非法操作行为责任认定的作用已经决定了它是责任认定体系中最重要的一个组成部分，对整个责任认定体系起着决定性的作用。

②审计监控体系完善授权管理体系。

A. 通过 PMI 系统完成对应用系统资源的授权管理。PMI 是基于 PKI 体系的授权管理系统，通过数字证书认证的机制对用户进行授权管理，将授权管理功能从传统的应用系统中分离出来，以独立服务的方式提供授权管理服务 PMI 主要对应用系统的权限进行分配和管理，是信息资源授权管理的重要环节，PMI 不是授权管理体系的全部，它提供了强大的面向应用的授权管理功能，但无法满足所有的授权管理。

B. 通过审计监控体系完成对网络资源的授权管理。在授权管理中，对网络资源的授权管理是非常重要的问题。不解决这个问题，就无法建立起完整的授权管理体系。审计监控体系从根本上解决了对全网进行授权监督管理的问题。主要表现在以下几个方面：

网络的授权管理：主要表现在外部计算机接入授权管理、网络内主机之间的访问和主机访问外网的授权管理等方面。首先，要保证网络的安全性，必须保证所有接入网络的计算机都是合法的，任何非法接入的企图都是能够得到有效控制和管理的。其次，要保证网络内各主机之间的访问和连接都是得到授权并可以控制的。再次，对于所有能够连入外网的计算机，要保证其访问外网的权限都是有限的、受控的和经过授权的。

主机的授权管理：主要体现在盘符、MODEM，重要文件资源等三个方面。第一，对网络的输入输出授权管理是从源头上保证数据的安全性。输入输出的主要途径包括光驱（含刻录光驱）、软驱、USB 接口等，对网络内的用户使用光驱（含刻录光驱）、软驱、USB 接口授予权限并统一输入输出通道，从而保证数据进出的安全性。第二，对主机中重要文件资源的使用实行严格的授权管理。重要文件资源的使用包括对文件的阅读、修改、存储、备份、打印、另存、拷贝等行为，对这些行为的授权管理可以有效地保证网络内部用户对文件资源的操作都是在许可范围内的，所有非法的操作和操作企图都会被禁止。第三，对拨号的授权。通过拨号（ADSL、MODEM.GPRS 和手机等）上网的方式存在诸多的安全隐患，必须严格地进行授权与限制。

数据库的授权管理：授权管理通常只能通过采用传统的人为管理手段来实现，但现代的授权管理体系要求我们必须采用有效的网络技术来保证数据库的安全。审计监控体系对操作者访问数据库进行授权，有效地解决了数据库的授权管理问题。

服务器的授权管理：网络中的服务器是整个网络的大脑，它对网络中所有的主机以及终端提供服务。在开放性的网络服务中，服务器的授权管理一直是授权管理体系的重要问题。审计监控体系通过对重要文件的授权管理、对终端访问服务器的授权管理等方法，有效地解决了服务授权管理的问题。

网络打印机的权限分配、控制可管理：打印机是文件输出的重要工具，现代办公环境中的打印机提供了开放的网络服务，极大地便捷了网络的应用。但在便捷的同时，网络打印机由于其本身开放性的特点，给网络授权管理造成了很大的难度。审计监控体系从网络打印服务的本质入手，解决了终端对网络打印机权限的授权问题。

同时，审计监控体系与信息安全管理的行政手段有效结合，加强了网络安全管理力度，在信息安全管理策略的制定及风险评估等方面起到了极其重要的作用。

通过审计监控体系的建设，将建立起完整的责任认定体系，健全授权管理体系，并且能够与网络管理相结合，进而完善电子商务网络管理模式，促进信息化建设全面发展。做到可防、可控和可查的事前、事中、事后的信息安全纵深防御体系，切实保障内部网络安全，规范网络信息体系建设。

（3）中国人民银行印发应用指引，规范金融服务网络信任体系建设。为适应国家经济快速发展对金融服务的要求，中国人民银行加快了信息化建设步伐，建成投产的金融服务系统越来越多，联网单位的范围越来越广，使得网络金融服务信任问题越来越突出。为保障网络金融服务的安全，中国人民银行坚持应用电子认证实现高强度网络安全，并不断推进信息系统国产化软件应用，以确保电子认证的自主可控。《中国人民银行信息系统电子认证应用指引》的制定发布，适应了信息化发展要求，为电子认证应用建设提供了基础服务；保障了网络金融服务安全，推动了证书国产化应用；规范了电子认证应用，提升了应用安全水平；对联网应用单位具有良好的示范推动效应。

（4）个人网店实名制于2010年7月1日起实行，从自律诚信走向制度约束。长期以来，电子商务领域存在着交易信息易遭窃取、支付风险突出等问题。其中，网上交易普遍缺乏合同文本，缺乏购物凭证或服务单据，也容易引发消费纠纷，是监管的"盲区"。鉴于这种情况，国家工商总局于2010年7月1日正式公布了《网络商品交易及有关服务行为管理暂行办法》。从2010年7月1日起，个人开办网店将实行"实名制"，需提交姓名、地址真实信息，但并不强制要求办理工商营业执照。《网络商品交易及有关服务行为管理暂行办法》首次对网络商品交易及有关服务行为的全部过程和各个环节进行了规范，涉及市场准入、商品准入、交易信息、交易合同、交易凭据、交易竞争、注册商标专用权和企业名称权等权利的保护以及消费者和经营者权益保护等诸多方面。

三、构建网络安全环境

（一）建立电子商务监管体系

电子商务的发展，给人们增添了新的购物渠道，但由于监管存在空白，消费者在网上购物遭遇欺诈的现象屡见不鲜。此外，电子支付已经对整个社会、经济有相当大的影响力，需要出台一些相关的规范，不能再野蛮生长。无论是支付宝、易宝支付还是百度支付，这些支付公司在过去十年给中国商业、老百姓带来了巨大便捷未来中国的支付市场，尤其是零售支付市场到底应该由银行主导还是第三方支付公司主导？而监管的目的是使整个行业更加良性地发展，使经济更高效、生活更便捷。

（一）利用新刑法打击网络犯罪

2014年8月，被告人曾某登录淘宝某网店，拍下商品后以其信息填写错误、账号被冻结为由，要求店主关闭交易并威胁不解决就投诉，同时使用另一账号冒充淘宝客服，假装核实卖家信息，告知店主淘宝交易违规需要处理。随后，曾某使用淘宝客服号码给店主打电话，以协助处理淘宝交易违规的名义要求允许其远程操作电脑，最终将店主绑定的银行卡内11848元转到其控制的账号内，然后提现消费。法院审理后认为，被告人曾某以虚构事实的手段诈骗他人财物，已构成诈骗罪，判处其有期徒刑十一个月，并处罚金人民币2万元。

利用网络犯罪，已经成为刑事犯罪的一种新形式。加大对网络犯罪的打击力度，是保证我国社会稳定、经济持续发展的一项重要任务随着各个单位和部门对网络依赖程度的增强，网络犯罪也急剧增加，只有增加警力，提高网络警察的技术素质和装备水平，加速网络犯罪的侦破，依法从快从重地打击网络犯罪，才能在网络这一虚拟社会中营造一个稳定、安全的运营环境。

我国目前还没有关于网络安全的专门立法，但2015年8月29日通过并施行的《刑法修正案（九）》（以下简称新刑法）已经增加了计算机犯罪的内容，并将计算机犯罪分为两大类五种类型。一类是直接以计算机信息系统为犯罪对象的犯罪，包括非法侵入计算机信息系统罪，破坏计算机信息系统功能罪，破坏计算机信息系统数据、应用程序罪，制作、传播计算机破坏程序罪。另一类是以计算机为犯罪工具实施其他犯罪，如利用计算机实施金融诈骗、盗窃、贪污、挪用公款，窃取国家机密、经济情报或商业秘密等。在我国有关计算机法律、法规尚不完善的情况下，把计算机犯罪列入刑法无疑是我国立法观念的历史性突破，表明超前立法的观念渐趋主流。这对于我国计算机大规模推广应用，保护计算机生产者和使用者的合法权益，计算机系统和计算机网络的安全运作都具有极为重要的作用，这些规定，对于网络犯罪同样适用。

我国新刑法确定了计算机犯罪的五种主要形式：

（1）违反国家规定，侵入国家事务、国防建设、尖端科学技术领域的计算机信息系统。

（2）对计算机信息系统功能进行删除、修改、增加、干扰，造成计算机信息系统不能正常运行。

（3）对计算机信息系统中存储、处理或传输的数据和应用程序进行删除、修改、增加的操作。

（4）故意制作、传播计算机病毒等破坏性程序，影响计算机系统的正常运行。

（5）利用计算机实施金融诈骗、盗窃、贪污、挪用公款、窃取国家秘密或其他犯罪行为等。

新刑法有关计算机犯罪的规定，是惩处计算机犯罪最有力的武器和最基本的依据。

（三）开展网络打假

搜索引擎的搜索结果为消费者提供参考和决策的信息源的同时，却也成为不法分子践踏诚信的温床。"唯利所在，无所不倾"，非法的经济利益往往成为滋生网络信息安全隐患的催化剂。在当前纷繁芜杂的网络乱象之下，钓鱼网站、木马病毒、新流氓软件等众多威胁用户生命财产安全的事件层出不穷，互联网信息安全已经成为亟待解决的重要课题。

参考文献

[1] 刘凡璠, 邹克. 数字普惠金融对共同富裕的影响及其区域异质性——基于富裕、平等和共享协同的视角 [J]. 湖南农业大学学报 (社会科学版),1-10.

[2] 郭艺, 曾刚, 杨阳, 曹贤忠, 王胜鹏. 电商示范县空间分布特征及其对创业活力的影响 [J]. 地理研究 ,2024,43(01):105-120.

[3] 冯素玲, 张铮. 数字普惠金融对多维贫困脆弱性的影响研究 [J]. 经济与管理评论 ,2024,(01):44-57.

[4] 丁锐, 傅俊, 朱宇琦, 杜琳钰. 中国市域数字经济韧性的时空演化与影响因素分析 [J]. 地理与地理信息科学 ,1-8.

[5] 尹千. 数字金融赋能中小企业数字化转型升级的路径 [J]. 商场现代化 ,2024,(01):106-108.

[6] 李政春, 李卉霖, 李长路. 数字普惠金融对广州城乡收入差距的影响研究 [J]. 商场现代化 ,2024,(01):145-147.

[7] 丁鑫, 周晔. 数字化转型与银行信贷配置——基于银行贷款投向实体经济的视角 [J]. 数量经济技术经济研究 ,1-22.

[8] 刘降斌, 祃玉帅. 黑龙江省数字金融与经济韧性耦合协调发展研究 [J]. 边疆经济与文化 ,2024,(01):1-4.

[9] 刘捷先. 环境责任承担与绿色创新共生对流通企业绩效的影响机理 [J]. 商业经济研究 ,2024,(01):158-161.

[10] 徐然. 数字金融对流通企业经营绩效的影响研究 [J]. 商业经济研究 ,2024,(01):140-143.

[11] 赵丽, 尹妍. 数字金融支持经济高质量发展的研究综述 [J]. 财会月刊 ,1-6.

[12] 刘荣增, 蒯四海, 何春. 数字普惠金融促进绿色包容性增长机制与检验 [J]. 生态经济 ,2024,40(01):55-62.

[13] 尹健. 黄河流域数字普惠金融与农业绿色发展的耦合关联研究 [J]. 价格理论与实践 ,1-4.

[14] 孟立慧.中国式现代化下数字经济赋能饲料产业高质量发展的对策研究 [J]. 饲料研究,2024,(01):188-192.

[15] 刘元雏,华桂宏,庞思璐.数字金融发展、资本跨区流动与产业结构高级化 [J]. 西部论坛,1-16.

[16] 王文,蔡彤娟.建设金融强国：概念、定位与政策落点 [J]. 金融经济学研究,1-11.

[17] 李纯.数字金融对制造业企业经营绩效的影响 [J]. 合作经济与科技,2024,(03):138-140.

[18] 刘珍妮,李梅,廖博文.数字金融对商业银行中间业务的影响 [J]. 合作经济与科技,2024,(04):61-63.

[19] 崔丽娜.数字金融支持文化产业发展的路径研究 [J]. 商展经济,2023,(24):68-71.

[20] 李丽华.福建省数字普惠金融发展现状、问题与对策 [J]. 时代经贸,2023,20(12):181-184.

[21] 王茜欣.数字金融对商业银行风险承担的影响研究 [D]. 吉林大学,2022.

[22] 余进韬.数字金融的经济增长效应及其机制研究 [D]. 四川大学,2022.

[23] 戴龙,张丽英.戴龙;张丽英.数字贸易法通论 [M]. 中国政法大学出版社:202210.603.

[24] 马亚红.中国金融发展对工业绿色转型的影响研究 [D]. 兰州大学,2022.

[25] 宁宇.数字普惠金融对企业技术创新的非线性影响研究 [D]. 吉林大学,2022.

[26] 高婷.数字金融缓解中小企业融资约束问题的实证研究 [D]. 河北金融学院,2022.

[27] 高越.数字普惠金融发展对农村居民收入的影响研究 [D]. 南京信息工程大学,2022.

[28] 滕磊.数字普惠金融视角下中小企业融资约束问题研究 [D]. 四川大学,2021.

[29] 王永仓.数字金融与农民收入增长 [D]. 西南大学,2021.

[30] 李杰,余壮雄.李杰;余壮雄.广州市数字经济发展报告 [M]. 暨南大学出版社:2021.